戸籍実務

●

研修講義

●

—渉外戸籍編—

●

澤田省三〔著〕

発行 テイハン

はしがき

本書は，「戸籍実務研修講義―渉外戸籍編―」と題して，平成29年(2017年）9月（号）から令和3年（2021年）4月（号）まで，都合16回にわたり，全国連合戸籍住民基本台帳事務協議会編にかかる「戸籍」に連載したものがベースになっています。それに加えて，連載中に人事訴訟法等の一部を改正する法律の成立・施行等もありましたので関係する部分で若干の加筆・補正をしています。

ところで，渉外戸籍の問題を考えるとき，そのツールとして欠かせない「法の適用に関する通則法」もその前身たる「法例」の改正が平成元年（1989年）に婚姻・親子の準拠法について，渉外的な家族関係の実態の変化に応じて，主として抵触法上の男女平等を実現する大幅な改正が行われました（平成元年法律第27号)。そして，平成18年（2006年)，平成元年の法例改正の対象部分はほぼ踏襲しつつ，全面的に現代語化した「法の適用に関する通則法」（平成18年法律第78号）が制定され現在に至っています。法例の改正からはもう32年余が経過していることになります。戸籍実務の現場でもこの「法の適用に関する通則法」はかなり定着し職員の皆さんにとって身近な存在になっているのではないかと思います。しかし，他方で，依然として，難解であるとか，とっつきにくい等の感想もよく耳にします。それは「法の適用に関する通則法」の抽象的な規定ぶりとこの法律の性質にもよるものと思われます。それに対峙するには，「法の適用に関する通則法」の性質をしっかりと捉えた上で，やはり具体的な届出事件等をイメージしつつ関係法文の内容を吟味することが基本的な学習姿勢として必要ではないかと考えています。

本書はそうした疑問なり難解さについて少しでも助けになることを願って執筆したものです。対話形式で読みやすさと理解しやすさを頭におきつつまとめたつもりです。

なお，私は，令和元年（2019年）10月に「渉外戸籍実務基本先例百選」（テイハン刊）と令和２年（2020年）12月に「法の適用に関する通則法と渉外的戸籍事件」（テイハン刊）をそれぞれ公刊しています。本書とこれら既刊の書物を同時的にご活用いただくことによって問題の理解に一層役立つのではないかと自負しています。

本書の刊行に当たっては，連載の段階では，㈱テイハン企画編集課の栗原絵里子氏と単行本化の段階では，同課の有田茉由氏と葛西大介氏に大変お世話になりました。ここに，心からの敬意と感謝の念を表したいと思います。

2021年（令和３年）８月

澤　田　省　三

戸籍実務研修講義―渉外戸籍編―

目　次

凡　　例

本書は全体を通して平易で理解しやすいよう努めておりますが，条文を説明するに当たり引用条文が多岐にわたるため以下のように略記させていただいております。

民……………………… 民法（明治29年法律第89号）
民訴法……………… 民事訴訟法（平成８年法律第109号）
戸……………………… 戸籍法（昭和22年法律第224号）
戸規………………… 戸籍法施行規則（昭和22年司法省令第94号）
通則法……………… 法の適用に関する通則法（平成18年法律第78号）
国……………………… 国籍法（昭和25年法律147号）
家事法……………… 家事事件手続法（平成23年法律第52号）
人訴法……………… 人事訴訟法（平成15年法律第109号）

※本書に掲載されている法律は令和３年７月末現在施行されている法律です。

渉外戸籍総論

第１講　渉外戸籍事件の意義とその動向（背景）

■渉外戸籍事件とは

T　本講から渉外戸籍事件についてその基本的論点を学んでいくことにします。幸い，渉外戸籍の問題に熱心に取り組んでおられるあなたと共に学修できるのは大変嬉しいことです。よろしくお願いします。

S　まだほんのかじりたての段階ですのでお手柔らかにお願いいたします。

T　渉外戸籍事件の内容についてはこれからおいおい見ていくことになりますが，戸籍実務の現場での一つの大きな課題となっているのが渉外戸籍事件への対応能力の問題ではないかと思います。もっとも，最近は，私の拙い経験からも戸籍実務の現場では渉外戸籍に関する関心が大変高まっているようにも思います。楽しみですね。しかし，依然として渉外戸籍事件実務への対応に向けた課題が多くあることも現実のように思います。そうした問題意識はありますか。

S　大いにあります。ただ，通常の国内事件の処理と比較しますと，理論的にも事務処理上もかなり難しい面があることと，事件数そのものが，そう多くはないため，自ずと敬遠される部分もあるように思います。

T　通常の国内の戸籍届出事件と渉外的戸籍届出事件を比較してどのような差異といいますか，特質があるのかを簡潔に説明していただけますか。

S　そうですね。国内事件は基本的には日本人のみが主体ですから，適用されるべき法律も民法特に親族法，国籍法等のいわゆる実体法や戸籍法・同施行規則等の手続法令が執務上の主たる指針になります。しかし，渉外戸籍事件の場合は，事件の性質上，国内法はもちろんですが，それに加えて，外国法の適用ないしは解釈あるいは関係添付資料等いわゆる書証等の真実性，有効性等の判断にまで及ぶことになります。しかも，こうした渉外戸籍事件に適用する法律を指定する法律としての「**法の適用に関する通則法**」があり，この法律の規定によって**準拠法**を決定し，これにより決定された国の**実質私法**によりそれぞれの要件を備えているか否かを判断するという難しい作業があります。こうしたことが処理の難しさという感覚に繋がっているのではないかと思います。

T　確かにそういう側面はありますね。しかし，通常の国内的事件といい渉外的事件と言っても，事件処理そのものを的確に処理する要請という面ではなにも差異はありませんね。問題は，事件の多寡とか難易とかという事件の性質を問わず，いかに正確に処理するかにあります。

ただ，今もお話しにありましたように，渉外戸籍事件を処理する場合の核ともなる法令とりわけこれから学修する「法の適用に関する通則法」などの内容が大変抽象的で難解であるという側面もありそれが近づき難い要因の一つともなっているのではないかと思います。ただ，平成元年（1989年）に渉外戸籍事件の処理に重要な位置を占める「法例」（当時の法律名）中の婚姻・親子に関する規定を中心に大きな改正がなされました。しかし，法文の体裁は，カタカナ・文語体のままでした。それが平成18年（2006年）の再度の「法例」改正により法律の名も「法の適用に関する通則法」と改められ，その際に，法文もひらがな・口語体に改められましたから，現在では法文そのものはかなり読みやすくなっていると思います。少しは近づきやすくなっているのではないでしょうか。もっとも法律の性質上，内容の抽象性を前提とする難解さには変わりはないと言えるかも知れません。

S　しかし，例えそうであるとしても，関係法文に，より親しんで，慣れる努力は欠かせないと思います。

T　是非そうありたいものですね。さて，それでは，前置きはその程度にして，本論に入りましょうか。最初に，渉外戸籍事件といえば，どのような事案が浮かんできますか。少し例を挙げて下さいませんか。

S　例えば，婚姻とか出生を例にしますと，日本国内で，日本人と外国人が婚姻の届出をする場合，あるいは，日本国内で，外国人同士が婚姻の届出をする場合，同じく，日本国内で，外国人夫婦から子どもが生まれてその届出をする場合などです。

加えて，日本国外で，日本人同士が婚姻する場合の届出，あるいは，日本人と外国人とが婚姻する場合の届出，同じく，外国で日本人夫婦から生まれた子どもの届出等に関するものなどがあります。

T　今例示された事案からも明らかなように，**渉外戸籍事件とは**，日本の国内において事件本人又は当事者の全部又は一部を外国人として届出された戸籍事件及び外国において事件本人又は当事者の全部又は一部を日本人とする戸籍の届出事件を指し，これらの事件に関する届出，審査，受理，戸籍の記載，届書の保存，公証等の一連の事務を指しています。

つまり，**渉外的要素をもっている事件とは**，日本人に関するもの又は日本国内において行われるものであって，事件本人の一部若しくは全部が外国人（日本国籍を有しない者，無国籍者を含む）であるもの，又は身分行為の行われた場所，身分変動事実の発生した場所等が外国であるもの等のことを意味します。

これらを類型的に示すとどうなりますか。

S　以下のようになります。

●渉外戸籍事件

⑴　**日本国内における**身分行為・身分変動事実に関するもの

ア　日本人と外国人間の身分行為（婚姻，離婚，認知，養子縁組，養子離縁等）に関する届出（創設的届出）又は裁判（裁判離婚，裁判認知等）に関する届出（報告的届出）

イ　外国人相互間の身分行為に関する届出（創設的届出）

ウ　外国人の身分変動事実（出生，死亡）に関する届出（報告的届出）

⑵　**日本国外における**身分行為・身分変動事実に関するもの

ア　日本人相互間の身分行為に関する届出（創設的届出）

イ　日本人と外国人間の身分行為に関する届出（創設的届出）

ウ　日本人の身分変動事実又は日本人を当事者とする外国方式の身分行為若しくは外国裁判所における裁判に関する届出（報告的届出）

となります。

T　そうですね。そこで，そうした渉外戸籍事件について，市区町村等においてこれらを取り扱うことの法令上等の根拠を確認しておきましょう。つまりは，**戸籍法の適用範囲（効力）の問題**です。

一般的にそれについては，法の属地的効力と属人的効力とに分けて，かつ，報告的届出と創設的届出に分類して説明されています。

まず属地的効力から見ていきましょう。

S　戸籍法の**属地的効力**について説明します。

▲報告的届出

戸籍法は，人の身分関係を登録し，公証することを目的とする行政法規としての実質を有していますから，日本国内で発生した人の身分に関する事項について適用され，性質上適用されない条文を除き，日本に所在する外国人にも，等しく適用されます。したがって，外国人が日本国内で出生し，又は死亡した場合は，戸籍法の定めるところに従って出生届又は死亡届をしなければならない扱いとされています（昭和24・3・23民事甲3961号回答 ➡ 戸籍法が出生又は死亡等身分に関して届出を命じている事項については，その事項が日本において発生したものである限り，外国人でも同法の規定に基づいてこれが届出をすべき義務を有するものである。）。

なお，これらの届出を正当な理由なく所定の期間内にしなかったときは，その懈怠責任を負うものと解されています（戸135条，昭和24・11・10民甲2616号通達）。

なお，外国人同士がその者の属する国の駐日公館等において婚姻，養子縁組，認知などの登録をしたときは，これらの身分行為はいずれも有効に成立することになります（通則法24条３項，同34条１項）が，この場合には，市区町村長に対する報告的な届出は戸籍法に規定がなく，したがって，その義務はないとされています（明治32・10・25民刑1838号回答）。

T　ここで参考になる裁判例を紹介しておきましょう。大阪高等裁判所平成28年９月16日決定の事案です。すなわち，日本国内の自国の総領事館において自国の方式により婚姻した外国人からの婚姻届があった場合に関するものです。

日本に在住するＣ国籍の男性Ｘが，Ｃ国籍の女性と，日本国内のＣ国の総領事館において，Ｃ国法の方式により婚姻し，その後，Ｃ国政府作成の婚姻関係証明書を添付して，居住地のＢ区長に対して，本件婚姻の事実に係る婚姻届出（報告的婚姻届出）をしました。

ところが，Ｂ区長が本件については，戸籍法の適用がないとして，本件届出を不受理としたのです。これに対して戸籍法121条により本件婚姻届出を受理するようにＢ区長に命ずることを求めた事案です。原審は，戸籍法上，本件婚姻届出は義務づけられていないものであって，市区町村長において受理しなければならないものではなく，Ｂ区長が本件婚姻届出を受理しないことが戸籍法上違法，不当であるとは言えないとして本件申立てを却下しました。抗告審も同様の結論を示したという事案です（拙稿「外国人同士が日本に在る自国の総領事館において自国の方式により婚姻し，その旨の報告的婚姻届を日本の戸籍事務管掌者にしたところ，これが不受理処分とされたことについてその当否が争われた事例」（民商法雑誌154巻４号188頁））。

S　本件婚姻の有効性の根拠とか届出の不受理の適法性の根拠という二つの問題が含まれているということですね。

T　そうですね。いい学習教材になると思いますね。

▲創設的届出

S　戸籍法は，前記のとおり，性質上適用されない条文を除き，日本国内にある外国人に対しても適用されます。したがって，日本国内に在る外国人同士又は日本国民と外国人とが，日本法の定める方式によって婚姻，養子縁組等の身分行為をしようとする場合は，戸籍法の規定に従って婚姻届，養子縁組届をすることができます。渉外的身分行為の形式的成立要件については，法の適用に関する通則法（以下，本法については「通則法」と略記することもあります。）によれば，婚姻については挙行地法又は当事者の一方の本国法が準拠法として適用されることになっています（通則法24条２項・３項）。

また，その他の身分行為の形式的成立要件については，いずれも，その法律行為の成立について適用すべき法又は行為地法が準拠法として適用されることになっています（同法34条１項・２項）。

したがって，日本国内に居住している外国人同士あるいは日本人と外国人が日本の方式により，婚姻，縁組，認知などの身分行為をする場合には，戸籍法の規定に従い，市区町村長に対し，その届出をすることにより成立することになります（戸25条１項・２項）。

T　今のお話しの中に「方式」とか「準拠法」とかの言葉が出てきましたが，これについてはこの後の「通則法」のところで詳しく説明する予定にしていますので，とりあえず，ここでは，関係する法文（通則法24条２項・３項，同34条１項・２項等）には目を通しておいてください。

では次に戸籍法の**属人的効力**に入りましょう。

S　戸籍法の属人的効力について説明します。

▲報告的届出

戸籍法は，その事項が日本国内で発生したか外国で発生したかを問わず，日本国民の身分に関する事項について適用されます。したがって，日本国民が外国で出生し，又は死亡した場合等は，戸籍法の定めるところに従って，それぞれの届出をしなければならないことになります。そして，このため，一定の外国人（例えば，夫婦の一方を外国人とする親から出生した子が日本人である場合等）に対しても届出義務を課しています。

また，外国に居住している日本人がその国の方式により婚姻し（通則法24条２項）又はその国の裁判所で離婚判決等を受けた場合（民訴法118条）などにおいても，戸籍法の定めるところに従って，その国に駐在する日本の大使，公使又は領事に証書を提出したり（戸41条１項），届出（戸77条等）をしなければならないこととされています。

▲創設的届出

戸籍法は，前記のとおり外国に在る日本国民に対しても適用され，通則法上可能である限り，外国に在る日本人は，婚姻，養子縁組等の創設的届出をすることにより，有効に婚姻等を成立させることができることになっています。

▲外国に在る日本人のする届出

外国に在る日本人は，報告的届出であっても，創設的届出であっても，事件本人の本籍地に届書を郵送して届出をすることができます（戸25条１項）。また，その国に駐在する日本の大使，公使又は領事に届出をすることもできます（戸40条，41条）。

T　簡潔に要点を説明していただきました。ここで関連して，渉外戸籍事件に関する**戸籍法の適用が除外される場合**を念のために確認しておきましょう。

S　つまり，日本の戸籍制度では，日本国民についてのみ戸籍が編製される扱いです。ですから，その結論として導かれるように，戸籍の編製ないしは記載を前提とする本籍，氏及び名に関する戸籍法の規定は，外国人には適用されないということになります。また，戸籍法の規定が外国人に適用される場合であっても，特別な身分を有する外国人，例えば，外国の元首，外交官，外交特使，外国の軍人・軍属及びそれらの家族等については，日本に居住していても原則として戸籍法は適用されないことになっています。

T　視点を変えれば，日本国籍の有無ということの判断が大事だということですね。だからこそ，出生届等の届出があったときは，事件本人の日本国籍の有無を確認し，日本国籍を持たない者については戸籍に記載（編製）しないようにする必要があるということになるわけですね。その意味でも渉外戸籍事件の処理上，**国籍法の理解も欠かせない**要素となるわけですね。

なお，関連して，**渉外戸籍事件に関する市区町村長並びに大使，公使及び領事の権限**について触れておきます。

市区町村長は，外国人を事件本人又は届出人とする届出を受理する権限を有しますが，これは，報告的届出の場合も創設的届出の場合も同様です。ちなみに，戸籍法25条２項によりますと，外国人に関する届出は，届出人の所在地にしなければならない旨規定されています。これは，外国人には「本籍」が存在しないことから当然の規定とも言えます。また，市区町村長は，外国に在る日本人を事件本人又は届出人とする届出を受理する権限も有します。これは，報告的届出の場合も創設的届出の場合も同様です（ただし，創設的届出の場合は，通則法上，方式の準拠法が日本の法律であるときに限られます）。

大使，公使又は領事は，その駐在する国に在る日本人を届出人とする届出を受理する権限を有します（戸40条，42条）。ただし，外国人を届出人とする創設的届出を受理することはできません。

外国に在る日本人と外国人を当事者とする婚姻届については，大使，公使又は領事は該届出を受理すべきではありませんが（通則法24条３項，民741条➡「外国に在る日本人間で」と規定されています），これが誤って受理され，届書が日本人当事者の本籍地に送付されたときは，直接本籍地の市区町村長に届出をしたものとして処理される扱いです。つまり，この届出は，**当事者の一方の本国法による方式**に基づくものとして受理される扱いです（通則法24条３項参照）。この点については「渉外的婚姻」のところで詳しく説明する予定にしています。

外国に在る日本人がその国の方式に従って身分行為をし，身分証書が作成されたときは，３か月以内にその国に駐在する日本の大使，公使又は領事にその証書の謄本を提出しなければなりませんが（戸41条１項），その国に大使等が駐在していない場合には，本籍地の市区町村長あてに直接郵送するほかありません（戸41条２項）。また，大使等が駐在している場合でも，本籍地に直送したり，帰国時に直接提出することもできます（大３・12・28民893号回答，昭５・６・19民280号回答）。

さて以上で渉外戸籍事件の対象等について要点を見てきましたが，こうした事件は今後もますます増加するのではないかと予測されます。そこで，そのような推測の背景にある事情等をここで素描しておきたいと思います。

■渉外戸籍事件の動向（背景）

T　平成元年（1989年）に，当時「法例」と称されていた法律の改正に際しての国会への提案理由の中に「最近の我が国における渉外婚姻をはじめとする渉外的身分関係事件の増加にかんがみ」という表現があります。もう今から30年余前のことです。

そうした傾向がその後においても着実に進行しているのではないかということは容易に推測できることですが，それを窺う「人の動き」「事件の動き」の一端からその動向なり背景について簡単に素描しておきたいと思います。

まず「**人の動き**」から見てみましょう。

最初に，外国人の出入国者数についてです。法務省入国管理局の統計によりますと，我が国への外国人入国者数は，平成25年（2013年）は，1,125万人であったものが平成30年（2018年）には3,010万人と驚異的な伸びを示しています。

他方，日本人の出国者数です。平成25年（2013年）は，1,747万人であったものが，平成30年（2018年）には1,895万人と増加しています。令和元年（2019年）には，2,008万人となっています。ちなみに，この数字の内容の男女別を見てみますと男性52.9%，女性47.1%となっており，男女差は接近しています。こうした状況は渉外的身分関係事件発生の素地としては極めて大きいものがあるのではないでしょうか。

また，日本国内における在留外国人の数も令和２年（2020年）６月末の統計によりますと，総数で288万人となっています。中国の78万人をトップに韓国，ベトナム，その他の国々となっています。日本においても，人的国際交流は確実に進んでいることが以上の数字からも理解していただけるのではないかと思います。

こうした人的交流の国際化・活発化は，いきおい，一般的に，渉外身分関係事件の増加要因ともなり得る可能性・蓋然性を秘めていると言えるのではないでしょうか。

もっとも，こうした傾向については，2019年（令和元年）に中国の武漢で初めて確認され，2020年（令和２年）初頭から急速に世界中に感染拡大したコロナウイルスの影響により人の動きにも大きな影響を与え，日本における外国人の出入国者数や日本人の外国への出入国者数にも必然的に減少傾向を

1　港別　出　入　国　者

港	総　　数	入　国　者				出　国　者			
		計	日 本 人	外 国 人	協定該当者	計	日 本 人	外 国 人	協定該当者
平 成 22 年	52,426,203	26,200,844	16,611,884	9,443,696	145,264	26,225,359	16,637,224	9,441,652	146,483
平 成 23 年	48,530,738	24,201,912	16,921,103	7,135,407	145,402	24,328,826	16,994,200	7,191,027	143,599
平 成 24 年	55,441,070	27,717,241	18,408,185	9,172,146	136,910	27,723,829	18,490,657	9,095,447	137,725
平 成 25 年	57,568,798	28,807,371	17,421,997	11,255,221	130,153	28,761,427	17,472,748	11,157,546	131,133
平 成 26 年	62,233,373	31,209,631	16,915,797	14,150,185	143,649	31,023,742	16,903,388	13,978,549	141,805
平 成 27 年	71,942,963	36,100,555	16,258,889	19,688,247	153,419	35,842,408	16,213,789	19,473,620	154,999
平 成 28 年	80,774,940	40,474,653	17,088,252	23,218,912	167,489	40,300,287	17,116,420	23,017,153	166,714
平 成 29 年	90,721,860	45,479,875	17,876,453	27,428,782	174,640	45,241,985	17,889,292	27,175,752	176,941
平 成 30 年	98,196,043	49,202,924	18,908,954	30,102,102	191,868	48,993,119	18,954,031	29,853,165	185,923
令 和 元 年	**102,639,127**	**51,409,309**	**20,030,055**	**31,187,179**	**192,075**	**51,229,818**	**20,080,669**	**30,960,504**	**188,645**

総務省統計局「出入国管理統計　出入(帰)国者 2019年」(抜)
(2020年7月31日)

招きました。しかし，これは長期的に見れば恒常的現象ではなく一時的現象として捉えるべきであろうと思います。

次に，「事件の動き」について見てみましょう。

渉外的身分関係事件の中の代表的なものとして婚姻があります。人口動態統計によりますと，令和元年（2019年）の日本人と外国人の婚姻件数は２万1,919件であり，平成30年（2018年）の２万1,852件を67件上回っていますが，数としてはなかなかのものと言えるかと思います。

ちなみに，夫日本人，妻外国人の婚姻件数は1万4,911件であり，このうち妻の国籍で最も多いのが中国国籍で，以下，フィリピン国籍，韓国・朝鮮国籍と続いています。

他方，夫外国人・妻日本人の婚姻件数は7,008件であり，このうち夫の国籍で最も多いのが韓国・朝鮮国籍で，次いでアメリカ合衆国となっています。

渉外離婚件数も平成26年（2014年）は1万4,135件となっておりこれまた高水準を維持していると見ることもできます。

また，最高裁の司法統計によりますと，平成27年度（2015年）の家事渉外事件の新受件数は8,341件となっており，10年前の平成17年度（2005年）の新受件数が6,441件であったことと比較しても，これまた著しい増加傾向にあると言えるかと思います。

こうした状況も渉外戸籍事件の今後の推移を考える上で一つの参考にされてよいのではないかと思います。とりわけ，渉外的身分関係事件の当事者としてアジアの近隣諸国の人々が高い割合を示していることなども留意しておくべき特徴と言えるかと思います。

S　文字どおり私たちは，今，国境を越えて生活することができる時代に生きていることが実感できます。そうした中で，国境や民族や宗教の違いを超えて，互いに，共に暮らし，結婚し，子どもをもうけたりすることが，ごく普通のことのようになっているのですね。

口幅ったいようですが，渉外戸籍事件の処理はそれらの一端をサポートするという意味でもしっかりとした対応が求められているのだと思います。

第２講　渉外戸籍事件と国際私法

■国際私法の意義

T　渉外戸籍事件を話題にする時，多くの皆さんが耳にし，また目にする言葉に「国際私法」という言葉がありますね。これは，渉外戸籍事件を考える際にはその基本になるものとして当然関心を持つべき概念だと思います。ここでその概念を整理しておきましょう。

　具体的事例を用いて説明するのがよいかと思います。

S　そうですね。視点を**渉外的な身分関係に適用すべき法を定める根拠**は何か，というような形で考えると比較的理解しやすいかも知れませんね。

　例えば，日本人男性とフランス人女性が日本で婚姻する場合を考えてみますと，婚姻適齢，重婚の禁止などの実質的成立要件は，どの国の法によるのか，つまり，夫になろうとする者の本国の民法によるのか，妻たろうとする者の本国の民法によるのか，又は行為地である日本の民法によるのか，それらは何によって定まるのか，という問題があります。

　また，婚姻の方式という形式的成立要件は，日本民法によるのか，フランス民法によるのか，についても同様の問題があります。

　このような**渉外的な私人間の法律関係に適用すべき私法を指定する法則のことを国際私法（抵触法）と呼んでいるわけです**。

　つまり，国際私法は，国によって法律が違っていることを前提にして，前記のように渉外的婚姻とか渉外的養子縁組とかのように，二つ以上の国に関係する法律関係について適用する法律がどこの国の法律かを決める法律と言えます。

　もっとも，国際私法といっても，現在のところ，世界に共通の一つの国際私法があるわけではなく，各国にそれぞれの国際私法があるに過ぎません。民法が国によってその内容を異にするように国際私法もまた国によって違う内容になっています。

T　つまり，各国は，渉外的婚姻のような個人の国際的な法律関係が自分の国で問題になった場合には，その国の国際私法に従って，どこの国の法律がその問題に適用されるかを決めるということですね。そして，国際私法によって，渉外的婚姻とか渉外的養子縁組のような国際的な法律関係に適用される法律がどこの国の法律かが決められたとき，こうして決められた国の法律のことを**「準拠法」**と呼ぶわけです。ですから，学者によっては，国際私法をして，**準拠法選択規則**と称している人もいます。言葉を代えて言えば，国際私法とは，私人間の民事法律関係等に適用される法（準拠法）を定める法，ということになります。

ただ留意する必要があるのは，各国の国際私法が「国際私法」という名の法律で存在しているとは限らないことです。

現に，日本でも「国際私法」という名の法律はありません。日本の「国際私法」の重要な部分は「法の適用に関する通則法」という法律の中に定められています。

もちろん，この法律のほかに，「扶養義務の準拠法に関する法律」や「遺言の方式の準拠法に関する法律」もあり，これらも我が国の国際私法の重要な一部ということになります。

●国際私法の構造

T　ここで，国際私法の構造を素描しておきたいと思います。国際私法は，様々な法律関係を**単位法律関係**（婚姻の効力，婚姻の成立要件等）に分解し，それぞれの単位法律関係により，適用される法秩序を決定するという方法を採っています。そのような法秩序を決定するに当たり，国際私法はそれを決定する基準となる要素，すなわち**連結点（国籍・住所等）**を規定しているわけです。この**連結点（連結素）は，各種の法律関係ごとに準拠法を指定する際に媒介とすべき要素**のことと理解すればよいと思います。

このことをもう少し具体的に説明してください。

S　例えば通則法の４条１項は「人の行為能力は，その本国法によって定める。」

と規定しています。この規定は，人の「行為能力」という単位法律関係については，その者の本国法が何かを基準として（すなわち，原則としてその者の国籍を基準として）準拠法を決定し，ある人の行為能力が問題となった場合には，その解決を当該準拠法に委ねることを意味しています。

T　そうですね。なお，若干ここで敷衍しておきますと，国際私法によって指定されるのは特定の法規ではなく，法秩序だという点です。国際私法においては，単一の法秩序が妥当している地域を「法域」と呼んでいます。この「法域」は，一般的には，国家と一致しますが，１つの国家の中に複数の法域が存在する場合もあります（不統一法国）。

例えば，アメリカ合衆国においては，私法上の多くの問題について，各州が１つの法域となっていますから，国際私法は，いずれの州法を準拠法とするかを決定する必要があることになります。

それから関連して触れておきたいと思いますが，すべての単位法律関係について，常に単一の「連結点」が定められているわけではいということです。通則法の各法文を見ていただけば明らかにわかることです。これも各論のところでもう少し詳しく取り上げるつもりですが，ここで簡単に触れておきます。

例えば，「婚姻の方式」という単位法律関係については，婚姻挙行地あるいは一方当事者の本国法のいずれかに適合すれば，原則として有効とされていますね（通則法24条２項・３項）。このように，ある法律関係の成立について，**連結すべき準拠法を複数かかげ**，そのいずれかの準拠法により要件が充たされる場合にはその法律関係の成立を認めるような連結方法を**「選択的連結・適用」**と呼んでいます。

●国際私法の特徴

S　国際私法の特徴的な点について理解しておくべきことがあればお示しいただけますか。

T　そうですね。以下のようにまとめることが可能かと思います（神前禎著『解説　法の適用に関する通則法』３頁以下（弘文堂，2006年））。

第１は，国際私法は国内法であるということです。国際的な民事紛争等に対してどのような枠組みで対処するかは，準拠法選択の手法を用いるとして，どのような単位法律関係について，何を連結点とするか，といったことは，各国ごとに判断が異なるものです。ですから，我が国の国際私法は我が国においてのみ通用すると言えましょう。

第２は，国際私法は，人々の生活を規律している各国の民法・商法等のうちで，いずれの法を適用するかを定めるものにすぎないということです。また，国際私法は**抵触法**とも呼ばれ，法律関係に直接適用される法は**実質法**と呼ばれています。そして，その実質法は民法・商法のような実体法と，民事訴訟法のような手続法との双方を含む概念と言えます。

第３は，国際私法によって準拠法を決定するに当たっては，準拠法がどのような内容のものであるかは問題とされないということです。つまり，準拠法として適用される法の内容は，準拠法を決定した後になってはじめて問題とされるものであるということです。

第４は，国際私法が準拠法を決定するプロセスにおいて，日本法すなわち，内国法と外国法との間に区別はないことを原則としているということです。このことを「内外国法の平等」という言葉で表現することもあります。もっとも，通則法の規定の中には，日本法に特別の地位を与えたもの，内外国法の平等という原則の例外に当たるものも存在します（例えば，通則法24条３項ただし書参照)。いわゆる「日本人条項」と呼ばれているものがそれです。

第５は，国際私法は，価値中立的であるとされることがあります。国際私法は，ある法律関係を自国の価値判断によって解決するのではなく，連結点によって決定された準拠法の判断に委ねています。ただ，そのように準拠法として指定された外国法を適用した結果が，自国にとって耐え難い場合については「公序」（通則法42条）の問題が生じる可能性があるということも問題意識として持っているとよいかと思います。この点はまた各論で具体的な判例など紹介したいと思っています。

第３講　渉外戸籍事件と法の適用に関する通則法

■国際私法の基本法としての「通則法」

●「法例」から「通則法」へ

T　前講までで国際私法の基本的な概念などについて学修しました。そして，日本では国際私法という単一の法は存在せず，その主要なものは，法の適用に関する通則法の中にあることを確認しました。

そこで，それについて見る前に，従前の「法例」が平成元年（1989年）の改正を経て，さらに，平成18年（2006年）に「法の適用に関する通則法」に衣替えするまでの経緯を簡単に見ておきたいと思います。というのは，この間の，とりわけ，平成元年の改正は婚姻・親子に関する準拠法等の改正を目的とした画期的とも言える内容の改正でもありましたから，現行の通則法の理解のためにはその経緯・概要を知っておくことも有益かつ必要なことであろうと思います。最初に「法例」制定の経緯を簡単に説明してくれませんか。

S　我が国において最初に制定された国際私法は，明治23年（1890年）にいわゆる旧民法とともに制定された「法例」という名の法律でした。その３条以下に国際私法の規定が置かれていました。しかし，この「法例」は，有名な法典論争の影響を受け旧民法と同様に施行されませんでした。

そして，明治31年（1898年）に主としてドイツ民法施行法の草案を参考に当時の欧米スタンダードに従った新たな「法例」が公布され，同年に民法とともに施行されました。この新「法例」においても，３条以下に国際私法の規定が置かれていました。そして，この「法例」が通則法の制定に至るまで国際私法分野の基本法として長く機能してきたと言えましょう。

T　そして，その「法例」について，大きな改正がなされたのが平成元年（1989年）でした。この改正は，前記のとおり「法例」中の婚姻及び親子に関する準拠法等の改正を主たる目的としたものでした。

●平成元年改正の目的

この改正の契機となったのは，この改正法案の提案理由説明にもありましたように，「渉外的身分関係事件の増加にかんがみ，婚姻関係及び親子関係における準拠法の指定をより適切なものとする」ことを目的としたものでした。具体的には，男女両性の平等を抵触法の分野にまで及ぼすこと，準拠法の指定の国際的統一を図ること，準拠法の指定方法を平易にするとともに身分関係の成立を容易にすること等を目的としたものとされています。加えて，婚姻及び親子に関する分野は戸籍とも深く関わっているため，その点に対する配慮も意図されています（南敏文「民事月報44巻号外・法例改正特集」（法例の一部改正について）７頁）。

S　そうした改正の目的・趣旨はどのように平成元年改正法の中に活かされているのでしょうか。

●平成元年改正のポイント

T　それらについては各論の該当箇所で触れたいと思いますが，大事な点ですからここでは要点を簡単に触れておきたいと思います。この段階ではまだ理解しにくいかと思いますがとりあえずは読んでみてください。

第１に，**男女両性の平等化の点**です。例えば，改正前の「法例」では，婚姻の効力については「夫の本国法」を，親子間の法律関係については「父の本国法」を採用するなど，男系中心の準拠法の定め方になっていました。これは，例えば，婚姻を例にとりますと，その効力について，準拠法は「夫の本国法」となっていましたが，これは渉外的婚姻関係において適用される実質法をどこに求めるか，世界各国にたくさん併存している法秩序の中のどれに求めるかという，それを指定する法律ですから，それ自体が直ちに男女平等に反するというように解釈されていたわけではなかったのですね。ただ，その規定のあり方として，夫と妻とを対等に扱うことは抵触法の分野でも考えなければいけない，ということで規定が改められたということです。

このため，例えば，婚姻の効力については**「段階的連結」**による準拠法の指定方法が採られることになりました。つまり，夫婦に**共通の連結点**を段階的に採用するわけです。まず，夫婦の本国法が同一であるときはその法律，第２にその法律がないときはその共通の常居所地法，第３にこれらの法律がないときは，夫婦に最も密接な関係がある地の法律によるものとし，共通本国法，共通常居所地法及び密接関連法の３段階により連結することとしたものです。また各論で詳しく触れます。

離婚についても，この段階的連結による準拠法の定め方を採用し，両性の平等化を図っています。

なお，親子間の法律関係についても，これまでの「父の本国法」から子の本国法又は常居所地法による等の平等化を図っています。

第２に，**準拠法指定の平易化及び身分関係の成立の容易化の点**です。これは，認知及び養子縁組の準拠法について**配分的適用**（関係当事者ごとに各人の本国法を適用する方法）を廃止し，選択的連結（複数の法律のうち，いずれかの法律で有効に法律関係が成立する場合は，これを有効として扱うもの）の採用又は連結点の一本化を図っている点と，婚姻の方式，嫡出親子関係の成立等について選択的連結を採用している点に表れています。このうち，配分的適用を廃止した点について言えば，例えば，認知については，改正前は，父の要件は父の本国法，子の要件は子の本国法をそれぞれ適用することになっていましたが，これは実質的には，関係者の本国法を重畳的に適用するのと等しい結果となっていたと指摘されていました。また，養子縁組の要件も同様でした。

このため，認知等の成立の準拠法が複雑であっただけでなく，その成立が容易でなかったこともあり，改正法では，配分的適用を廃止し，平易かつ容易に身分関係の成立を認めることができるようにしたわけです。婚姻の方式，嫡出親子関係の成立等における選択的連結の採用についても，当事者に関係がある複数の法律のうちいずれかにおいてその要件を満たせば，我が国においてもこれらの身分関係の成立を認めることとされています。

★配分的適用

関係当事者ごとに各人の本国法を適用する方法です。婚姻の実質的成立要件がその例です（通則法24条１項参照)。

★選択的適用

複数の法律のうち，いずれかの法律で有効に法律関係が成立する場合は，これを有効として扱うものです。認知や婚姻の形式的成立要件（方式）などがその例です（通則法24条３項本文等参照)。

★重複的適用

複数の法律のいずれの要件も満たした場合に限り法律関係が成立するとするものです。養子縁組の保護要件などがその例で，関係当事者の一方を特に保護する必要があるようなときに用いられるものです（通則法31条１項参照)。

第３に，**準拠法の定め方について国際的統一を図った点**です。これは，連結点として，**常居所**（婚姻の効力等）が一部採用されているところなどに表れているものです。

住所という概念が国際的にはいろんな国でかなり異なった内容のものというふうに把握されていたため，近時これを統一したほうがいいのではないかという考えが強くなっていたことと関係しています。とりわけ西欧諸国の国際私法の改正では，この常居所を連結点の中心に置こうとする傾向が強くなっていたと言われていました。「常居所」とは，人が常時居住する場所で，単なる居所と異なり，相当長期にわたって居住する場所のことを指しています。

そこで，身分関係に関する国際私法の基本的な連結点としては「国籍」と「住所」が中心であったものに，段階的連結の２番目の連結点として「常居所」を採用したわけです。通則法でも合計５か所においてこの概念を採用しています。実質的には，日本における「住所」とほぼ同じものと捉えたらよいのではないかと言われています。人が常時住む場所がとりわけ私法関係において重要な要素をなす点に着眼したものと言えましょう。

第４に，**子に関する準拠法の指定については**，子の福祉の理念に，一層かなうものにした点を挙げることができます。

すなわち，親子間の法律関係については，これまでの「父の本国法」に代えて，「子の本国法」又は「常居所地法」を準拠法とするなど子を中心とした内容に改めています。

また，認知及び養子縁組の成立についても，子の本国法において子の同意等がその要件とされている場合には，その要件をも備えなければならないなど，子の側の法律をも考慮すべきものとしています。

最後に，**婚姻及び親子に関する分野は，戸籍実務とも深い関わり**をもつため，その点に配慮した準拠法を定めています。

例えば，婚姻では，当事者の一方の本国法による方式を有効としつつ，当事者の一方が日本人の場合は，**日本において婚姻するとき**は，外国人の本国法による方式は認めておらず，市区町村長への届出だけを有効な方式として認めています。離婚でも，夫婦の一方が日本に常居所を有する日本人であるときは，離婚の準拠法は日本法とされています。

婚姻の場合を例に考えてみますと，このような扱いの根拠は，戸籍実務への配慮がなされていることがよくわかります。

つまり，日本人については，日本国内で配偶者となるべき者の本国法である外国法の方式によって婚姻した場合であっても，事後的に市区町村長に対し報告的届出をしなければならない扱いとされていますが（戸41条の類推適用），そのことは，挙行地法たる日本の方式である婚姻の届出を要求することと実際上差異はないことと，これ（届出）を求めても当事者に格別の困難を強いることにはならず，加えて，逆に日本人についてそのような取り扱いを認めると，日本人が国内において日本人の身分関係を登録し，これを公証すべき責務を負う戸籍に記録されないまま，婚姻の成立を認める結果となり問題であること，また，当該婚姻から出生した子の国籍や地位が事実上不安定になって望ましくないこと等の理由によるものと説かれています。つまりは，日本人の身分関係の変動を戸籍に可及的速やかに反映させる必要性と意義が重視されたということと理解できます。

●平成18年（2006年）の法例改正 ➡ 法の適用に関する通則法へ

T　さて，以上で，平成元年（1989年）の法例改正のポイント（理念）を素描してきました。この後平成18年（2006年）に再度の法例改正がありました。

S　平成元年（1989年）の改正は，今のお話しにもありましたように，改正の主眼は，婚姻・親子に関する規定が中心でした。財産法分野などの規定についての見直しはありませんでした。また，法文のカタカナ・文語体もそのままでした。

そこで以後，法例の改正については法務省民事局を中心に国際私法の全面的な改正に向けて検討が開始されました。

そして，平成18年（2006年）に，契約法，不法行為法の分野についても大きな改正がなされ，法文も，ひらがな・口語体に改められ，法律の名前も「法の適用に関する通則法」として成立しました。

T　ただ，この改正では，後見を除く親族関係に関する規定は，従来の内容（平成元年の改正時の内容）を維持すべきこととされました。

そして，婚姻に関する法例13条から16条は通則法24条から27条に，親子に関する法例17条から21条は通則法28条から32条に，親族関係についての法律行為の方式に関する法例22条は通則法34条に，親族関係一般についての法例23条は通則法33条に，それぞれシフトし，若干の語句修正とともに現代語化がなされましたが，基本的には前記のとおり「法例」時の内容が維持された形になっています。

以上で法例改正の経緯について素描してきましたが，今後学修を続けていく上で通則法は非常に重要な位置を占めるものとなりますから是非その関係法文には親しんで欲しいと思います。

なお，蛇足ですが，ここで関連して，**通則法以外に留意すべき関係法文**についても念のために確認しておきたいと思います。

S　そうですね。国籍法，そして，民法741条（外国に在る日本人間の婚姻の方式），同801条（外国に在る日本人間の縁組の方式），戸籍法25条２項（外国人に関する届出），同40条（外国に在る日本人の届出），同41条（外国の方式による証書の謄本の提出），同42条（在外公館で受理した書類の送付），同

102条（国籍取得届），同103条（国籍喪失届），同104条（国籍留保届），同105条（国籍喪失の報告），戸籍法施行規則50条（戸籍の記載不要届書類の保存），同63条（訳文の添付）等々があります。

併せて，平成元年の法例改正に際し発出された平成元年10月２日付け民二第3900号通達（法例の一部を改正する法律の施行に伴う戸籍事務の取扱いについて）は渉外戸籍事件の処理に際してとりわけ重要なものですから，常に座右に備えておいて欲しいと思います。

第４講　渉外戸籍事件の届出をめぐって

■渉外戸籍事件の届出等概論

T　最初に渉外戸籍事件の一般的な流れを確認しておきましょう。

S　「身分関係の当事者等からの届出」→「市区町村長による届書の受付」→「届書の審査」→「要件を満たしているものについて受理処分」→「受理した届書の記載に基づく戸籍への記載」→「届書等の保存」であり，こうしたプロセスの中に，受理の撤回，不受理，不服の申立て，副本の送付などが加わるのが一般的です。これは，国内における通常の事件の場合ですが，渉外戸籍事件の処理も基本的には同じと考えてよいと思います。

ただ，渉外戸籍事件の場合には，その性質上，国内事件とは異なる特別な配慮が必要となる場合がありますから，その意味では，渉外戸籍事件についてのプロセスの中での基本的な留意点をしっかり押さえておくことが必要となります。

T　そうですね。それでは個別の事項ごとにポイントを見ていくことにしましょう。まず届出とそれに関連する事項について考えてみましょう。

●届出

S　外国人を事件本人又は届出人とする届出も，届出人，届出地，届出期間，届書の記載又は添付書類等の形式的要件は，日本人を事件本人又は届出人とする届出と基本的には同じとみてよいと思います。ただ，事件の性質上，留意すべき点があります。

まず，届書に本籍の記載は当然のことながら不要ですが，国籍を記載しなければなりません（戸規56条１号参照）。

外国人の氏名は，片仮名で表記するのが原則ですが，中国人，韓国人等本国法上氏名を漢字で表記する外国人の場合には正しい日本文字としての漢字が用いられているときに限り，氏・名の順序により漢字で記載することができる扱いが認められています（昭和59・11・１民二5500号通達第四の３）。なお，片仮名で記載する場合には，氏と名とはその間に読点を付して区別するものとされています。また，片仮名で記載する場合には，併せてその下に本国法上の文字を付記させなければならないとされていますが，届出人が付記しないときでも便宜その届出を受理して差し支えないものとされています（昭和56・９・14民二5537通達二参照）。また，外国人が届け出る場合でも署名を除き，日本文字を使用しなければならない扱いです（明治34・５・22民刑284号回答）。

なお，日本人と外国人の間に出生した嫡出子の父又は母の氏については，外国人の父又は母の氏を日本人たる配偶者の氏（漢字）を用いて表記したい旨の申出があり，かつ，その者が本国法上の婚姻の効果として日本人たる配偶者の氏をその姓として称していることを認めることのできる資料を提出したときは，外国人の父又は母の氏を日本人配偶者の氏（漢字）を用いて表記することができる扱いが認められています（昭和55・８・27民二5218号通達）。

届書には，届出人及び証人が署名し，印を押さなければならない（戸29条，33条）とされていますが，外国人は，通常，印を持たないので，署名のみで足りるとされています（戸規62条，外国人ノ署名捺印及無資力証明ニ関スル法律１条）。届書の外国人の署名は，その本国語の文字によって差支えないものとされています。

●届出地

S　事件本人が外国人であるときの，届出地は，届出人の所在地です（戸25条２項）。事件本人が日本人で届出人が外国人である場合は，事件本人の本籍地又は届出人の所在地に届出をします（戸25条１項）。この場合，届出人の所在地に届出がされたときは，届出を受理した市区町村長は，当該届書の謄本を作成してこれを自庁で保存し，原本を事件本人の本籍地に送付しなければならない扱いです（戸規26条，戸36条３項，平成３・12・27民二6210号通達）。本籍地における事件本人の戸籍の記載に必要だからです。

なお，この場合の届出人の所在地とは一時の滞在地も含まれます（明治

32・11・15民刑1986号回答)。

外国に駐在する大使，公使又は領事が日本国民からの届書等を受理したときは，遅滞なく，その届書等を外務大臣を経由して事件本人の本籍地の市区町村長に送付することとなっています（戸42条)。

なお，関連してここで**「在外公館」で受理した戸籍の届書に不備がある場合の取扱い**について重要な通達が出ていますので紹介しておきたいと思います。本来は要件審査のところで触れるべきかと思いますが便宜ここで取り上げることとします。

在外公館で受理した戸籍の届書に不備があるため戸籍の記載をすることができない場合の取扱いについては，以下のとおりの内容が示されています(平成22・７・21民一1770号通達)。

① 届書の不備が軽微であり，外務省及び在外公館を通じて届出人に事実関係を確認することによって戸籍の記載をすることができる場合 ➡ 本籍地市区町村長は，外務省を通じて在外公館に対し，届出人への事実関係の確認を依頼し，在外公館において届出人に確認した事項について外務省から連絡を受けたときは，届書の不備の箇所に補正事項を記載した付せんをはる等の方法を執った上で，戸籍の記載をする。

② 届書の追完によって届書の不備を補正することができる場合 ➡ 本籍地市区町村長は，外務省を通じて在外公館に対し，届出人に届書の追完を促すよう依頼し，届出人から在外公館及び外務省を経由して遅滞なく追完がされたときは，これに基づき戸籍の記載をする。市区町村長は，届出人から遅滞なく追完がされないときは，関係戸籍の謄本若しくは抄本等を添付して，管轄法務局を経由して当該届書を法務省に回送する(当該届書は，法務省において，外務省を経由して在外公館に返戻する。)。

③ 届出人への事実関係の確認又は届書の追完によって届書の不備を補正することができない場合 ➡ 本籍地市区町村長は，直ちに，関係戸籍の謄本若しくは抄本等を添付して，管轄法務局等を経由して当該届書を法務省に回送する（当該届書は，法務省において，外務省を経由して在外

公館に返戻する。)。

とされています。

近時在外公館での届出も増加しているようですから，送付された当該届書の審査と審査の結果について採るべき措置の一つとして留意されるべき通達と言えるかと思います。

●届出期間

S　外国に在住する日本人が，その国の方式に従って，届出事件に関する証書を作らせたときは，３か月以内にその証書の謄本をその国に駐在する大使，公使又は領事に提出しなければならないこととされています（戸41条１項）。もっとも，所定の期間を経過した後に提出された場合にも，その受理を拒むことはできないこととされています（戸46条）。

●審査

T　審査については重要な論点が多くありますから別講で取り上げることにします。

●戸籍の記載

T　戸籍の記載について渉外的戸籍事件に特有な点について指摘してください。

S　戸籍は，日本国籍を有する者についてのみ編製されるものですから，外国人を事件本人とする届出（例えば，日本国内に居住している外国人から出生届があった場合等）又は外国人を当事者とする届出があっても，この届出に基づいて外国人が戸籍に記載されることはありません。

もっとも，日本人と外国人を当事者とする婚姻，養子縁組又は認知の届出があった場合には，一方当事者である日本人については，当然のことながら戸籍に記載される必要があります。その具体的な内容は，例えば，日本人と外国人が婚姻した場合には，当該日本人の戸籍の身分事項欄に婚姻に関する事項が記載され，それによって当該日本人の配偶者の国籍，氏名及び生年月日が明らかにされます。この扱い（日本人の当事者の戸籍への記載）は，婚姻に限らず，離婚，養子縁組，離縁，認知等の身分関係を形成する行為があったときも同様です。従って，これにより，外国人である配偶者，養親，養子，嫡出でない子を認知した実父，認知された嫡出でない子等の存在が明らかになることになります。

●届出の追完（渉外的戸籍訂正）

S　既に触れましたように，外国人のみを事件本人とする届出がされても戸籍にその内容が記載されることはなく，届書が保存されるだけです。

それでは，届書の記載に錯誤があったような場合，あるいは，届出について無効又は取消しの原因があった場合はどうするか，という問題があります。これらの原因があっても戸籍法上の戸籍訂正の手続には馴染まないものです。戸籍の記載そのものがないわけですから。そこで，届出の追完という形で対応することになっています。もし，それが，親子関係や夫婦関係等の身分関係に関する追完のときは，それらに関する裁判を得て，追完届をすることになります（昭和40・７・５民事甲1709号回答）。

この場合，追完届によって，当初の届出の記載内容が実質的に訂正されることになりますから，追完届と当初の届書とは常に一体的保管がされる必要があることになります。この保管方法については特に規定等はありませんので，各市区町村で適宜工夫されているようですが，少なくとも，当初の届書と追完届書が合綴されているような方法が望ましいのではないかと思われます。なお，当然のことですが，追完届がされた届出について受理証明又は記載事項証明をするときは，追完届によって訂正された後の内容によって，証明しなければなりません。

それでは，日本人と外国人間の身分行為に関する届出等がなされ，それが日本国民たる当事者の戸籍に記載された場合はどうするのか，つまり，その記載に訂正事由がある場合は，当然のことながら，戸籍法に基づく戸籍訂正の手続きが求められることになります。

●渉外戸籍事件の届書の保存期間

S　外国人を事件本人とする届出がされたときは，その届書は，戸籍の記載を要しない届書として，年毎に各別につづり，目録を付けて保存することになっています（戸規50条１項）。この届書の保存期間は，創設的届出については当該年度の翌年から50年，報告的届出については，当該年度の翌年から10年とされています（戸規50条２項）。

もっとも，在日朝鮮人に関する届書類については，戸籍法施行規則50条２項の規定にかかわらず，当分の間廃棄することなく保存するものとされています（昭和41・８・23民事甲2431号通達）。これは，これらの人々は必ずしも本国の領事や本国の役場に届出をしていないという特別の事情を考慮して，今なお保管の必要性を認めているものです。

また，戸籍の記載を要しない外国人を事件本人とする届書類は，管轄法務局に送付されることはありません（戸規50条，昭和27・７・８民事甲986号回答）。

●身分関係の公証

S　すでに触れましたように，届出事件の本人が外国人のみの場合，例えば，外国人同士の婚姻，出生した子が日本国籍を有しないときなどは，婚姻届，出生届等がされても戸籍の記載はされません。したがって，このような場合に，当該外国人の身分関係を公証するには，届出の受理証明書又は届書の記載事項証明書の交付によることになります（戸48条，戸規66条，戸規付録第20号・21号書式参照）。従って，戸籍の記載を要しない届書の保管・管理も重要な意味を持つことになります。

●創設的届出における本人確認

S　市区町村長は，創設的届出（認知，縁組，離縁，婚姻及び離婚）を受理するに際し，市役所等に出頭した者に対し，その者を特定するために必要な事項を確認するために資料の提供又は説明を求めることとされています（戸27条の２第１項）。これはいわゆる「本人確認」と呼ばれているものです。

この本人確認は，単に，日本人同士を当事者とする届出だけでなく，日本人と外国人又は外国人同士を当事者とする届出の場合も等しく適用されます。

その具体的な本人確認方法は，日本人については運転免許証の提示，個人番号カード等の提示，外国人については在留カード又は特別永住者証明書等の提示に基づいて行うこととされています（戸27条の２第１項，戸規53条の

２，同11条の２第１号～３号，平成20・４・７民一1000号通達第１－５)。

そして，届出事件本人のうち，窓口に出頭して届け出たことを確認することができない者があるときは，当該届出受理後，遅滞なくその者に対して，当該届出が受理されたことを通知しなければならないこととされています(戸27条の２第２項)。これは当該本人が外国人である場合も同様で，外国人の場合は当該届書上の住所あてにこの通知をすることになっています（平成20・５・27民一1503号通達２)。

●不受理申出

S　認知，縁組，離縁，婚姻及び離婚等の創設的届出は，本人の意思に基づかなければ無効とされます。しかし，そのように実体的には無効な届出であっても，市区町村長において，いったん受理し，戸籍に記載されたときは，これを無効とする確定判決（審判）がない限り，その記載を訂正消除することはできません。そのため，届出をする意思がなかった者は，婚姻，離婚等の無効確認の裁判を得て戸籍訂正を申請することを余儀なくされることになります（戸116条)。

不受理申出制度はこのような自分の意思に基づかない無効な創設的届出が受理されるのをあらかじめ防ぐ手段として，当初は，戸籍実務上の行政先例により始まり逐次その内容の改善も図られてきました。そして，平成19年(2007年）の戸籍法改正の際にこれが法制度化され，「戸籍の記載の真実性を担保するための措置」の一つとして明文の規定が置かれました（戸27条の２第３項)。

そして，この趣旨を外国人が日本人を相手方としてする創設的届出についても適用できるようにする措置が採られました（平成20・５・27民一1503号通達)。

つまり，「外国人が，届出によって効力を生ずべき認知，縁組，離縁，婚姻又は離婚であって，日本人を相手方とするものの届出について，あらかじめ市区町村の窓口に出頭して，自己を特定するために必要な事項を明らかにした上で，当該外国人を届出事件の本人とする縁組等の届出がされた場合であっても当該外国人が自ら窓口に出頭して届け出たことを確認することができない限り当該縁組等の届出を受理しないよう申出をした場合において，当該申出がされた縁組等の届出があったときは，当該申出人が出頭して届け出たことを確認することができなければ当該縁組等の届出を受理することができないものとする。この場合において，当該縁組等の届出に係る届書の提出を受けた市区町村長は，遅滞なく，当該申出をした者に対して，当該縁組等の届出が不受理とされたことを通知する」とされています。不受理申出制度の趣旨を渉外的戸籍事件（創設的届出）にまで拡大したものとして評価できるのではないかと思います。

申出書の様式，申出のあて先，申出書の保管先等については，前記の通達に示されています。

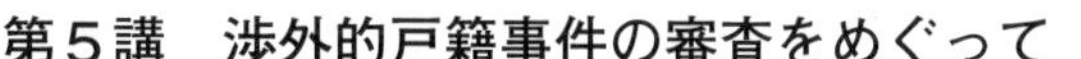

第５講　渉外的戸籍事件の審査をめぐって

■渉外的戸籍事件と審査

T　これまでも何度か繰り返してきましたが，渉外的戸籍事件の処理をめぐって大きなインパクトを与えたのは平成元年（1989年）に行われた「法例」の一部改正でした。この改正の中心は身分法に関する準拠法の指定方法に関するものであり，明治31年（1898年）の「法例」制定以来の大きな改革でした。もうこの改正から30年余が経過し，その後のさらなる改正により「法例」は「法の適用に関する通則法」と名称を変えて現在に至っていますが，平成元年の改正内容は通則法においても維持されました。

現在では通則法も戸籍実務の現場ではかなり馴染んでいるのではないかと思いますが，私の知る限り，まだまだ寄り付きにくい法律という認識も強いように思います。それは，一つには，渉外的戸籍事件に遭遇したとき，通則法の規定が直接的に問題解決してくれる法律ではないという側面もあるかも知れません。しかし，それは，通則法の性質上やむを得ないことでもあります。

渉外的戸籍事件の審査に当たっては，すでに触れましたが，その届出に係る法律関係の性質に応じて，関連する各国の私法のうち，いずれの国の法律を適用すべきかを指定する法律（国際私法）によってその届出の要件を具備しているかどうかを審査しなければなりません。

我が国では，勿論通則法がこの国際私法に関する規定を含んだ法律であり，つまり，通則法は，渉外的戸籍事件を処理する場合に，まさに審査のスタートに立つ法律と言えます。その重要性は改めて指摘するまでもありません。

同時に，重要なことは，通則法の関係規定の解釈だけでは事件処理のためには十全とは言えないということです。

先ほども触れましたが，平成元年の法例改正に合わせて発出された渉外的戸籍事件の処理の指針としての行政通達「法例の一部を改正する法律の施行に伴う戸籍事務の取扱いについて」（平成元・10・２民二3900号通達）は極めて重要なものであり，いわば，通則法とともに渉外的戸籍事件処理の車の両輪として機能しているものととらえてよいと思います。

平成元年の法例改正が，身分法分野に関する大きな改革であっただけに，それを受けて出された前記通達（以下，平成元年通達）は渉外的戸籍事件処理に際して極めて重い意味を有するものであると言えるかと思います。

以下，審査をめぐる一般的な問題の基本的なところを整理しておきたいと思います。既に触れた部分と重複するところがあるかと思いますがご了解ください。

●平成元・10・２民二3900号通達の重要性

T　さて，戸籍実務の運用に関連して発出される法務省民事局長通達及び民事局民事第一課長通知等は，実体法の解釈運用なり手続法上の運用の基本的事項，具体的取扱い等について，いずれも執務の指針を示すものとして重要な位置を占めていますが，とりわけ，平成元年通達については，法例改正後の渉外的戸籍事件実務に対する円滑な運用への期待は大変大きなものがあったと思います。平成元年通達が詳細を極めている内容となっているのはまさにその重要度の裏返しでもあると思います。繰り返しになりますがその内容には大いに親しんで欲しいと思います。

ただ，平成元年通達は，当然のことながら，平成元年の法例改正時の「法例」の法条を挙げてその内容が構成されているものですから，現在では，平成18年の通則法への改正時点で，関係法条がシフトした結果に読み替える必要があります。言わずもがなのことかも知れませんが念のために敷衍しておきます。

●渉外的身分関係に適用すべき法

T　渉外的な私人間の法律関係（日本人男とフランス人女間の日本での婚姻等）に適用すべき私法を指定する法則のことを国際私法とか抵触法と呼び，国際私法によって指定された私法を準拠法ということは既にみてきたとおりです。

そして，繰り返しになりますが，我が国では「法の適用に関する通則法」

の４条以下に国際私法に関する部分があります。渉外的戸籍に関連する分野では，４条から６条までは行為能力及び後見開始等に関する部分，24条から35条までは親族に関する部分，38条から43条までは補則に関するもの（重国籍者の本国法，反致，公序等）をそれぞれ規定しています。この中では特に親族に関する部分が渉外的戸籍事件の処理に大きく関係する部分と言えるかと思います。

したがって，**通則法の規定によって決定された準拠法に基づき，届出が適法であるかどうかを審査する**ことになります。

理論ばかりでは理解しにくいと思いますから，各論で詳しく触れるつもりですが，ここで，婚姻を例として簡単に具体的事例で説明していただけますか。

S　例えば，先ほどの日本人男とフランス人女が日本で婚姻する場合を考えてみます。婚姻ですから，通則法の24条１項が出発点です。そうしますと，そこには「婚姻の成立は，各当事者につき，その本国法による」とあります。つまり，各当事者の本国法が準拠法となります。

すなわち，日本人男については，日本民法の定めるところによって，婚姻の成立要件，つまり，婚姻年齢（民731条），重婚の禁止（民732条），再婚禁止期間（民733条），近親婚の禁止（民734条〜736条），未成年者の婚姻についての父母の同意（民737条）といった実質的要件を備えていることが求められます。他方，フランス人女については，フランス民法が定める実質的要件を備えていることが必要になります。

また，形式的成立要件については，通則法24条２項が「婚姻の方式は，婚姻挙行地の法による」としています。さらに，同条３項は「当事者の一方の本国法に適合する方式は，有効とする」としています。

つまり，婚姻の形式的要件たる方式は，挙行地（婚姻の）の方式によるのが原則ですが，当事者の一方の本国法の定める方式によることもできるとされています。したがって，日本人男とフランス人女が婚姻するときは，婚姻をする地に施行されている法律以外に，当事者の一方の属する国の法律によることも認められていますから，フランス人女の本国法の方式によっても，有効に婚姻を成立させることができます。

しかし，ここで留意すべきは，通則法24条３項ただし書の規定です。「ただし，日本において婚姻が挙行された場合において，当事者の一方が日本人であるときは，この限りではない。」とされていることです。

設例の場合ですと，日本人男とフランス人女が**日本で婚姻する場合**ですから，フランスの方式によることはできないことになります。結局，この当事者が日本で有効に婚姻を成立させようとしますと，日本の法律（民法）の定める方式（届出）によって婚姻することが求められるということになります。通則法24条３項ただし書でいう「この限りでない」というのはそういう意味です。

以上を踏まえて言えば，日本人男とフランス人女の婚姻届が提出されたときは，市区町村長は，通則法24条１項を根拠として，日本人男については日本民法を，フランス人女についてはフランス民法を適用して，婚姻の実質的要件を満たしているかどうかを審査しなければならないことになります。また，日本で婚姻を挙行した場合には，日本法の定める方式を満たしているかどうかを審査しなければならないことになります。

T　基本をしっかり押さえた説明でした。

それでは，渉外的身分関係に関する準拠法は，既に見てきましたとおり，通則法によって指定されますが，ここで，念のために，その**通則法の中の身分関係に関する条項**を挙げておきたいと思います。

※24条（婚姻の成立及び方式）

婚姻の成立は，各当事者につき，その本国法による。

②　婚姻の方式は，婚姻挙行地の法による。

③　前項の規定にかかわらず，当事者の一方の本国法に適合する方式は，有効とする。ただし，日本において婚姻が挙行された場合において，当事者の一方が日本人であるときは，この限りでない。

※25条（婚姻の効力）

婚姻の効力は，夫婦の本国法が同一であるときはその法により，その法がない場合において夫婦の常居所地法が同一であるときはその法により，そのいずれの法もないときは夫婦に最も密接な関係がある地の法による。

※27条（離婚）

第25条の規定は，離婚について準用する。ただし，夫婦の一方が日本に常居所を有する日本人であるときは，離婚は，日本法による。

※28条（嫡出である子の親子関係の成立）

夫婦の一方の本国法で子の出生当時におけるものにより子が嫡出となるべきときは，その子は，嫡出である子とする。

② 夫が子の出生前に死亡したときは，その死亡の当時における夫の本国法を前項の夫の本国法とみなす。

※29条（嫡出でない子の親子関係の成立）

嫡出でない子の親子関係の成立は，父との間の親子関係については子の出生の当時における父の本国法により，母との間の親子関係についてはその当時における母の本国法による。この場合において，子の認知による親子関係の成立については，認知の当時における子の本国法によればその子又は第三者の承諾又は同意があることが認知の要件であるときは，その要件をも備えなければならない。

② 子の認知は，前項の規定により適用すべき法によるほか，認知の当時における認知する者又は子の本国法による。この場合において，認知する者の本国法によるときは，同項後段の規定を準用する。

③ 父が子の出生前に死亡したときは，その死亡の当時における父の本国法を第１項の父の本国法とみなす。前項に規定する者が認知前に死亡したときは，その死亡の当時におけるその者の本国法を同項のその者の本国法とみなす。

※30条（準正）

子は，準正の要件である事実が完成した当時における父若しくは母又は子の本国法により準正が成立するときは，嫡出子の身分を取得する。

② 前項に規定する者が準正の要件である事実の完成前に死亡したときは，その死亡の当時におけるその者の本国法を同項のその者の本国法とみなす。

※31条（養子縁組）

養子縁組は，縁組の当時における養親となるべき者の本国法による。この場合において，養子となるべき者の本国法によればその者若しくは第三者の承諾若しくは同意又は公的機関の許可その他の処分があることが養子縁組の成立の要件であるときは，その要件をも備えなければならない。

② 養子とその実方の血族との親族関係の終了及び離縁は，前項前段の規定により適用すべき法による。

※32条（親子間の法律関係）

親子間の法律関係は，子の本国法が父又は母の本国法（父母の一方が死亡し，又は知れない場合にあっては，他の一方の本国法）と同一である場合には子の本国法により，その他の場合には子の常居所地法による。

※33条（その他の親族関係等）

第24条から前条までに規定するもののほか，親族関係及びこれによって生ずる権利義務は，当事者の本国法によって定める。

※34条（親族関係についての法律行為の方式）

第25条から前条までに規定する親族関係についての法律行為の方式は，当該法律行為の成立について適用すべき法による。

② 前項の規定にかかわらず，行為地法に適合する方式は，有効とする。

※35条（後見等）

後見，保佐又は補助（以下「後見等」と総称する。）は，被後見人，被保佐人又は被補助人（次項において〈被後見人等〉と総称する。）の本国法による。

② 前項の規定にかかわらず，外国人が被後見人である場合であって，次

に掲げるときは，後見人，保佐人又は補助人の選任の審判その他の後見等に関する審判については，日本法による。

１　当該外国人の本国法によればその者について後見等が開始する原因がある場合であって，日本における後見等の事務を行う者がないとき。

２　日本において当該外国人について後見開始の審判等があったとき。

なお，**養子離縁**については，その実質的成立要件は，縁組当時の養親の本国法によります（通則法31条２項）。方式は，行為の成立について適用する法又は行為地法による（通則法34条）ことになります。

●外国人当事者の身分関係の審査

T　外国人を届出人とする創設的届出の場合は，通則法の定める準拠法に従って，その身分行為の実質的成立要件を審査しなければなりませんし，また，外国に在る日本人が本籍地に直接創設的届出を郵送したときは，当該事件の方式の準拠法が日本の法律であるかどうかを確認しなければなりません。

こうした**審査に当たっては，準拠法を決定するための外国人当事者の国籍又は常居所及び当該事件の準拠法の規定内容を確認し，かつ，事件本人の身分関係事実を調査しなければならない**扱いとなっています。

●準拠法の内容の把握と事件本人の身分関係事実の調査

S　準拠法の規定内容について，市区町村長において判明しない場合は，いったん届書を受領した上，管轄法務局にその受理・不受理について照会し，管轄法務局の長の指示を得て事件処理することとされています。管轄法務局においても不明の場合は法務本省に照会することになるようです。最近では外国の身分関係法令の内容もかなり明らかにされています。各国の身分関係法令集も公刊されていますし，渉外戸籍事件の中でも比較的大きな部分を占めているアジア地域の関係国の法令等は「戸籍六法」（テイハン刊）にも収録されています。また，全国連合戸籍住民基本台帳事務協議会編の「戸籍」誌には，随時外国法の内容が掲載されておりますから，外国法令集のような形で，渉外的戸籍事件に関する先例等とともに集積保管しておくことも有益かと思います。

それでも拡大する当事者の国の法令内容をつかみ切るのは難しいのも事実です。また，事件本人の身分関係事実についても，韓国等の一部の国を除いて，外国には我が国の戸籍制度のような身分関係事実を明らかにするものが少なく，その結果，身分関係事実を把握するのが困難な場合もあるものと思われます。

●要件具備証明書

S　このような状況にあることから，戸籍実務の現場においては，戸籍法施行規則63条に基づき，その本国の権限を有する官憲が本国法上その身分関係の成立に必要な要件を具備している旨を証明した書面，いわゆる「要件具備証明書」を届書に添付させ，これにより要件審査をすることとされています（昭和24・5・30民甲1264号回答）。

当然のことですが，これは，外国人が婚姻，縁組等の創設的届出をする場合には，その身分関係を明らかにし，当事者の本国法上の要件を備えていることを証明するための手段の一つということです。

ただし，事件本人の身分関係が本国官憲が発行する公文書で明らかにされており，かつ，その本国法の内容が明らかになっているような場合，例えば，韓国人同士又は台湾系中国人同士の婚姻のような場合は，双方の韓国又は台湾の戸籍の謄本（訳文が必要。戸規63条）の添付をもって足り，要件具備証明書の添付は不要とされています。また，出典を明示した当該国の法文の添付がある場合も，本国法の規定内容を明らかにするという点を代替するものとして取り扱って差支えないものとされています。

●要件具備証明書を提出できない場合

S　外国人当事者の本国が要件具備証明書を制度として発行しない場合や，その制度はあっても，本国官憲が当事者の身分関係を把握していないため，要件具備証明書を発行し得ない場合もあり得ます。このような要件具備証明書，あるいは，これに代わるものとして先例で認められている婚姻に関する「宣誓書」や「結婚証明書」も提出できない場合は，要件審査の原則に戻って，当事者の本国法の規定内容を明らかにした上で，その身分事実を証する資料の提出を求めて，それらの資料に基づいて要件を具備しているかどうかを審査することになります。

※要件具備証明書に代わる書面

S　先例で認められたものとして，「宣誓書」があります。これは「証明書」とは性質を異にするものですが，当該外国の領事等その宣誓を受理する権限を有する者の面前でなされ，この宣誓書に領事が署名したものを意味します。先例では，例えば，アメリカ人と日本人が婚姻するに当たり，在日米国領事の面前で，当該アメリカ人の所属する州の法律によって（通則法38条３項），婚姻年齢に達していること，重婚とならないこと，日本人と婚姻するについて法律上の障害のないことを宣誓した旨の領事の署名のある宣誓書は，婚姻要件具備証明書とみて差し支えない取扱いとされています（昭和29・10・25民甲2226号回答）。

また，本国であるアメリカ合衆国における所属州の公証人が婚姻要件具備証明書を発給したときは，それを我が国の求める婚姻要件具備証明書とみて差し支えないとしたものもあります（昭和29・９・25民甲1986号回答）。

もっともこうした「宣誓書」に関するアメリカの場合の取扱いは，在日米国大使館領事部との協議に基づくものであることから，他の外国人の場合においてもこれを一般化して，同様の取扱いができるかどうかについては疑問があるとされています。

今一つは，「結婚証明書」があります。日本の国内で，外国人がその本国の方式により日本人と婚姻したとしても，日本法上の婚姻の成立は認められません（通則法24条３項ただし書）。しかし，その本国法上婚姻が成立した旨の証明書を添付して，改めて市区町村長に対し婚姻の届出がなされたときは，当該婚姻証明書を婚姻要件具備証明書とみなして受理して差し支えないとされています。先例には，ギリシャ総領事発行のギリシャ人と日本人が日本のギリシャ正教会で結婚した旨を証する書面（昭和40・12・20民甲3474号回答），回教寺院発行の結婚証明書（昭和42・12・22民甲3965号回答）等があります。

これら「宣誓書」や「結婚証明書」については，本国官憲又はこれに準じる者によって発行されたものであるため，婚姻要件具備証明書に代わるものといっても，これと同一レベルの信用性と証明力があるという判断があったものと解されます。

※要件具備証明書が得られない場合の取扱い

S　この場合は，要件審査の原則に立ち返り，外国人が当事者の本国法の規定内容を明らかにした上で，当事者が各要件を満たしているかどうかを判断するため，その身分関係事実を証明する資料が必要となります。この場合，本国法の規定に関しては出典を明示した法文（写し）等が，また，当事者の身分関係事実に関する資料としては本国官憲の発行する身分証明書・身分登録簿の写しや出生証明書等が該当するとされています。また，在日朝鮮人又は在日中国人等については，その歴史的経緯からして必ずしもその身分関係事実が本国官憲に把握されていないことがあるため，要件具備証明書が得られない場合が多いと言われています。そのような場合は，要件具備証明書が得られない旨を申述した書面及び当事者の身分関係事実を証する書面（例えば，間接的な身分関係証明資料として本国官憲が発行した両親の戸籍謄本や当事者の出生証明書等）の提出を求めて，要件審査することになります。

●国籍を証する書面

S　準拠法を決定するための添付書面の一つとして，外国人当事者の国籍を証する書面の添付を求めることがあります。この国籍を証する書面は，国家がその公権力に基づきその国民であることを証明した書面であり，通常は本国官憲発行の国籍証明書を指しますが，このほか，国籍を有する国のみが発給する書面である旅券，要件具備証明書，出生証明書等が考えられます。もちろん，これらの国籍を証する書面は，国家が直接証明したものであることを要します。なお，旅券の提示があった場合には当然のことながら旅券の写しを添付することになります。原本を提出させることはできないからです。この場合，市区町村においては，旅券の原本を確認した後，その写しに「原本還付」と記載することによって原本と相違ないものであることを明示しておくことになります。また，届書に添付された要件具備証明書の中で被証明者の国籍について証明されていれば，これを国籍証明書として取り扱って差支えないものとされています。

●本国法の決定

T　通則法には「本国法」という言葉がよく出てきます。婚姻の成立及び方式（通則法24条１項・３項），婚姻の効力（同25条），嫡出である子の親子関係の成立（同28条），養子縁組（同31条）等々の条文の中に見られます。

一般的には，人が国籍を有する国の法律として，国際私法上，親族関係等の準拠法とされることが多い概念です。つまり，本国法の決定は問題解決へのアプローチの出発点として大変重要なものです。ところが，当事者が単一の国籍者であれば，その者の属する国籍国の法律がその者の本国法となりますから特に問題は生じません。

しかし，当事者が２以上の国籍を有する場合は，複数の国籍国のうちのいずれの国の法律を本国法とするかを決定しなければなりません。また，当事者が国籍を持たないときも，やはり本国法を決定する必要があります。

そこで通則法はこの点に関して規定を置いています。その内容をここで見ておきたいと思います。

それぞれの類型別に見ていくことにしましょう。

★重国籍者の本国法

S　通則法38条１項は以下のように規定しています。

「当事者が２以上の国籍を有する場合には，その国籍を有する国のうちに当事者が常居所を有する国があるときはその国の法を，その国籍を有する国のうちに当事者が常居所を有する国がないときは当事者に最も密接な関係がある国の法を当事者の本国法とする。ただし，その国籍のうちのいずれかが日本の国籍であるときは，日本法を当事者の本国法とする。」

まず，日本の国籍と外国の国籍を有する者について，その本国法を適用すべきときは，日本の法律を適用します（通則法38条１項ただし書）。戸籍事務処理上は，日本人の場合は，他に国籍を有しているかどうかを問わず，日本法を本国法として適用することになります。

したがって，例えば，婚姻当事者の一方がフランスと日本の重国籍者であったときは，その者に適用すべき本国法は日本の法律となり，婚姻の実質的成立要件が備わっているか否かは日本法により判断することになります。

重国籍者である外国人については，法文にあるとおり，その国籍を有する国のうち，常居所を有する国の法律を，その国がないときは，当事者に最も密接な関係のある国の法律を当事者の本国法とする，とされています（通則法38条本文)。もっとも，外国人が当事者の場合，その者が重国籍者であるかどうかを認定しなければなりませんが，戸籍の実務上，外国人である当事者が届書の本籍欄に１か国の国籍のみを記載した場合は，当該記載された国の官憲が発行した国籍を証する書面等の添付書類から単一国籍であることについて疑義が生じない限り，その国の法律を当該外国人の本国法として取り扱うこととされています。そして，２以上の異なる国の国籍証明書が提出された場合又は届書その他の書類等から重国籍であることが明らかな場合は，次のとおり取り扱うこととされています（平成元・10・２民二3900号通達第１の１⑴イ)。

1　国籍国のうち居住している国の居住証明書の提出を求めた上で，当該証明書を発行した国に常居所があるものと認定し，当該外国人の本国法を決定する。

2　いずれの国籍国からも居住証明書の発行が得られない場合は，その旨の申述書の提出を求めた上で，婚姻等の要件具備証明書を発行した国を当該外国人に最も密接な関係がある国と認定し，その本国法を決定する。

3　１及び２により当該外国人の本国法を決定することができないときは，届書の処理について管轄法務局若しくは地方法務局又はその支局の長の指示を求めるものとする（平成元・10・２民二3900号通達第１の１⑴イ）とされています。

★無国籍者の本国法

S　通則法38条２項本文は，以下のように規定しています。

「当事者の本国法によるべき場合において，当事者が国籍を有しないときは，その常居所地法による。」（以下略）

これは，無国籍者については，本国法がないため，常居所地法によることとしたものです。

なお，難民については，国籍の有無を問わず，難民の地位に関する条約第12条第１項に基づき，その属人法は，住所を有する国の法律（住所を有しないときは居所地法）とされており，我が国に住所（住所を有しないときは居所）を有する難民が，事件本人又は届出人となる戸籍の届出については，日本法が適用され，その場合の戸籍事務の取扱いについては，昭和57・３・30民二2495号通達（難民の地位に関する条約の発効に伴う戸籍事務の取扱いについて）に詳細に示されています。

※難民の地位に関する条約第12条１項 ➡ 難民については，その属人法は住所を有する国の法律とし，住所を有しないときは，居所を有する国の法律とするものとする。（以下略）

★地域により法律を異にする国の本国法

S　通則法38条３項は以下のように規定しています。

「当事者が地域により法を異にする国の国籍を有する場合には，その国の規則に従い指定される法（そのような規則がない場合にあっては，当事者に最も密接な関係がある地域の法）を当事者の本国法とする。」

アメリカやカナダのように，地域により法律を異にする国の国籍を有するときは，本国の規則に従って指定される法律を本国法とすることになります。もし，当該国にそのような規則がないときは，当事者に最も密接な関係のある地方の法律（例えば，出身州の法律）をその当事者の本国法とすることとされています。

★人的に法律を異にする国の本国法

S　通則法40条１項は以下のように規定しています。

「当事者が人的に法を異にする国の国籍を有する場合には，その国の規則に従い指定される法（そのような規則がない場合にあっては，当事者に最も密接な関係がある法）を当事者の本国法とする。」

人的に法律を異にする国としては，マレーシアなどがあります。同国では，仏教徒用婚姻法等，当事者の宗教により各種の法律が適用されているようです。また，インドでは，カーストによる異なった法律が適用されています。インドネシアやシンガポールも宗教等により各種の法律が適用されているということです。この場合も前記の地域により法律を異にする場合と同様，その国の規則に従って指定される法を，その者の本国法とします。このような規則がないときは，当事者に最も密接な関係がある法をその者の本国法とすることになっています。

★中国人又は朝鮮人等のいわゆる分裂国家に属する者の本国法

T　いわゆる分裂国家に属する者の本国法をどのように考えるかも渉外的戸籍事件を処理する場合重要な問題です。特に我が国との交流が多い中国人，朝鮮人に関連するだけに論点を押さえておく必要があります。

いわゆる分裂国家は歴史的に見ればドイツ，ベトナム，朝鮮，中国等が挙げられますが，ドイツとベトナムは既に単一国家を形成するに至っていますが，朝鮮については，大韓民国と朝鮮民主主義人民共和国に分裂したままであり，我が国は大韓民国のみを承認しています。中国についても，大陸にある中華人民共和国政府と台湾にある中華民国政府が存在し対立関係にあります。我が国は中華人民共和国政府を正当政府としています。

ところで，国際私法上，当事者の「本国法」の決定の問題は，私法関係における問題であり，その法律を公布した国家ないし政府に対する外交上の承認の有無等とは次元を異にするものと言えます。

台湾においては中華人民共和国の法規とは異なる法規が現に通用し，また，朝鮮の北部地域には，大韓民国の法規とは異なる朝鮮民主主義人民共和国の法規が現に施行されていることは公知の事実とされています。このようないわゆる分裂国家の場合に，国際私法の解釈として，未承認政府の法律の適用問題として処理するのが適当か，異法地域の本国法決定の問題として通則法

38条３項を適用して処理するのが適当か問題のあるところですが，いずれのアプローチによっても，中国人と台湾系中国人の本国法は別々の法律とするのが適当であり，これは，大韓民国の地域に属する者の本国法，朝鮮民主主義人民共和国の朝鮮人（北朝鮮系朝鮮人）の本国法を考える際にも同様に見ることができます。

この問題をめぐっては学説も見解が分かれております。戸籍実務の先例も，かつては，我が国が正統政府として承認している政府の法律をその本国法として適用すべきであるとする立場を採っていました（昭和28・１・14民甲40号回答ほか）。しかし，その後これを改めています（昭和51・９・８民二4984号回答）。この先例の事案は，台湾という法域のあることを認めたものです。つまり，台湾系中国人が日本人の養子となる縁組届について，養子となるべき台湾系中国人に中華人民共和国と何ら接触のないことが判明したため，同国の法律を適用せず，中華民国民法を適用することを認めたものです。もっとも，事案の処理としては縁組要件を満たしていないため不受理とされています。

いずれにしても，今日においては，準拠法として指定し得るのは一定の地域に現実に行われている法であれば足り，国家又は政府の承認は，国際私法上の準拠法の指定とは基本的に無関係であるというのが戸籍実務の立場と言えるのではないかと思われます。多数の学説・判例も基本的には同じ立場を採っていると言えるかと思います。審判例にも同様の見解を示したものがあります（仙台家裁昭和57・３・16審判・家裁月報35・８・149頁）。

ところで，関係中国人等がいずれに属するかの認定に当たっては，事件本人の提出する証明書によるのが適当であり，例えば，近時渡来者については，旅券等から判断することが可能です。

問題は，在日中国人等ですが，例えば，人民法院，公証処公証員等中国の官憲の発給した証明書を提示した中国人については本土系と認定し，台湾の戸籍謄本等を提示した中国人については台湾系中国人と認定し，本国法を決定していくのが適当かと思われます。また，事件本人についての，韓国官憲発給の旅券の写し，国籍証明書，韓国の戸籍謄本，韓国大使館等の発給した婚姻等証明書の提出があれば，大韓民国の法律を当該者の本国法とするのは当然のことと思われます。さらに，本人が特に韓国人ではないと言わない限り，朝鮮人については，原則として韓国法を本国法としても差し支えないものと思われます。

なお，本土系中国人と台湾系中国人の本国法，又は韓国人と北朝鮮系朝鮮人間の本国法は，いずれも，同一ではないことから，本土系中国人と台湾系中国人又は韓国人と北朝鮮系朝鮮人との夫婦は，いずれも共通本国法を持たないことになりますから，婚姻の効力が問題となったり，離婚する場合等は，共通常居所地法以下の法律が適用されることになります。

●反致

T　通則法41条には以下のような規定があります。

「当事者の本国法によるべき場合において，その国の法に従えば日本法によるべきときは，日本法による。」

反致とは,「送り返す」という意味の国際私法の専門用語です。その意味は，例えば，婚姻の実質的成立要件は，各当事者の本国法による（通則法24条1項）こととされていますが，当事者の本国の国際私法上，当事者の住所地法によるべきこととされており，かつ，事件本人が日本に住所を有しているときは，日本の法律によることとなる，という意味です。ただし，この反致は，婚姻の効力，離婚，親子間の法律関係（親権）などいわゆる段階的連結の場合には適用されません（通則法41条ただし書）。この場合に反致を認めないのは，段階的連結の場合には，当事者双方に共通する法律を厳選していることから，反致を認めないのが適当であることを理由とするものです。したがって，反致がされるのは，通則法４条（これについての10条)，24条，28条ないし31条，33条ないし37条までで本国法が適用される場合に限られます。

なお，この反致を認められるのは，問題となる法律関係について，当事者の本国の国際私法が日本法を指定していることが明確な場合に限られています（昭和54・12・12民二6121号回答)。

●公序による外国法適用の排除

Ｔ　通則法42条には以下のような規定があります。

「外国法によるべき場合において，その規定の適用が公の秩序又は善良の風俗に反するときは，これを適用しない。」

例えば，我が国において一夫多妻婚となる婚姻をしようとする外国人があった場合，その者の本国法がこれを認めていても，一夫多妻婚は我が国の公序良俗に反するものと解されていますので，その部分，すなわち，一夫多妻婚を認める旨の規定は，我が国ではその適用を排除されることになります。外国法の適用を排除した場合については，通則法に規定はありませんが，内国法である日本法を適用すべきであるという見解が強いようです。

公序に関する審判例を一つ紹介しておきます（宇都宮家裁平成19年７月20日審判・家裁月報59・12・106頁）。日本人妻Ａ（申立人）とイラン人夫Ｂが，Ｂの妹の子であるイラン人未成年者を養子とすることの許可を求めた事案です。審判は次のように判示しています。「イスラム法においては，養子縁組は認められていないので，申立人Ｂと未成年者との関係においては，イスラム法の適用により，本件養子縁組は認められないことになるところ，このような結果は，日本国民法を適用した結果とは異なることが明らかである上，申立人夫婦が……今後も未成年者と共に日本で生活し……申立人夫婦が，どちらかが単独で未成年者の養親となればよいと考えているのではなく，あくまでも共に未成年者の養父母となることを望んでいることを考慮すると，申立人Ｂと未成年者との関係において，イスラム法の適用により，本件養子縁組を認めないものとするのは不当であると言わざるを得ない。したがって，本件養子縁組の可否に関しては，申立人Ｂと未成年者との関係においてイスラム法を適用することは，我が国の公の秩序に適合しないものというべきであるから，通則法42条により，その適用を否定するのが相当である。」

なお，子が日本人である場合の認知について，日本民法上の認知の要件が当事者双方に備わっていない場合において，認知する者の本国法により認知することができる旨の証明書を添付した認知の届出があったときは，公序の適用が問題となるので,管轄局の指示を求めるものとされています（平成元・10・２民二3900号通達第４の１(1)後段)。

※「常居所地法」

T　今の本国法の決定の項で「常居所地」あるいは「常居所地法」「密接関連法」という概念が出ていました。ここでは「常居所」ないしは「常居所地法」について説明しておきたいと思います。常居所とは,「人が常時居住する場所・相当長期間にわたって居住する場所」であって，単なる居所とは異なる概念であるとされています。国際私法とは，関係する法律のうちいずれの法律を適用するかを定めるものであり，当該法律関係において最もふさわしい法律を指定する必要があります。その際，特に家族法の分野においては，国籍国の法律のほか，現実に居住している地の法律が重要であるとされています。我が国の実定法上では,既に「遺言の方式の準拠法に関する法律」(２条３号）や「扶養義務の準拠法に関する法律」（２条１項）の中に導入されています。そして我が国の「法例」についても,「常居所」の概念が採用されるに至ったものです。身分関係に関する国際私法の基本的な連結点としては「国籍」と「住所」が中心であったものが，人間が日常生活をする上で最も重要なのは現実に居住している地の法律であるとの考えから「常居所」を国際私法上の連結点の中心におこうという考えが強くなり，その流れの延長線上で採用されるに至ったものです。

ところで，渉外的戸籍事務の取扱いの基準としての「常居所」の認定については平成元・10・２民二3900号通達第８がその内容を示しています（平成２・５・１民二1835号通達，平成４・１・６民二155号通達，平成13・６・15民一1544号通達，平成24・６・25民一1550号通達)。

まず日本人については，住民票の写しの提出があれば，日本に常居所があるものと認定します。国外に転出し，住民票が消除された場合でも，出国後１年以内であれば，日本に常居所があるものとして取扱い，出国後１年以上５年以内であれば，重国籍の場合の日本以外の国籍国，永住資格を有する国等に滞在する場合を除き，同様に取り扱うこととされています。

外国人については，在留カード，特別永住者証明書，又は住民票の写し及び旅券の提出を求め（出入国管理及び難民認定法）並びに「日本国との平和条約に基づき日本の国籍を離脱した者等の出入国管理に関する特例法」による在留資格及び在留期間により判断するものとされ，在留資格が，投資・経営，留学等の場合は５年以上，永住者，日本人の配偶者，永住者の配偶者等又は定住者の場合は１年以上の居住で日本に常居所があるものと認定する扱いとされています。また，我が国で出生した外国人で出国していない者及び特別永住者の在留資格で在留する者については，その期間を問わず，我が国に常居所があるものとして取り扱うこととされています。短期滞在の在留資格で在留する者や不法入国者・不法残留者については日本での常居所を認めない扱いです。

他方，外国における常居所の認定については以下のように示されています。

日本人の場合は，旅券その他の資料で当該国に５年以上滞在していることが判明すれば，当該国に常居所があるものとして取り扱うこととされています。ただし，重国籍者，永住資格を有する国等については，１年以上の滞在で常居所と認定する扱いです。

外国人については，日本における常居所の認定に準じて取り扱うこととされています。

戸籍実務は形式的審査を行っていますから，可能な限り書面で認定できる基準を用いているものと言えましょう。

なお，**密接関連法**については，最終的・補充的法律であるという性質上，それが適用される場合はさほど多くはなく，適用される場合も，具体的事案に応じて判断することになりますから，その内容を一義的に定義づけるのは困難であろうと思われます。

例えば，通則法27条の離婚では，第１段階の夫婦の同一の本国法，第２段階の夫婦の共通常居所地法で決せられる場合が多いはずと思われます。このような法律がない場合とは，夫婦の本国法が異なる上，夫婦それぞれの常居所地も異なる国際的別居をしている場合に限られると思われます。つまり，夫婦で常居所地が異なるのは，国を隔てた別居の場合であってそれはかなり稀有のことであろうと思われます。ちなみに，戸籍実務上，密接関連法が問題となる場合とは，外国に常居所を有する日本人と日本人の常居所と異なる外国に常居所を有している外国人とが協議離婚する場合，在日韓国人と国籍も常居所地も異なる外国人とが協議離婚する場合等が挙げられています。

T　渉外的戸籍事件に関する総論的課題はほかにもあるかと思いますが，一応基本的なところは触れてきたつもりですので，この部分に関する学修は終わりとします。次講からは各論的問題に入り，まずは渉外的出生の問題を取り上げることにします。

【参考文献】

神前禎著「解説　法の適用に関する通則法」弘文堂（平成18年）

法務省民事局「民事月報44巻号外・法例改正特集」（平成元年）

財団法人民事法務協会「新版　実務戸籍法」（平成13年）

最高裁判所事務総局家庭局監修「渉外家事事件執務提要（上）」法曹会（平成10年）

最高裁判所事務総局編「渉外家事事件執務提要（下）」法曹会（平成４年）

南敏文編著「全訂Ｑ＆Ａ渉外戸籍と国際私法」日本加除出版（平成20年）

南敏文「法例改正のポイント」判例タイムズ747号552頁（平成３年）

櫻田嘉章・道垣内正人編「国際私法判例百選［第２版］」有斐閣（平成24年）

住田裕子「いわゆる「常居所地法」「密接関連法」とは」判例タイムズ747号443頁（平成３年）

渉外戸籍各論

第６講　渉外的出生届

■渉外的出生届の問題点

T　前講まででいわゆる渉外的戸籍事件の処理上必要な総論的・前提的・基本的知識について学修してきました。本講からは各論的問題を取り上げ具体的な届出事件との関連での問題点等を学んでいくことにします。その最初のテーマが渉外的出生届出事件です。

出生届と言えば，国内事件の場合，死亡届出事件を別にしますと最も事件数の多いものです。それだけに，戸籍実務の現場では最も身近に感じる事件の一つかと思います。

ところで，渉外的出生届出事件という言葉から国内出生届出事件と比較してどのような異なる問題点がイメージされるだろうか，ということを最初に考えてみたいと思います。いかがでしょうか。

S　そうですね。いろいろな切り口があると思いますが，思いつくままに提示してみたいと思います。国内の通常の出生届出事件ですと当事者はいずれも日本人ということで比較的定型的なパターンですから，適用すべき法令等も日本法を考えればよいわけです。もちろん，難解な事案もないわけではありませんが，まずはその対応に難渋するような格別の問題があるわけではありません。しかし，渉外的要素を持った出生届出事件の場合は少し骨の折れる問題があります。

例えば，日本人と外国人が婚姻をして，その間に子が出生したとします。その子の法律上の地位，つまり，嫡出子となるのか否か，という問題は，どこの国の法律によって判断することになるのだろうか。あるいは，父母の一方又は双方が外国人で，その間に出生した婚姻外の出生子の法的親子関係の成立については，どこの国の法律によって判断するのだろうか。それらは何に基づいて決定することになるのだろうか。

また，日本国内で，日本人男と外国人女との間の婚姻前に出生した子について，婚姻後に，夫から嫡出子出生届，つまり，認知の届出の効力を有する出生届（戸62条）の提出は可能だろうか。可能であるとしてその根拠はどこに求めるのだろうか。さらには，外国人男と婚姻中の日本人女が出生した子について，外国人男が「この子は，妻が自分以外の男との間に出生した子である」として，嫡出性を否認する主張をすることは可能であろうか，可能であるとするとその根拠は何であろうか，といった問題が浮かんできます。

以上は主として**生まれた子の身分法上の法的地位に関わるもの**です。

他方，関連して**出生子の国籍や氏に関わる問題**もあります。例えば，日本国内で，日本人と外国人夫婦から生まれた子の国籍はどうなるのか。それを決定する根拠は何か，出生届の取扱いはどうなるのか，あるいは，日本国内で，外国人夫婦から生まれた子の国籍と出生届の問題，外国で日本人と外国人夫婦から生まれた子の国籍と出生届をめぐる問題等があります。加えて，外国人父と日本人母の婚姻中に出生した子の「氏」はどうなるのか，等々の問題もあります。

こうした諸問題についてそれぞれどのような法令なり先例が関わるのか，それは「法の適用に関する通則法」，それに基づいて決まる「準拠法」（実質法）であったり，「国籍法」であったり，「民法」「戸籍法」であったりします。問題によっては，それらの法令等が互いに関連性を持ちながら問題解決へのアプローチをすることもあるでしょう。むしろそれが一般的かも知れません。

要するに，事件処理の基本原理は国内事件と同じと見てよいと思いますが，国内事件よりは，はるかにその体様においても，関係する法令等についても，より広い視点で，多角的に問題点をとらえる必要があるということが言えるかと思います。

T　そうですね。今の例示からも明らかなように，渉外的出生届とは，出生子の父母の一方又は双方が外国人であるもの又は出生の場所が外国であるものと定義することができます。

このような事案については，渉外戸籍総論で触れましたとおり，日本国で子が出生したときは，出生子が日本国籍を取得するか否かにかかわらず，戸籍法に従って出生届をしなければなりません。

また，外国で日本人を父又は母とする子が出生し，その子が出生によって日本国籍を取得するときは，やはり戸籍法に従って出生届をしなければなりません。

そのような渉外的要素を持った出生届がされた場合の基本的な留意点はどういうところにあるでしょうか。

S　渉外的な要素を持った出生届がされた場合，留意すべき点は，国内出生届出事件の場合と同じく，子の父母は誰か，嫡出子，嫡出でない子の別等出生届に記載されている親子関係が法律上の親子関係と一致しているかどうか，ということのほか，その子が日本国籍を有するかどうかが審査の重要なポイントになります。そして，子が日本国籍を有する場合には，その子を戸籍に記載して日本国民であることを登録公証し，他方，日本国籍を有しない場合には，もちろん戸籍の記載をすることはなく，受理した書類を保管するだけとなります（戸規50条１項）。

出生子の日本国籍の取得の有無については，嫡出親子関係・嫡出でない子の親子関係の成否及びその別が大きく影響します。これは，我が国の国籍法が，出生子の日本国籍の取得についていわゆる血統主義を採用していることから（国２条），出生子が日本人父又は母との嫡出である子としての親子関係又は嫡出でない子としての親子関係が成立するか否かが日本国籍の取得に直接関係することになることを意味しています。

T　大事なポイントの指摘でした。ところで，国内出生届出事件の審査処理に当たって最も留意されている点は何ですか。

S　やはり**届出に係る子の法的地位**がどのようなものであるか，という点でしょうか。

T　それが基本的視点として大事なことですね。それが確定しないことには戸籍の処理はできませんからね。このことは，当然のことながら渉外的要素を持った出生届が提出された場合も基本的には同じですね。ただ，国内事件の場合はその審査処理は民法，戸籍法等の国内法を中心としたもので対応すれば基本的には十分ということになりますが，渉外的要素を持った出生届出事件の場合は，そうはいかないということですね。あなたが先ほど挙げてくださったいろいろな法律等が絡んできます。

そこでクローズアップされてくるのが国際私法としての「法の適用に関する通則法」（以下「通則法」と略称することもあります。）ということになります。

改めてあなたの提起された問題意識も参考にしながら基本的問題点を指摘します。法律上の婚姻関係にある男女間の子を「嫡出子」といい，婚姻関係にない男女間の子を「嫡出でない子」と呼んでいます。この子と親との関係は，それぞれ「嫡出親子関係」「嫡出でない子の親子関係」と呼びますが，父母（夫婦）あるいは男女の一方又は双方が外国人である場合や日本人父母（夫婦）あるいは男女が外国で子を出生した場合には，子の嫡出性等について，どこの国の法律を適用するかという問題が生じます。さらには，嫡出でない子が，出生後に父母の婚姻及び父子関係の成立によって，後天的に嫡出子たる身分を取得し，「嫡出親子関係」を成立する場合（この後天的嫡出親子関係の成立を『準正』という。）にも同様の問題が生じることになります。

ところで，平成28年の日本における父母の一方が外国人である子の出生数は1万9,118人とされています。その内訳を見ますと，父が日本人である子の出生数は9,371人であり，母の国籍で最も多いのは中国であり，以下フィリピン，韓国・朝鮮と続いております。他方，母が日本人である子の出生数は9,747人であり，このうち，父の国籍で最も多いのは韓国・朝鮮であり，次いでアメリカ合衆国が続いているようです（戸籍誌949号35頁）。

S　かなりの数ですね。何か急に身近な問題になってきたように思います。そうした嫡出親子関係なり嫡出でない子の親子関係の成立，準正等に関する問題へのアプローチの出発点ともなるべきものが「通則法」の関係規定だと思います。そこで最初に渉外的出生届出事件の処理のために理解の欠かせない嫡出親子関係の成立，嫡出でない子の親子関係の成立，準正等に関する通則法上の関係規定を一括して見ておくのが有益かと思いますので，それぞれの立法趣旨なども加味して説明をお願いします。

●嫡出親子関係の成立

T　これについては**通則法28条**が規定しています。

「夫婦の一方の本国法で子の出生の当時におけるものにより子が嫡出となるべきときは，その子は，嫡出である子とする。

②　夫が子の出生前に死亡したときは，その死亡の当時における夫の本国法を前項の夫の本国法とみなす。」

この現行規定は平成元年の「法例」改正により改正された「改正法例17条１項２項」の規定内容が実質的にはほぼ同内容で平成18年の再度の「法例」改正の際に現行通則法に引き継がれたものです。

平成元年の改正前の法例17条は，嫡出親子関係の成立の準拠法を「母の夫の本国法」としていました。この規定を，平成元年の法例改正の際の基本理念の一つである「男女両性の平等」の実現という観点（母にとっても自分の子が嫡出子となるか否かは，重大な関心事と言えます。）及び子の保護の観点から，男系の法律を準拠法とする規定を改めるとともに，嫡出親子関係の成立について，より広く複数の選択肢を認めることが望ましいとの考え方に基づき，夫の本国法と妻の本国法が選択的に適用されることになりました。

つまり，**夫婦の一方の本国法，すなわち，子の側からすれば，父又は母の本国法により嫡出子であるときは，嫡出子とすることとされたわけです。**

選択的連結ですから，夫婦の一方の本国法により嫡出親子関係が成立しますと，他方の本国法上嫡出親子関係が否定されても，嫡出親子関係は成立します。**嫡出性**は，婚姻関係にある夫婦を一体としてとらえて問題となるもので，夫婦の一方との関係でのみこれを認めることは妥当でないからです。

また，通則法28条１項で「父又は母」としないで，「夫婦の一方」と定めているのは，本条により親子関係が認められるまで法律上の父又は母と言えないからと説かれています。

●嫡出でない子の親子関係の成立

T　次に嫡出でない子の親子関係の成立についての規定を見てみます。**通則法29条**は以下のようになっています。

「**嫡出でない子の親子関係の成立は，父との間の親子関係については子の出生の当時における父の本国法により，母との間の親子関係についてはその当時における母の本国法による。この場合において，子の認知による親子関係の成立については，認知の当時における子の本国法によればその子又は第三者の承諾又は同意があることが認知の要件であるときは，その要件をも備えなければならない。**

② **子の認知は，前項前段の規定により適用すべき法によるほか，認知の当時における認知する者又は子の本国法による。この場合において，認知する者の本国法によるときは，同項後段の規定を準用する。**

③ 父が子の出生前に死亡したときは，その死亡の当時における父の本国法を第１項の父の本国法とみなす。前項に規定する者が認知前に死亡したときは，その死亡の当時におけるその者の本国法を同項のその者の本国法とみなす。」

この現行規定も平成元年の法例改正による内容（改正法例18条）がほぼそのままの形で通則法に引き継がれたものです。

つまり，第１項は，嫡出でない子の親子関係の成立についての原則を，第２項は，認知の追加的特則を，第３項は，関係者が死亡した場合における特則をそれぞれ定めています。

すなわち，第１項は，嫡出でない子の親子関係の成立一般を定めたものです。嫡出でない子の親子関係は，出生という事実によって生じる法制（例えば，日本民法上の母に対する関係）と認知によって生じる法制（例えば，日本民法上の父に対する関係）とがありますが，**第１項は，認知のみならず，出生による嫡出でない子の親子関係もその適用範囲にする**ことにしています。これは平成元年の法例改正によるもので大きな変革でした。改正前の規定では，認知のみに関して規定し，認知の要件は，父又は母に関しては認知当時の父又は母の属した国の法律に，子に関しては認知当時の子の属した国の法律によることとされていました。これが，要するに，**嫡出でない子の親子関係の成立については，父又は母との関係で子の出生当時の父又は母のそれぞれの本国法によることとされ，従前の認知主義による父子関係の成立のほか，いわゆる「事実主義」による父子関係の成立についても適用されることになったわけです**。嫡出親子関係の場合とは異なり，子の両親は夫婦として共同体を構成しているわけではありませんから，父子関係と母子関係とを別個に，それぞれ子の出生当時の父の本国法と母の本国法により判断されることになります。

ここで簡単に「事実主義」について説明しておきます。事実主義とは，嫡出でない子とその父又は母との父子関係又は母子関係の形成について，その父又は母が自分の子であることを認めるまでもなく，その間に血縁関係が客観的に存在すれば，それをもって法律上もこの関係を認める法制のことを意味します。事実主義の採用と出生届の取扱いの問題についてはまた後程触れたいと思います。

次に**第２項**は，認知について追加的特則を設けています。平成元年の法例改正前は前記のとおり，嫡出でない子の親子関係については，認知のみに関して規定し，認知の要件は，父又は母に関しては認知当時の父又は母の属した国の法律に，子に関しては認知当時の子の属した国の法律によることとされていました。いわゆる配分的適用主義を採用していました。しかし，これは，実質的には，双方の属人法を重畳的に適用しなければならない場合が多く，認知の成立を困難にするという批判もありました。このため，平成元年の法例改正に際し，**認知はできるだけ容易に認め，親子関係の成立をよりたやすくするために「選択的連結」を導入したわけです**。

つまり，通則法29条１項２項を総合しますと，子の出生当時の認知すべき者の本国法（１項），認知当時の認知すべき者の本国法（２項），認知当時の子の本国法（２項）の３種類の法律が選択的適用の対象となるということを意味します。

第３項は，子の出生前に関係者が死亡した時の補助準拠法を定めており，それぞれ，死亡当時の本国法等によって代置しているわけです。

●準　正

T　準正については**通則法30条**に規定を置いています。実は平成元年の法例改正時点では法例中に「準正」に関する規定は置かれていませんでした。従って準正の成立要件については，解釈によっていました。そして，父母の婚姻及び認知の成立によって，子が後天的に嫡出子となるところから，準正は，嫡出子に関する規定を類推適用して，準正の要件となる法律事実の完成の時の母の夫，つまり，父の属した国の法律によることとする取扱いが通説とされていたようです。この点については平成元年の法例改正に際して議論があり，父又は母の本国法のみならず，子の本国法も準正の準拠法とするのが適当であるとされ，新たに明文の規定を設けることとされたわけです。通則法30条に以下の規定があります。この規定も平成元年法例改正時の19条の規定内容がほぼそのまま現行通則法にシフトしたものです。

「子は，準正の要件である事実が完成した当時における父若しくは母又は子の本国法により準正が成立するときは，嫡出子の身分を取得する。

② 前項に規定する者が準正の要件である事実の完成前に死亡したときは，その死亡の当時におけるその者の本国法を同項のその者の本国法とみなす。」

準拠法については，嫡出親子関係の準拠法との平仄（ひょうそく）から，父又は母の本国法により準正が認められれば，準正子と扱ってよいこと，準正は，その原因たる事実が完成した時になされるので，準拠法の基準時点は，子の出生時ではなく，準正の原因たる事実（父母の婚姻と認知等）の完成時とすべきことは当然かと思われますが，問題は，子の本国法を加えるかどうかにありました。この点については，準正は，親が婚姻するかどうかという親の側の事情で決まることから，親の側の法律だけで十分であるという考え方もありましたが，認知の成立について子の本国法も準拠法として認めていることから，子の保護の観点もあり，子の本国法に基づき認知があった場合の認知準正も想定して子の本国法も加えることとされたようです（南敏文「渉外家事事件執務提要（上)」130頁)。

なお**第２項**は，関係者が死亡した場合における補助準拠法を定めたものです。

要するに，通則法30条は，嫡出親子関係の成立が子の利益に資するとの考えのもとで，選択的連結をここでも採用しており，また，嫡出親子関係の準拠法との整合性を保つように父又は母の本国法を準拠法としています。さらに，子の本国法により認知された子（通則法29条２項）の利益を考慮して，子の本国法も選択的に適用される準拠法の１つに加えたわけです。

S　改正の趣旨・経緯も織り込んで説明していただき，法の構成の概略は抽象的ながら理解できたように思います。

T　やはり具体的な事例なり問題との関連で通則法の関係規定をとらえていくのが学修上はベターでしょうね。それでは序論はこの程度にして本論に入ることにしましょう。

■嫡出親子関係，嫡出でない子の親子関係等

T　さて，繰り返しになりますが，通則法の規定によれば，前記のとおり，嫡出親子関係については，子の出生当時の父又は母の本国法のいずれか一方の法律によって嫡出である場合は，その子は嫡出子とするものとされています(通則法28条１項)。また，嫡出でない子の親子関係については，父又は母との関係で子の出生当時の父又は母のそれぞれの本国法によることとされています。しかも，これは，認知主義による父子関係の成立のほか，事実主義による父子関係の成立についても適用されます(通則法29条１項前段)。さらに，準正については，その要件の事実が完成した時の父若しくは母又は子の本国法により成立することとされています（通則法30条１項)。つまり，いずれかの法律で身分関係の成立が認められる，いわゆる選択的連結が採用されています。このような通則法上の関係規定を前提に以下嫡出子（準正嫡出子を含む）と嫡出でない子に分けて，その取扱いについて学ぶことにしましょう。

なお，その前に，ここで関連して，**関係者の本国法**について簡単に触れて

おきます。この本国法は，**準拠法決定の前提問題**として重要な意味を有するものです。通則法には，準拠法の決定に当たって「本国法」という文言が頻繁に用いられています。本講に関連する通則法28条，29条，30条においてもしかりです。この点については渉外戸籍総論の部分でも少し触れましたが，平成元・10・２民二3900号通達がその第１の１(1)イでその決定方法について示しています。簡単に要点のみ触れておきます。**当事者が日本人である場合**は，その者が重国籍者であるか否かにかかわらず日本の法律により（通則法38条１項ただし書），また，**当事者が外国人である場合**は，出生届書の本籍欄に記載した国が一箇国の国籍のみで，当該記載された国の官憲が発行した国籍を証する書面等の添付書類から単一国籍であることについて，疑義が生じない限り，その記載されている国の法律によることになります。なお，**重国籍者である外国人の本国法の決定については**，まず，その国籍を有する国のうち当事者が常居所を有する国の法律を，次にその常居所がないときは当事者に最も密接な関係がある国の法律を段階的に適用して，当事者の本国法とすることとされています（通則法38条１項本文）。なお，**無国籍者の本国法の決定**については，当事者が常居所を有している地の国の法律をその本国法とすることとされています（通則法38条２項本文）。

では，嫡出子から見ていくことにしましょう。

●嫡出子

S　嫡出子とは，法律上正当な婚姻関係にある男女間に生まれた子，すなわち，母がその法律上の夫によって懐胎し，婚姻後に出生した子のことを言います。子が嫡出子であるためには，父母の法律上の婚姻と母の夫による懐胎をその要件とするため，父母の法律上の婚姻と母の夫による懐胎という事実を確認しなければ，父母と出生子との間に嫡出親子関係があるとは言えない，というのが理論的帰結です。しかし，母と子との親子関係（血縁関係）は分娩という事実により比較的容易にその存在を知り得ることが可能ですが，母がその法律上の夫によって懐胎したかどうかという点，つまり，父と子との親子関係（血縁関係）の事実の存在は容易には知り得ないのが現実です。

T　そこで我が国をはじめ多くの諸外国ではその点について婚姻道徳とか医学的知見などを考慮しつつ立法上いろいろ工夫してきたわけですね。

S　はい。法律上の婚姻関係が成立している女性を母として一定の期間経過後に生まれた子，あるいは，法律上の婚姻関係にあった女性を母として，婚姻解消後一定の期間内に生まれた子については，その婚姻中の母の夫が子の父としての蓋然性が高いところから，母の夫を子の父と認定し，法律によって，その婚姻関係にある，又は婚姻関係にあった男女間の嫡出子とする取扱いがされています。

T　我が国での取扱いはどうなっていますか。

S　我が国の取扱いによりますと，嫡出子については，①「**推定を受ける嫡出子**」→ 父母の婚姻成立の日から200日後又は婚姻解消若しくは取消（以下，単に「離婚」という。）の日から300日以内に生まれた子は，父母が婚姻中に懐胎したものとして夫の子と推定する（民法772条）。②「**推定を受けない嫡出子**」→ 婚姻成立後200日以内に生まれた子が，母の夫によって懐胎された子であれば，父の認知を得るまでもなく生来の嫡出子とする（大判昭和15・1・23民集19巻54頁）。③「**準正嫡出子**」→ 出生後に，父母の婚姻及び父からの認知が成立することによって，嫡出子の身分を取得する（民法789条）（これによる嫡出子を準正子という）。以上の３つに区別されています。なお，③の場合は，更に父母の婚姻前に出生し，父から認知されている嫡出でない子が父母の婚姻によって嫡出子となる場合（これを「婚姻準正」という。）と，嫡出でない子が父母の婚姻後父から認知されたことによって嫡出子となる場合（これを「認知準正」という。）に区分しています。この認知準正によって嫡出子たる身分を取得する出生届未済の子について，父母からの嫡出子出生届があった場合には，これを戸籍法62条に基づく出生届として，特に，この届出に認知の効力を認めています。

T　そうですね。ただ，この場合，留意すべき点があります。それは，前記①②の生来の嫡出子は，**出生時において**当然に法律上の父子関係が成立しますが，準正嫡出子の場合は，認知によって初めて法律上の父子関係が成立することになるという点です。この生来の嫡出子が出生時において当然に法律上の父子関係が成立するという点に大きな意味があるということです。

S　国籍法との関連ですね。つまり，我が国の国籍法は血統主義を採用していますから，出生の時点で父子関係が認められれば父の日本国籍を受け継ぐことになりますから，その有無（出生時点での父子関係の存在）は国籍法上大きな意味をもつことになります。

例えば，日本人父・外国人母の婚姻前の出生子が日本国籍を取得するかどうかについては，原則として，**胎児認知がない限り**，出生時に日本人父との間に法律上の父子関係を有していないため，出生により日本国籍を取得し得ないことになります。

T　その点については後程「出生子の国籍」のところでまた触れたいと考えています。それでは，以下では，まず，**嫡出子出生の届出についての取扱い**に入ることにしましょう。

▲生来の嫡出子

※父母の双方が日本人である場合又は父母の一方が日本人である場合

S　通則法28条によりますと，子の出生当時の父又は母の本国法のいずれか一方の法律により嫡出子となる場合は，その間の子を嫡出子とするとしていますから，父母双方が日本人である場合はもちろん，父母のいずれか一方が日本人である場合も日本民法（父又は母の本国法）が適用されることになります。つまり，日本法上この間の子が嫡出子である場合は，この子は嫡出子として取り扱うことになります。すなわち，父又は母の一方が日本人の場合には，まず，日本の民法を適用し，嫡出性の存否を判断し，ここで，嫡出子として認定されれば，これによって処理し，外国人配偶者の本国法を調査する必要はないことになります（平成元・10・２民二3900号通達第３の１⑵ア参照）。

そして，**我が国の民法上嫡出子とならない場合に初めて，外国人配偶者の本国法を調査することになります。**

T　日本民法上嫡出子とならない場合であっても，外国人父又は母の本国法によれば嫡出子となる場合があると言われていますね。つまり，我が国の法制上嫡出子として取り扱うことのできる範囲は先ほどの説明にもありましたように，一応父母婚姻中の出生子及び父母離婚後300日以内の出生子ということになります。したがって，この間に生まれた子については，日本法上嫡出子として取り扱うことができますから，今提起されている事案として取り扱う場合というのは，この範囲を超えて，つまり，離婚後301日以後に生まれた子を嫡出子として届け出た場合に限定されます。極めて稀なケースかと思いますが，具体的な例を示してくださいませんか。

S　例えば，台湾系中国人母（又は父）の本国法である中華民国民法によりますと，父母離婚後302日以内の出生子は嫡出子となるところから，日本人父（又は母）と台湾系中国人母（又は父）の離婚後301日目の出生子がこれに当たることになります（中華民国民法1061条～1063条参照）。

T　そのように日本民法によれば出生子が嫡出子とならない（離婚後300日以内の出生ではない）けれども，外国人親の本国法によって嫡出子となる場合に，当該出生子について嫡出子出生届出があった場合はどう措置するのですか。

S　その場合は，子の出生当時における外国人親の国籍証明書及び外国人親の本国法上の嫡出子の要件に関する証明書の提出を求め，その結果，外国人親の本国法によって事件本人が嫡出子となるときは，届出を受理することとされています（平成元・10・２民二3900号通達第３の１⑵イ参照）。なお，前記嫡出子の要件に関する証明書とは，嫡出子と判断するに至った外国人親の本国法を明らかにするためのものであり，当該本国官憲の発給した証明書のみならず，本国の法律内容が明らかとなる法文の写しを関係者が当該国の法律の条文の写しである旨を証明し，これにその訳文を添付したものでも足りる扱いです。また，この証明書の添付がない場合，あるいは添付書類に疑義がある場合には，管轄法務局若しくは地方法務局又はその支局の長に受理照会することになっています。

T　では，**父母双方が外国人である場合**はどうしますか。

S　通則法28条の規定によれば，子の嫡出性が父又は母のいずれかの本国法により認められれば，子はその夫婦の嫡出子として取り扱われることになります。この扱いは，父母の一方が日本人の場合であっても，父母の双方が外国人の場合であっても異なるものではありません。したがって，外国人父又は母のいずれか一方の本国法により嫡出子として取り扱われている場合には，嫡出子として取り扱うことになります。この点については前記平成元年通達第３の１(3)に示されていますように，子の出生の当時における父又は母の本国法のいずれかにより事件本人が嫡出であるときは，事件本人を嫡出子とする扱いを明確にしています。なお，この場合は，外国人親の国籍証明書及び外国人親の本国法上の嫡出子の要件に関する証明書の提出を求める必要はないと解されています。つまり，これらの証明書の提出は，出生届書の記載内容等から，明らかに疑義が生じた場合に限定されるものと解してよいと思われます。

T　それは，戸籍記載のための審査が不要であること等から，出生届書に記載されている内容から父母の嫡出子でないことが明らかに否定されない限り特段の添付書類を求めることなく出生届書に記載されたとおり嫡出子として処理されている実情等が理由とされているように思われます。

※父未定の子の場合

S　我が国の取扱いによれば，母が再婚禁止期間内（民733条１項）の婚姻あるいは重婚（民732条）等の事情によって，法律の規定上，子の嫡出性の推定が重複する場合は，裁判所によって「父」が決定されます（民773条）。この裁判所の決定がされるまでの間は，その子は，父未定の子として取り扱われることになります。

　したがって，母又は前夫，後夫のうち，いずれかの者が日本人である場合であって，母又は前夫のいずれかの本国法により前夫の子と推定され，かつ，母又は後夫のいずれかの本国法により後夫の子と推定されるときは，嫡出性の推定が重複しますから，父未定の子としての出生届を母からしなければならないこととされています（戸54条，平成元・10・２民二3900号通達第３の

1(2)ウ参照)。

なお，法律上の嫡出性の推定が重複しない場合，例えば，出生子が前夫の子との推定を受けるが，後夫の子としての推定を受けない場合は，推定を受けるほうが優先され，前夫の子として取り扱うことになります。

T　具体的な事例があれば挙げてください。

S　例えば，日本人母が韓国人父（前夫）との離婚後300日以内，日本人父（後夫）との婚姻後200日以内に子を出生した場合，出生子は前夫の子との推定を受ける嫡出子（韓国民法844条参照），後夫の子との推定を受けない嫡出子（日本民法772条２項参照）ということになりますが，この場合には，前夫の嫡出子としての出生届をすることになります。

つまり，嫡出子としての法律上の推定が重複する場合のみ，父未定の子としての処理をするものであって，嫡出の推定が前夫又は後夫のいずれか一方の当事者間にしか存しない場合には，その推定される夫の子としての取扱いをすることを意味するものです（平成元・10・２民二3900号通達第３の1(2)ウイ参照)。

T　もっとも，この場合であっても，出生の届出前に嫡出否認の裁判が確定したときは，その裁判の謄本を添付して後夫の嫡出子としての出生届をすることは可能です。

▲準正嫡出子

※婚姻準正・認知準正

T　我が国の民法によれば，「父が認知した子は，その父母の婚姻によって嫡出子の身分を取得する。」(民789条１項)，「婚姻中父母が認知した子は，その認知の時から，嫡出子の身分を取得する。」(同条２項）と規定しています。前者を「婚姻準正」といい，後者を「認知準正」と呼んでいます。なお，この後で取り上げる戸籍法62条による出生の届出は，この認知準正に基づき，特に戸籍法で規定した取扱いと言えるかと思います。

ところで，嫡出でない子は，準正の要件たる事実の完成の当時の父若しくは母又は子の本国法により準正が完成するときは，準正によって，嫡出子たる身分を取得します（通則法30条１項）。これによって，準正の原因となる事実の完成当時，つまり，父母の婚姻によって準正となる場合には婚姻成立の時，また，父又は母の認知等によって準正となる場合には法律上の父母双方との間に親子関係が成立した時のそれぞれの場合，父又は母のいずれか一方の本国法又は子の本国法によって，準正が認められるときは，この準正の成立が認められることになります。すなわち，嫡出子たる身分を取得することになります。

この戸籍上の取扱いについて説明してくださいませんか。

S　婚姻準正又は認知準正があった場合は，それぞれの届書，つまり，婚姻準正の場合には「婚姻届書」，認知準正の場合は「認知届書」に基づき，続柄等の訂正をすることになります。具体的には，これらの届書の「その他」欄に準正嫡出子となる旨，準正嫡出子となる子の戸籍の表示及び準正の効果としての続柄の訂正事項を記載することになります。

この点については，平成元・10・２民二3900号通達第３の３に触れられています。

T　この問題の関連で留意すべきは，父の本国法上父子関係について事実主義が採用され，なおかつ，婚姻準正が認められている場合は，父からの認知の有無にかかわらず，父母の婚姻によって直ちに婚姻準正となります。その場合の取扱いについて説明してください。

S　その場合は，**平成元・10・２民二3900号通達第３の３**にその取扱いの内容が示されています。この取扱いは，外国人父の本国法が事実主義を採用している場合において子が準正したときの戸籍上の取扱いを特に定めたものです。これは，事実主義の場合，既に出生という事実により法律上の父子関係が成立していることから，父母の婚姻によって子が嫡出子たる身分を取得するという婚姻準正のみが問題となること，及び外国人父の本国法が事実主義を採用している場合の出生届の取扱いの特則を通達（平成元・10・２民二3900号通達第３の２(2)。これについては後述）で定めたことから，外国人父の本国法が事実主義を採用している場合において，子が父母の婚姻により嫡出子たる身分を取得する場合の戸籍事務上の取扱いを明示する必要があることから採られた措置と言えます。以下のような内容になっています。

① 婚姻前に出生の届出がされ，それに基づき父の氏名が記載されている場合は，婚姻の届書の「その他」の欄に準正嫡出子となる旨，その子の戸籍の表示及び準正の効果としての続柄訂正事項を記載し続柄欄を訂正する（なお，外国人たる子の場合は，婚姻届書の「その他」欄に準正嫡出子となる旨を表示するにとどまることになります。）。

◯嫡出でない子の出生届書の「その他」欄に父の本国法が事実主義を採用している旨の記載があり，これを証する書面等の添付がある場合には，子の戸籍に父の氏名を記載する取扱いが示されています（平成元・10・２民二3900号通達第３の２⑵ア参照）。そして，この場合の嫡出でない子は，父母の婚姻により直ちに嫡出子たる身分（「婚姻準正」）を取得します。前記①はこの場合の取扱いを示したものです。

② 婚姻の届出後，父の国籍証明書，父の本国法上事実主義が採用されている旨の証明書及びその者が事件本人の父であることを証する書面を添付して父の氏名を記載する旨の出生届の追完の届出及び嫡出子たる身分を取得する旨の婚姻届の追完の届出があった場合は，父の氏名を記載し，続柄欄を訂正する。

◯母からの出生の届出に基づき母の戸籍に入籍している嫡出でない子について，本国法が事実主義を採用している外国人父の氏名を戸籍に記載する旨の出生届の追完の届出があったときは，これによって，父の氏名を戸籍に記載する取扱いとなっています（平成元・10・２民二3900号通達第３の２⑵イ参照）。父母の婚姻後に，この出生届の追完の届出があった場合，子はその追完の届出によって，父子関係が戸籍に記載されることになりますが，子が準正によって嫡出子たる身分を取得するのは，父母の婚姻の時であって，出生の時ではないため，準正によって，嫡出子たる身分を取得する旨の追完の届出は，その基本の届出となる父母の婚姻届にすることになります。前記②はこの場合の取扱いを示したものです。

③　婚姻の届出後，婚姻前に出生した子について，母から，届書の「その他」欄に父母が婚姻した旨が記載され，かつ，前記②の証明書の添付された嫡出子出生の届出があった場合は，嫡出子として戸籍に記載する。なお，父も，これらの証明書及びその者が父である旨の母の申述書を添付して，当該出生の届出をすることができる。

◯父母の婚姻前に出生した子（嫡出でない子）であっても，その外国人父の本国法が事実主義を採用している場合は，出生の時から法律上の父子関係が成立していることになります。これは，子の出生の届出の有無に関係するものではありません。そして，父母の婚姻が成立することによって子が嫡出子たる身分関係を取得する場合，当該出生子については，父母の婚姻届出後にする出生の届出の時点では嫡出子となっていることから，嫡出子出生の届出をすることができることになります。前記③はこの場合における嫡出子出生届について，その取扱いを示したものです。

T　関連する通達相互の関係も視野に入れた大変詳しい説明でした。

通達は，あなたの説明のとおり，外国人父の本国法が事実主義を採用している場合において子が準正したときの戸籍上の取扱いを特に定めたものでした。

※戸籍法62条の出生届による場合

T　戸籍法62条は，民法789条２項の規定によって，嫡出子となるべき者について，父が嫡出子出生の届出をしたときは，その届出に認知の届出の効力を有する旨を規定しています。つまり，**父母の婚姻前に出生した子について，その出生の届出に先立ち，父母が婚姻した場合には，出生の届出と認知の届出を各別にするまでもなく，父から，嫡出子出生届があったときは，この届出に認知の届出の効力を認めようというものです。**

この届出は，認知の届出の効力を認める嫡出子出生の届出であることから，認知に関する要件を備えていなければならないのは当然の理です。つまり，この届出は認知をし得る者自身（父）からの届出であって，成年に達した子についてはその承諾を要し（民782条，昭和43・４・５民甲689号回答），また，既に死亡した子についてはその子に直系卑属がある場合に限られ（民783条，大正６・３・６民197号回答），この直系卑属が成年者のときはその承諾を要することになります。これらの所定の要件を欠く場合には，この出生届はできないことになります。なお，この嫡出子出生届をする時期は，父母の婚姻成立後であることはもちろんですが，届出当時（嫡出子出生届）にその婚姻が継続していることは必要ではないとされています（大正８・３・28民710号回答）。

問題は，**日本人と外国人の夫婦間の婚姻前に出生した子について，父母婚姻後に外国人父から戸籍法62条の出生届をすることができるかどうか**，という点です。

実務の扱いは，父母の婚姻後，外国人父から，戸籍法62条の出生届があった場合，「法例の規定によって定まる準拠法において認知が禁止されず，かつ，認知によって当該出生子が嫡出たる身分を取得することとなる場合は，戸籍法62条の規定による出生届をすることができるものと解する。」とされています（昭和26・11・12民甲2162号回答）。

これを戸籍先例で見ますと，アメリカ人，カナダ人，オーストラリア人などの父と日本人母との婚姻前の出生子について，父母の婚姻後に，外国人父からの戸籍法62条の出生届ができるとされています（昭和27・３・18民甲264号回答，昭和27・９・２民甲167号回答他）。また，これとは逆に，日本人父とベトナム人，ポーランド人，ドイツ人などの母との婚姻前の出生子についても，父母の婚姻後に，日本人父からの戸籍法62条の出生届ができるとされています（昭和31・７・７民甲1555号回答，昭和39・８・18民甲2868号回答他）。

また，韓国人父と日本人母との婚姻前の出生子についても，韓国民法855条，家族関係の登録等に関する法律57条の規定の趣旨からして，父母婚姻後，韓国人父から我が国の戸籍法62条の出生届はできるものと解されています。日本人父と韓国人母との婚姻前の出生子について，父母婚姻後，日本人父からの嫡出子出生の届出ができることには異論はないと思われます。

次の問題は，通則法29条１項前段において，嫡出でない子の親子関係の成立について，単に出生の事実により当然に親子関係の発生を認める事実主義を採用する国の法制が適用されることになっていますが，これに関連して，**外国人父の本国法がこの事実主義を採用している場合に，当該外国人父から，その者と日本人女との間の子について，戸籍法62条の出生の届出ができるか，**という問題です。

問題点はどこにあるのでしょうか。

S　戸籍法62条による出生届は認知の効力を有するものですが，父の本国法が事実主義を採用している場合には，既に父子関係が潜在的には成立しているものと解されますから，あえて，認知をすることは必要ないのではないかという疑問があります。また，事実主義を採用している外国人父と日本人母の間の出生子は，認知がなくても父母が婚姻した時点で父の本国法上当然に準正嫡出子となっていることも予想されます。そうした場合にさらに「認知」を認めることができるか，という問題と言えるかと思います。

T　的確な指摘でした。２つの問題が提起されていると思います。１つは，既に父子関係が潜在的には成立していることから，あえて，認知をすることは必要ではないのではないか，という点です。

この点については，平成元・10・２民二3900号通達第４の１(1)によりますと，認知する者の本国法が事実主義を採用している場合であっても，認知の届出を受理するとしていますから，認知する者の本国法が事実主義を採用している場合であっても，認知することができ，戸籍法62条の出生の届出をする妨げにはならないといえましょう。

なお，その理論的根拠については「渉外的認知」のところで詳しく取り上げる予定にしていますが，簡単に触れておきますと，一般的に，事実主義の法制は，出生の事実により法律上当然に婚外親子関係が成立するための前提として認知を要しないとしているに過ぎず，認知を積極的に排斥しているものではないこと，むしろ，このような国では，親子関係の確定のためには証拠が必要となりますが，父親であることの表明はその有力なものであることが一般に認められていること，逆に，認知主義を採用する国にとっては，国内法上は，認知がなければ法律上の父子関係は成立しないため，認知するための要件上，事実主義による父子関係の確定が認知の妨げにならない，といったような点が主張されています。

もう１つの問題です。つまり，嫡出子の身分を取得した者について，認知をすることができないのではないかという点です。

すなわち，外国人父の本国法が事実主義を採用している場合，嫡出でない子と父とは，その父子関係が明らかになっているか否かは別問題として，出生の事実によって法律上の父子関係が成立しているため，その父母の婚姻が成立することによって，その時点で嫡出でない子は嫡出子たる身分を取得することになります。そして，戸籍法62条は，その前提として，認知の要件を満たしていなければならないということになりますが，認知の要件とは「嫡出でない子は，その父又は母がこれを認知することができる。」（民779条）とあり，「嫡出でない子」であることが必要とされ，従って戸籍法62条の出生届はできないのではないかという疑問です。

この点については，我が国の取扱いによれば，外国人父の本国法が事実主義を採用している国といえども，これを明らかにする証明書等を添付の上，市区町村長に届け出ることによって初めて，これが明らかになるものであり，その場合に限って，父子関係の成立を戸籍に反映するものであって，この届出がない限り，外国人父の本国法が事実主義を採用しているかどうか定かでないこと，つまり，通則法30条に規定する準正の完成当時の本国法によって，準正が成立しているかどうか判明しない，という問題も指摘されています。こうした理由等からも，認知の届出の効力を有する戸籍法62条の出生届として届出があった場合は受理できるものと解されています。

ところで，認知は，選択的連結によって，子の出生当時の認知する者の本国法又は認知当時の認知する者の本国法若しくは子の本国法のいずれの法律によっても認知することができるものとされ，また，その際，子の本国法が子又は第三者の承諾又は同意を要件とするときは，その要件も備えなければならないこととされています（通則法29条１項・２項）。

さらに，準正の原因たる事実の完成当時における父若しくは母又は子のいずれかの本国法によって準正が成立する場合に，これを認め，子は嫡出子の身分を取得する旨の規定が設けられました（通則法30条１項）。このことにより，父母の一方が外国人の場合における戸籍法62条の出生届も容易化されたものと説かれています。

例えば，日本人男性と外国人女性との間の子の戸籍法62条の出生届であれば，認知の要件に関し，子又は第三者の承諾又は同意についての要件を別として，父の本国法たる日本法によって判断すれば足り，また，外国人男性と日本人女性との間の子の戸籍法62条の出生届であれば，子は出生当時の母の国籍である日本国籍を取得しており（国２条１号），子の本国法たる日本法によって判断すれば足りることとなります。

●嫡出でない子

T 次は嫡出でない子についての出生届の取扱いについてです。

平成元・10・２民二3900号通達第３の２⑴⑵は，嫡出でない子の届出に関して２つの項目を設けてその取扱いの内容について定めています。

１つは，父母の一方が日本人の場合において，母の婚姻成立後200日以内に出生した子及び離婚の日から301日以後に出生した子を嫡出でない子とする出生の届出があった場合の取扱いを示したものです。今１つは，婚姻関係にない日本人母が，事実主義を採用している外国人男性の子を出生した場合の出生届の取扱いについてのものです。

以下それぞれについてその趣旨・背景等に触れてみたいと思います。

▲父母の一方が日本人である場合の原則的取扱いについて

※母の婚姻後200日以内に出生した子の出生届

T 我が国の取扱いによれば，この場合の出生子は，民法772条による嫡出子としての推定こそ受けませんが，母の夫によって懐胎した子であれば，父からの認知を得るまでもなく当然に生来の嫡出子であるとしています（大判昭和15・1・23民集19巻54頁）。この判例を受けて，この場合には，嫡出子としての出生届をすることができるものとされています（昭和15・４・８民甲432号）。もっとも，当該出生子は民法上の嫡出子としての推定を受けているわけではありませんから，母の夫によって懐胎した子でない場合には，これを認めた前提が覆ることになりますから，嫡出子としての推定は及ばず，母からの嫡出でない子としての出生届も理論上可能であり，その場合は，これを受理して差し支えないものとされています（昭和26・６・27民甲1332号回答）。したがって，母の婚姻成立の日から200日以内に出生した子については，我が国の民法上の取扱いによりますと，嫡出子出生届，嫡出でない子の出生届のいずれの届出もできることになります。この取扱いは，平成元年の法例改正前の規定によりますと，子の嫡出性は父の本国法によることとされていましたから，父が日本人の場合にのみ認められていました。

しかし，現行通則法では，嫡出親子関係については，子の出生当時の父又は母の本国法のいずれか一方の法律によって嫡出子と認定される場合は，その間の子を嫡出子とする扱いとなっています(通則法28条１項)。したがって，父母の一方が日本人である場合において，母の婚姻成立の日から200日以内に出生した子については，嫡出子出生届，嫡出でない子の出生届のいずれの届出も可能となります。その反面，他方の配偶者である外国人父又は母の本国法でその間の子が嫡出子となる場合は，嫡出子として処理することになりますから（通則法28条１項前段），この場合には，この点についての配慮が求められることになります。

そこで，通達は，このように日本の取扱い上，嫡出子，嫡出でない子のいずれの届出によることもできる場合にあって，出生子が嫡出でない子として届け出られた場合の出生届の取扱いを示しているわけです。つまり，外国人父又は母の本国法上も夫の子と推定されない場合に限って，この届出を受理することとしているわけです（平成元・10・２民二3900号通達第３の２⑴参照)。

この他方の外国法において，夫の子と推定されない場合の審査は，当該外国法の嫡出推定に関する規定，すなわち，法文（抜粋）によることになります。

※母の離婚の日から301日以後に出生した子の出生届

T　次に母の離婚の日から301日以後に出生した子の出生届についてです。我が国の法律上，この事案による出生子は，民法772条による嫡出子としての推定を受けません。嫡出親子関係については，通則法28条１項が子の出生当時の父又は母の本国法のいずれか一方の法律によって嫡出子と認定される場合は，その間の子を嫡出子としています。したがって，父母の一方が日本人である場合において，母の離婚の日から301日以後に出生した子については，我が国の民法上の取扱いによれば，嫡出でない子となりますが，他方の配偶者である外国人父又は母の本国法でその間の子が嫡出子となる場合は，我が国としてもこれを嫡出子として取り扱うことになります。この点については既に触れました。

この点に関して，通達は，この母の離婚の日から301日以後に出生した子について，嫡出でない子としての出生届があった場合，特段の疑義が生じない限り，この嫡出でない子の出生届を受理することとしています（平成元・10・２民二3900号通達第３の２⑴後段参照）。

その理由については，この場合の出生子を嫡出子とする法制を採用している国は，前にも紹介しました台湾系中国などごく一部の国に限られ，多くの国では，我が国の法制と同様に嫡出でない子とする法制を採っていることから，生出子の父又は母がそのような子を嫡出子として扱う外国に属することが明らかな場合などの特段の疑義が生じない限り，この嫡出でない子としての出生届を受理しても概ね正当であると考えられるためであると説かれています（「民事月報44巻号外・法例改正特集」187頁）。

▲外国人父の本国法が事実主義を採用している場合の嫡出でない子の出生届

T　次に外国人父の本国法が事実主義を採用している場合の嫡出でない子の出生届についてです。この点についても平成元・10・２民二3900号通達がその内容を明らかにしていますが，この通達の背景について説明してくださいますか。

S　通則法によりますと，嫡出でない子の親子関係については，子と父との関係については子の出生当時における父の本国法により，子と母との関係については子の出生当時における母の本国法によるとされています（通則法29条１項）。これは既に見てきましたように，認知による親子関係の成立だけでなく，単に出生という事実のみによる親子関係の成立についても明文の規定をもって適用される内容となっています。この事実主義による父子関係の成立に係る点は従前の嫡出でない子の親子関係の取扱いに関し直接的に影響を及ぼすことになりました。そこで，平成元年の法例改正の機会に，外国人父の本国法が父子関係の形成について事実主義を採用している場合における日本人母からの嫡出でない子の出生届の取扱いについて，特に通達をもってその内容を示したというように理解しています。

T　通達発出の背景はまさにそこにあったわけですね。

▲事実主義

T　それではまず事実主義について簡単に説明してください。

S　事実主義とは，嫡出でない子とその父との父子関係の形成について，その父が自分の子であることを認めるまでもなく，その間に血縁関係が客観的に存在すれば，これをもって法律上もこの関係を認める法制を意味します。法律上の親子関係の成立に関し，認知主義に対応する概念として存在するものが，事実主義であると言えるかと思います。

T　事実主義を採る国とは，父の意思に基づかないで，生理上の父子関係の存在という事実のみにより法律上の親子関係が成立する法制を採る国ということですが，生理上の父子関係の存在はなかなか認識が難しいですよね。そのあたりはどう考えられているのでしょうか。

S　一般的に言って，母からの一方的な申出のみによって，父親が全く知らない間に父子関係を認定するものとは常識的にも考えられないことだと思います。日本における任意認知のように，父親が自己の子であることを認めることについて，一定の要式行為による積極的な意思表示を必要としないまでも，父と子との間に父子関係があると認められるに足りる客観的な一定の事実が必要であろうと思われます。例えば，フィリピン法は父子関係についても事実主義を採用していますが，父子関係の成立のための手続は不要とされるものの，父子関係を主張する場合父が出生登録したことや，公然かつ継続的に嫡出でない子の身分を占有していたことなどを証明することが必要とされているようです（中西康ほか著「国際私法」326頁）。

T　やはり，父子関係の存在を窺わせる何らかの表象が必要でしょうね。父親の承認とか裁判所等の公的機関の承認等が考えられますね。

▲事実主義を採っている国

T　一口に事実主義と言ってもその概念は必ずしも単一ではありません。この点について，平成元・10・２民二3900号通達は事実主義について「生理上の父子関係がある場合には，認知を要件とすることなく，法律上の父子関係を認める法制のことをいう。」と述べています（同通達第３参照）。これは，例えば，扶養目的のためには，認知を要せず，生理上の父子関係の存在で足りるとするのでは不十分であり，**生理上の父子関係の存在という事実により一般的に法律上の父子関係を認める法制である**ということと説かれています（「民事月報44巻号外・法例改正特集」190頁）。この観点からしますと，嫡出でない子の親子関係の成立につき事実主義を採る国としては，フィリピン，カナダ国オンタリオ州，ニュージーランド等が挙げられています。

▲嫡出でない子の出生届出の取扱い

T　それでは平成元・10・２民二3900号通達第３の２(2)に示されています外国人父の本国法が事実主義を採用している場合における日本人母からの嫡出でない子の出生の届出の取扱いの内容について見ることにしましょう。

※出生届書の父欄に氏名の記載があり，事実主義を採用していることが明らかな場合の出生届

T　通則法29条１項の規定により事実主義による親子関係の成立も認められています。したがって，外国人父の本国法が事実主義を採用している場合には，この事実主義による父子関係の成立を出生届に反映する必要があります。そのため，母からの嫡出でない子の出生届の届書中父欄に父の氏名を記載させ，これによって子の戸籍に父の氏名を記載することになります。この届出はもちろん母からしなればならないことは当然と言えます（戸52条２項）。

もう少しこの場合の具体的取扱いを説明してください。

S　まず出生届の「その他」欄への記載です。外国人男性の本国法が事実主義を採っている場合には，届出人に出生届書に父の氏名を記載させ，その観点から審査し，同時にこれによって子の戸籍の父欄に記載することになりますが，認知の届出がないのに父の氏名が記載されるという我が国の制度からは例外的なものですから，生出届に父の氏名を記載することが正当であることを書類上も明確にするために，「その他」欄に記載させるものです。したがって，「父の本国法は事実主義を採用している。」旨の記載があれば足りると解されています。

その際の添付書類としては，①父の国籍証明書（外国人父の本国法がどの国の法律であるか調査するために必要），②事実主義が採用されている旨の証明書，③外国人父が当該出生子の父であることの証明書，を必要とします。なお，この場合の戸籍の記載は，参考記載例⒀の例によることとされています。

※既に母からの出生届によって母の戸籍に入籍している子について，母から出生届に事実主義を採用している国の国籍を有する外国人父の氏名を記載する旨の追完届があった場合の取扱いについて

T　先ほども触れましたように，外国人父の本国法が事実主義を採用している場合には，母からの嫡出でない子としての出生届にその旨を記載し，必要書類を添付したときは，出生子の戸籍に父の氏名を直ちに記載する取扱いがされることになっています（平成元・10・２民二3900号通達第３の２⑵ア参照）。しかし，当初の出生届の際に，そのような取扱いについて届出人が知らなかったり，あるいは，必要書類が揃わなかった等の理由により，通常の嫡出でない子の出生届をし，父の氏名が記載されていない場合も十分にあり得ることです。このような場合，戸籍実務の取扱いでは，既に届出に基づいて戸籍の記載がされている場合であっても，当該届出事項の一部分は届書の不備によって戸籍記載できなかったときは，戸籍法45条に基づく追完届によって処理することとされています（大正４・１・９第1009号回答）。したがって，外国人父の本国法が事実主義を採用している場合において，父の氏名が記載されていない嫡出でない子について，関係書類を添付して，嫡出でない子の出生届に父の氏名を記載する旨の追完の届出が母からあったときは，これを受理することになります。

この追完届出の際の添付書類，戸籍の記載について説明してください。

S　この追完届については，外国人父の本国法が事実主義を採用している場合において，父の氏名を戸籍に記載するため嫡出でない子の出生届の際に必要としたすべての必要書類（父の国籍証明書，父の本国法上事実主義が採用されている旨の証明書及びその者が事件本人の父であることを認めていることの証明書等）の添付が必要となります。

この場合の戸籍の記載は参考記載例⒁の例によることとされています。

T　平成元・10・２民二3900号通達第３の２⑵の内容を中心にかなり詳しく見てきました。通達の趣旨・背景について少しでも理解が得られたら幸いです。

●嫡出否認の訴えについて

T　それでは，ここで，嫡出否認の訴えについて簡単に要点を見ておきたいと思います。本来は嫡出親子関係のところで触れるべきでしたが便宜ここで触れておきたいと思います。

この嫡出否認の訴えについては，平成元・10・２民二3900号通達では何ら触れられていません。通則法上も明文の規定はありません。平成元年の法例改正前の法例17条では「子ノ嫡出ナルヤ否ヤハ」と規定されていたため，同条が嫡出推定とともに嫡出否認も対象とすることは明らかでした。これに対し通則法28条は前記のとおり嫡出否認についての明文の規定を欠いています。しかし，嫡出親子関係の成立と否定は表裏一体の関係にあることから，嫡出否認の問題も嫡出推定とともに同条が適用されるとすることに異論はないと言えましょう。したがって，嫡出否認の許容性・方法，否認権者，否認権の行使期間等，嫡出否認の要件は通則法28条の対象と解されています（水戸家裁平成10・１・12審判・家裁月報50巻７号100頁）。

嫡出の推定としては，父又は母のいずれか一方の本国法によってのみ嫡出子として推定される場合と，父母双方の本国法で嫡出子として推定される場合があり得ます。そして，前者の場合には，父母の一方の本国法が出生子を嫡出子としていないときに，嫡出子と推定する方の本国法によって嫡出性が否認されれば，否認することができることになります。後者の場合には，父母いずれの本国法によっても嫡出子と推定されている場合ですから，いずれの本国法によってもそれぞれ嫡出性を否認されることが必要であり，これが認められた場合にはじめて嫡出否認ができることになります。この嫡出否認の裁判は時として子の国籍の帰趨に影響を及ぼすこともあり得ます。これについては後ほど触れたいと思います。

■出生子の国籍をめぐる問題について

T　それでは次に出生子の国籍をめぐる問題に入りましょう。出生による国籍の取得については，血統主義国（出生による国籍の取得に関して，血縁的関係を重視し，自国民の子として生まれた者に対して，その国の国籍を付与する主義）と生地主義の国（出生による国籍の取得に関して，地縁的関係を重視し，その国の領土内で生まれた子に対して，自国民の子であるかどうかを問うことなく，その国の国籍を付与する主義）に大別され，血統主義は，さらに，父系血統主義と父母両系血統主義があります。我が国の国籍法は，昭和59年（1984年）の改正により，父系血統主義から父又は母のいずれかが日本国民であれば，その子は日本国籍を取得するという**父母両系血統主義**に改められました。

以下，具体的に国籍法の規定に沿ってその内容を見ていくことにしましょう。

●出生によって日本国籍を取得する場合

▲国籍法２条による国籍取得

※子が出生した時に父又は母が日本国民であるとき（国２条１号）

S　子が出生した時に父又は母のいずれか一方でも日本国民であるときは，子は日本国籍を取得します。父母がともに日本国民であるときは勿論日本国籍を取得します。大事なことは，**ここで言う父又は母とは，出生時に法律上の父又は母であること**を意味することです。したがって，子が出生によって日本国籍を取得するかどうかについては，出生時における日本人父との父子関係あるいは日本人母との母子関係の成立の有無によることになります。

ですから，父が日本人の場合，子の出生時に父子関係が認められるためには，父母が婚姻関係にあって，しかも，出生子がその嫡出子として認められるか，又は父が胎児認知をした後に子が出生するかのいずれかの場合であって，原則として，これらの場合に限って，出生子は父の血統により日本国籍を取得することになります。

なお，この嫡出子とは生来の嫡出子であり，父母の婚姻成立後200日以内に生まれた，いわゆる「推定されない嫡出子」も含まれるものと解されています。また，母が日本人の場合，母子関係については，我が国の法律上，分娩の事実によって法律上も当然に出生時から成立するため，母の婚姻関係の有無にかかわらず，子は出生によって当然に日本国籍を取得することになります（最判昭和37・４・27判決・民集16巻７号1247頁）。

T　ところで，日本法では日本人親との親子関係が成立しなくても，準拠法である外国法によって親子関係が成立するとされる場合も，その子は，日本国籍を取得する例があると言われていますが，具体的な事例があれば挙げてくださいませんか。

S　はい。例えば，父が日本人であって，しかも，外国人母の本国法によってのみ嫡出子（例えば，父母離婚後301日目に生まれた日本人父と台湾系中国人女との間の出生子等〈中華民国民法1062条参照〉）となる場合，当該出生子は生来の嫡出子として取り扱われ，その父（日本人）は国籍法２条１号に規定する法律上の父に含まれると解されていますので，子は国籍法２条１号により日本国籍を取得することになります。

T　なるほどそういう事例もあるわけですね。

S　それから，日本人男を事実上の父とする外国人母の嫡出でない子の場合は，嫡出でない子と父との関係は，父の本国法である日本民法が準拠法となることから，胎児認知がない限り，法律上の父子関係は認められませんから，日本人男を父とする外国人母の嫡出でない子は日本国籍を取得しないことになります。

T　外国人母の本国法が事実主義を採用している場合はどうでしょうか。

S　その場合は，通則法29条が「父との関係は出生当時の父の本国法により，母との関係は出生当時の母の本国法による」と規定し，父と母について各別の関係としていることから，日本人父と子の親子関係が事実主義により認められることはなく，子は日本国籍を取得しないことになります。

T　ただ，国籍法第２条１号による日本国籍の取得については関連する重要な判例があります。**最判平成9・10・17民集51巻９号3925頁**がそれです。この判決の要旨について整理しておきたいと思います。この判決については，渉外的認知のところでも取り上げることになりますが，ここでは**日本国籍の取得という側面から**見てみたいと思います。最初にこの裁判の問題点など指摘して下さい。

S　はい。外国人である母が子を懐胎した場合において，母が未婚であるか，又はその子が戸籍の記載上母の夫の嫡出子と推定されないときは，夫以外の日本人である父がその子を胎児認知することは可能であり，もし，その届出（胎児認知届）がされれば，国籍法２条１号により，子は出生の時に日本国籍を取得するものと解されています。

　これに対し，外国人である母が子を懐胎した場合において，その子が戸籍の記載上母の夫の嫡出子と推定されるときは，夫以外の日本人である父がその子を胎児認知しようとしても，その届出は認知の要件を欠く不適法なものとして受理されませんから，この場合，胎児認知という方法によっては，子が生来的に日本国籍を取得することはできません。

T　しかし，その場合には，子の出生後に，夫と子との間の親子関係不存在が判決等によって確定されれば，血縁上の父からの認知届出は受理されることになりますね。この届出によって当該子は日本国籍を取得できませんか。

S　それは無理ですね。

T　なぜですか。

S　国籍法３条の規定に照らしますと，同法においては，**認知の遡及効は認められていない**と解すべきですから，出生後に認知されただけでは，子は出生の時に父との間に法律上の親子関係が存在していたということはできず，認知された子が国籍法２条１号に当然に該当するということにはならないからです。

T　ところが，そのように解釈して終わりということにしますと，見過ごすことのできない問題点があるのではないか，というのが本件判決で提起した問題点の一つなのです。

S　そうでした。本件判決はその問題点を以下のように指摘しています。

「右のように，戸籍の記載上嫡出の推定がされない場合には，胎児認知という手続を執ることにより，子が生来的に日本国籍を取得するみちが開かれているのに，右推定される場合には，胎児認知という手続を適法に執ることができないため，子が生来的に日本国籍を取得するみちがないとすると，同じく外国人母の嫡出でない子でありながら，戸籍の記載いかんにより，子が生来的に日本国籍を取得するみちに著しい差があることになるが，このような著しい差異を生ずるような解釈をすることに合理性があるとはいい難い。したがって，できる限り右両者に同等のみちが開かれるように，同法（国籍法）２条１号の規定を合理的に解釈適用するのが相当である。」

T　事柄を実体的に見つつ同時に戸籍の記載という手続的要素を基準として「子」の平等的扱いに配慮した論理のように見えます。

S　判決はさらに続けて説いています。「右の見地からすると，客観的にみて，戸籍の記載上嫡出の推定がされなければ日本人である父により胎児認知がされたであろうと認めるべき特段の事情がある場合には，右**胎児認知がされた場合に準じて**，国籍法２条１号の適用を認め，子は生来的に日本国籍を取得するものと解するのが相当である。そして，生来的な日本国籍の取得はできる限り子の出生時に確定的に決定されることが望ましいことに照らせば，右特段の事情があるというためには，母の夫と子の間の親子関係の不存在を確定するための法的手続が子の出生後遅滞なく執られた上，右不存在が確定され認知の届出を適法にすることができるようになった後速やかに認知の届出がされることを要すると解すべきである。」

Ｔ　極めてレアケースに属する問題かと思いますが，しかし，事柄は出生子が生来的に日本国籍を取得するかどうかという問題に関する判断だけにその趣旨をよく理解し本件判決の射程を的確にとらえておく必要があると思います。

この判決を受けて，この種事案に対する国籍事務の取扱いについて通達が出されていますが，それについては，「渉外的認知」のところで少し詳しく触れたいと考えています。

次に，婚姻関係にない日本人男と外国人女との間の子は，出生後の日本人男の認知のみによっては日本国籍を取得しないことについては既に見てきたとおりですが，国籍法３条の準正の規定の要件を満たす者は，**法務大臣への届出によって日本国籍を取得する**ことができます。いわゆる**準正による国籍の取得**と言われているものです。昭和59年の国籍法改正の際に新設されたものです。

日本人父と外国人母の間に生まれた子は，出生の時に父母が婚姻していなければ，父が胎児認知をしている場合を除き，出生時に父との間に法律上の父子関係が生じていませんから，出生により日本国籍を取得することはできません。しかし，このような子のうち，父母の婚姻及び日本人父の認知によって嫡出子となった子（いわゆる準正子）で，20歳未満のもの（日本国民であったものは除外します。）は，認知をした父が，子の出生時に日本国民であって，しかも，届出の時（死亡していれば，死亡の時）にも日本国民であるときは，法務大臣への届出により，日本国籍を取得するという制度です。この届出による国籍取得は，法務大臣に対する意思表示（届出）のみによって効力を生じ，日本国籍取得の効力はその届出の時に当然に発生することに特徴があります。

蛇足ですがこのような規定が設けられた理由はどこにあるのでしょうね。

S　はい。父母両系血統主義（国２条１号）によりますと，日本国民母の子は，父が外国人であっても，子の嫡出又は非嫡出を問わず，出生により日本国籍を取得します。しかし，日本国民父の子は，母が外国人であれば，出生時に父子関係が確定している場合（子が嫡出である場合又は父から胎児認知されている場合）でなければ，出生により日本国籍を取得することはありません。この差異，つまり，日本国民父の子に着目しますと，父母の婚姻が子の出生の前であるか後であるかによって，子の国籍に大きな差異が生じることを意味します。これはやはり制度の均衡上考慮する必要がある，ということが一つの大きな理由ではなかったかと理解しています。

T　基本的な理由はその点にあったのでしょうね。

※子の出生前に父が死亡した場合にその死亡の時に日本国民であったとき（国２条２号）

S　先ほどの国籍法２条１号の規定は，出生による国籍の取得について，原則として父母両系血統主義を採用し，子の出生時に父又は母のいずれか一方が日本国民であれば，子は日本国籍を取得するという内容でした。しかし，このように，子の出生時における親の国籍を基準としますと，例えば，外国人母が日本人父との婚姻中に懐胎した子が，日本人父の死亡後に出生した場合には，子の出生時には日本人父がいないので，この子は日本国籍を取得しないことになります。しかし，このような子は，父が死亡してさえいなければ，出生によって当然に日本国籍を取得したわけですから，たまたま，その前に父が死亡したということのみで，日本国籍を取得できないとするのは極めて不合理と言えます。そこで，国籍法は，子の出生前に父が死亡していた場合でも，その父が死亡の時に日本国民であったときは，子は出生により日本国籍を取得するものとしたわけです。

T　それでは，外国人母が日本人父との婚姻中に子を懐胎した後に日本人父と離婚し，子の出生前に日本人父が死亡した場合はどうなりますか。

S　やはり，本号により日本国籍を取得します。

※子が日本で生まれた場合において，父母がともに知れないとき，又は無国籍であるとき（国２条３号）

S　国籍法は，出生による国籍取得について父母両系血統主義を原則としています。しかし，この原則のみに拠るときは，棄児のように両親が不明な子，あるいは両親が無国籍である子は，無国籍者とならざるを得ないことになります。このような無国籍者の発生は望ましいことではありません。そこで，国籍法は，日本で生まれた場合において，父母がともに知れないとき，又は国籍を有しないときには，子は出生により日本国籍を取得することとしています。これは自国内で生まれた子に対して自国の国籍を付与するという生地主義を一定の条件付きで補充的に認めたものと言えましょう。

この補充主義的生地主義により子が日本国籍を取得するためには出生地が日本であること，父母がともに知れないか又は無国籍であることが要件となります。この範疇に属する者は，父母が無国籍である場合を除けば，その多くは棄児といわれているものであるとされています。棄児は本号の規定に基づいて日本国籍を取得することになります。これを受けて，戸籍法はこの場合の戸籍の記載手続を定めています（戸57条，同15条）。しかし，棄児については，後日，父又は母が判明しますと，棄児ではなくなり，国籍法２条１号・２号の規定に照らし，その者の出生時における日本国籍の取得の有無が改めて問われることになります。したがって，棄児などの出生による日本国籍の取得は，父又は母が判明するまでの暫定的な措置という側面も有していると言えそうです。

なお，「父母がともに知れないとき」とは，父及び母のいずれもが特定されないときをいい，ある者が父又は母である可能性が高くても，これを特定するに至らないときは，父母がともに知れないとき，という要件に当たるとするのが判例です（最判平成７・１・27民集49巻１号56頁)。

▲出生により外国の国籍を取得した子（**国籍留保届**）

T　それでは次に出生により外国籍をも取得した子についての問題を整理して

おきたいと思います。特に国籍留保の問題が中心になります。要点の説明をお願いします。

S　国籍法は，国外で生まれた日本国民が出生により外国籍を取得して二重国籍となる場合のすべてについて，日本国籍をそのまま保持することを望む者は，戸籍法104条１項に定める国籍留保届により日本国籍を留保する意思を表示しなければならないものとし，その意思を表示しないときは，出生時にさかのぼって日本の国籍を喪失するものと規定しています（国12条）。

これは，国籍の積極的抵触（重国籍）の防止を図るとともに，国籍留保の意思表示をしないことを志望による国籍の喪失と見て国籍離脱の自由を実現しようとするものであるとされています。

沿革的には，国籍留保制度は，大正13年の旧国籍法の改正によって，はじめて採用されました。この制度においては，勅令で指定する国で生まれたことによってその国の国籍を取得した日本国民のみが対象とされていました。この勅令で指定された生地主義の国は，当初，アメリカ，アルゼンチン，ブラジル，カナダ，チリ及びペルーの６か国でしたが，その後にメキシコが追加されました。

昭和27年７月１日から施行された新国籍法は，国籍留保届の対象者を，すべての生地主義国で生まれたことによってその国の国籍を取得した日本国民に拡大しました。

その後，昭和59年の改正により，国籍留保届の対象者が，生地主義国で生まれたことによってその国の国籍を取得した日本国民のみならず，血統主義により外国国籍を取得した日本国民で外国で生まれた者にも拡大されました（国12条）。

戸籍法104条によりますと，国籍留保の意思表示は，国籍留保届によることとされています。この届出は，出生の届出をすることができる者，つまり，嫡出子については，父又は母（子の出生前に父母が離婚した場合には，母），嫡出でない子については母，父又は母が届出をすることができない場合には父母以外の法定代理人とされています（同条１項）。

届出の期間は，原則として，出生の日から3か月以内ですが，天災その他届出人の責に帰することができない事情によって，その期間内に届出をすることができないときは，そのような事情が解消した時から14日以内であれば，例外的に届出をすることができることとされています（戸104条3項）。この規定によって届出をする場合は届出の遅延理由書を添付する必要があります。

届出先は，国外出生子に限定されますから，通常は，その外国に駐在する日本の在外公館に届け出ることになりますが（戸40条），本籍地の市区町村長に直接届け出ることも可能です（戸25条）。

なお，在外公館長は，遅延理由書及び疎明資料を添付した国籍留保届の受否について，その遅延理由書，疎明資料等の内容，先例等から判断して特に疑義のない場合は受理するが，疑義のある場合は，外務省を経由し，法務省に通知する扱いとされています（昭和46・6・24民二158号通知）。また，在外公館から外務省を経由して本籍地に送付された出生届について，市区町村長が「届出義務者の責に帰することができない事由」によるものでない疑いがあるとしてその受否について管轄法務局の長に照会される場合もあります。この事由に該当しないにもかかわらず遅延した場合は，出生届は受理されない扱いです。

また，国籍留保届をしなければ日本国籍を喪失することになる子の出生届は国籍留保届とともにしなければ受理することはできない扱いです（昭和23・6・24民甲1989号通達）。なお，在外公館で使用する出生届書には，国籍留保に関する届出事項があらかじめ印刷されています（平成6・11・30民二8202号回答）。

●子の嫡出性が否定される場合の国籍の考え方

T　前に嫡出否認の訴えについて簡単に触れましたがここでもう一度関連する前提問題として必要ですから再度簡単に触れておきます。

子の嫡出性を否定するためには，嫡出性を認める法律に従いこれを否定する必要があります。

その場合に，①父又は母の一方の本国法によってのみ嫡出子となった場合，

②父母双方のそれぞれの本国法によって嫡出子となった場合に分類して見てみますと，まず，①の場合は，嫡出性を認める本国法によってのみ嫡出性が否定されれば，子の嫡出性は否定されることになります。例えば，日本人父（又は母）と台湾系中国人母（又は父）の離婚後301日目の出生子（中華民国民法1061条～1063条参照）については，中華民国民法のみにより嫡出性が認められていますから，中華民国民法による嫡出性が否定されれば足りることになります。

これに対し，②の場合は，父母双方のそれぞれの本国法によってその嫡出性が否定されなければ，子の嫡出性が否定されたことにはなりません。つまり，こちらの場合は，父母のいずれか一方の本国法による嫡出性が存続している限り（嫡出性が否定されない限り），子は嫡出子として取り扱うことになります。例えば，日本人父（又は母）と韓国人母（又は父）との婚姻後201日目の出生子については，日本民法及び韓国民法上その嫡出性が否定されることが必要となります（韓国民法844条２項参照）。

ところで，前記①②によって子の嫡出性が否定されることにより，出生子の国籍が問題となるのは，**父が日本人の場合**であるということです。父が日本人，母が外国人の場合において，出生子とその夫婦の間の嫡出性が否定されることによって，出生子の法律上の父は，出生時に存しないことになり，その結果として，日本国籍取得の原因である「子が出生の時に父又は母が日本国民であるとき」（国２条１号）の要件が否定される結果，この場合には，当該出生子は日本国籍を原始的に取得しないことになります。戸籍の整序については手続的には，嫡出否認の裁判による戸籍訂正申請によることとなります。

なお，母が日本人，父が外国人の場合においては，国籍法が父母両系血統主義を採用し，しかも，母子関係は分娩の事実によって定まることとされていますから，出生子は，その嫡出性の有無にかかわらず，出生により日本国籍を取得することになるため，出生子の日本国籍の取得については何らの影響も受けないことになります。

■渉外的な親子関係における子の氏と戸籍実務

T　それでは次に渉外的な親子関係における子の氏の問題について触れておきたいと思います。渉外的な家族関係の成立や変動がある場合，それに伴い，関係当事者がいかなる氏を取得しあるいは既に有する氏にどのような変更をもたらすのかという問題があります。その一場面として，親子関係に関連して子の氏が問題となる場合として出生による原始的な氏の取得の問題があります。

渉外的な親子関係と子の氏の準拠法をめぐる問題は難しい論点の一つでもあります。

学説上，一般に人の氏の問題は個人の呼称に関わるものであり，基本的にはその者の人格権に関わるとして，属人法により決すべきであるというのが通説的見解とされています。したがって，本人の意思による氏の変更が許されるか，どのような変更が可能であるかというような問題について適用される準拠法は，我が国の通則法上は明文の規定はありませんが，その本人の属人法であるという点では一致していると言ってよいであろうと思われます。

しかし，渉外的な親子関係や婚姻関係等の成立・変動に伴って氏が問題となる場合には見解は分かれます。

出生による子の氏の取得に関しても同様です。この場合も人格権の問題として属人法によらしめるべきとする見解と特に親族関係の成立・変動に伴い氏の得喪変動が問題とされる限りは，それら親族関係の成立・変動の一つの効果として，その親族関係の成立・変動の効果に関する準拠法によるべきであるとする見解があります。さらに，これらに対して，基本的に人の氏名の問題は私法上の問題ではなく，公法的な意味での氏名法上の問題であるとして，当事者の国籍所属国の氏名公法によらしめる見解（いわゆる氏名公法説）が対置されています。この立場は，人の氏名が渉外的に問題となる場合にも，行政法的な性格を有する氏名公法がその国籍者に対し属人的に適用されると考えることになります。

ところでこの問題を考える場合に重要な視点の一つは我が国における「氏」と「戸籍制度」との関連性という側面があります。

つまり，我が国においては，戸籍法上，氏は民法の原則に従い身分関係の変動と連動し，嫡出子は父母と，嫡出でない子は母と同じ氏を称することとされており，また，同一の氏を称する親子を単位として同一の戸籍を編製する原則が採られています。加えて，戸籍は国籍簿としての機能をも有し，同じ家族に属する者でも国籍を異にすれば同じ戸籍に記載されることはない扱いです。

こうした戸籍制度の現実は国際的な家族関係の戸籍への反映に関して制度的な限界を有することも否定できない現実があります。

そのような状況の中で，戸籍実務は，外国人は我が国の戸籍法上の氏を有し得ないし，また，戸籍は我が国の民法の規定する氏にのみ対応するという基本的立場を維持し続けています（昭和26・４・30民甲899号回答 ➡ 日本人と外国人間の婚姻については，民法750条の規定の適用がなく，また，右婚姻によって日本人は当然に日本国籍を喪失せず，戸籍の変動を生ずることもない。昭和40・４・12民甲838号回答 ➡ 日本民法第750条は，日本人と外国人を当事者とする婚姻については適用されず，戸籍法においてもかかる夫婦の称すべき氏については規定されていない。）。

出生による子の氏についても，日本人と外国人との間に出生した子は，日本人たる父又は母の氏を称し，外国人たる父又は母の氏を称することはないとされています（昭和29・３・18民甲611号回答，昭和31・６・６民甲1201号回答ほか）。また，準正の場合にも，子が国籍法３条により日本国籍を取得する場合には，従来その子が称していた氏のいかんにかかわらず，準正時の父の氏を取得するものとされています（昭和59・11・１民二5500号通達第３の１⑵ア参照）。前記の氏名公法説はこうした戸籍実務の処理原則に最も即したものとも言われています。

●出生による氏の取得（国籍）

T　それでは以上の戸籍実務の立場を前提に渉外的親子関係における出生子の

氏の取得と戸籍の関係について整理しておきたいと思います。要点を説明してくださいますか。

S　はい。それでは類型別に説明します。

第１に，外国人父と日本人母の間の子の場合は，嫡出子及び嫡出でない子のいずれの場合でも子は日本の国籍を取得し（国２条１号）母の氏を称して母の戸籍に入籍します（民790条，戸18条１項）。母が戸籍の筆頭者である場合は，その戸籍に入籍し（戸18条１項），母が戸籍の筆頭者でない場合は，出生届により母について新戸籍を編製し，この戸籍に入籍することになります（戸17条）。なお，母が子の出生届をするときは，これにより新戸籍を編製するに当たり，母は自由に新本籍を定めることができますが，外国人父が出生届をするときは，母の従前の本籍地と同一の場所で新戸籍を編製することになります（戸30条３項）。

第２に，日本人父と外国人母の子の場合は，①出生子が嫡出子の場合には，日本の国籍を取得するとともに父の氏を称し父の戸籍に入籍します。父が戸籍の筆頭者であればその戸籍に直ちに入籍し，父が筆頭者でない場合は父について新戸籍を編製し，その戸籍に入籍します。②出生子が嫡出でない子の場合には，その子は，日本国籍を取得しませんから，出生届は受理地の市区町村で保存することになります。③日本人男が外国人女の胎児を認知する届出を外国人女の住所地にした場合は，胎児認知届に基づいて日本人父の戸籍に認知事項を記載することはしません。その後子が出生すると子は日本国籍を取得しますが，この場合，子は嫡出でない子ですから，父の氏を称することはできず（民790条２項），子について氏及び本籍を設定した上で，新戸籍を編製することになります（戸22条，昭和29・３・18民甲611号回答）。

嫡出親子関係の成立の準拠法について，通則法28条１項は，子の出生当時の夫婦の一方の本国法により嫡出子であるときは，子は嫡出子とすると定めています。嫡出子が日本国籍を取得した場合には，日本人親の氏を称し，その戸籍に入ることになります。子の国籍は，国籍法の定めるところによります。この点については既に国籍法の学修のところで学んだことですが，要点のみ敷衍しておきたいと思います。父が日本人の場合に父の血統によって出生子が日本国籍を取得するのは，父母が婚姻関係にあって，しかも出生子がその嫡出子として認められるか，あるいは父が胎児認知をした後に子が出生するかのいずれかの場合に限られます。また，母が日本人の場合，母子関係は，分娩の事実によって法律上も出生時から当然に成立しますから，母の婚姻関係の有無にかかわらず，出生によって当然に日本国籍を取得します。通則法28条によりますと，父が日本人であって，しかも，外国人母の本国法によってのみ嫡出子となる場合が稀に生じますが，この場合も国籍法２条１号に規定する法律上の父に含まれると解されており，出生の時から日本国籍を取得することになります。この点については既に触れました。

■出生に関する戸籍の処理

T　それでは，最後に渉外的出生届に基づく戸籍の処理について要点を整理しておきたいと思います。

●出生子が日本国籍を取得する場合

S　出生子が国籍法の規定に従って日本国籍を取得する場合は，当然に戸籍に記載する必要があります。

T　その場合の当該出生子が入籍すべき戸籍，戸籍の編製及び記載について問題となる点について指摘していただけますか。

▲嫡出子の場合

S　日本人男と外国人女の婚姻後，両者間に嫡出子が出生しますと，その子は日本国籍を取得します（国２条１号）から当然戸籍に記載されるべきことになります。そして，この子は，日本人父の氏を称しその戸籍に入籍すべきことになります（民790条１項，戸18条２項）。ところで，外国人と婚姻した日本人については戸籍の在籍体様からは２つのタイプがあります。１つは，婚姻の時点でその者が戸籍の筆頭者となっている場合と今１つは戸籍の筆頭者ではない状態で在籍している場合です。そして，婚姻の時点で戸籍の筆頭者でない者については外国人との婚姻の届出によりその日本人について新戸籍を編製することとされています（戸16条３項)。既に筆頭者となっている戸籍のある者についてはその必要はありません。

要するに，外国人と婚姻する日本人については，すべて，その日本人を筆頭者とする戸籍が編製されていることになっています。

したがって，嫡出子はその日本人父の戸籍に入籍することになります（戸18条２項)。この扱いは，日本人女と外国人男との間の嫡出子の場合も同様です。

T　関連して戸籍法107条の氏変更についても触れておいていただきましょうか。この問題はまた渉外的婚姻のところで詳しく触れるつもりですが念のために簡単に説明してください。

S　出生により日本国籍を取得した子は前記のとおり，日本人父又は母の氏を称することになります（民790条）が，戸籍の筆頭者及びその配偶者以外の者で父又は母が外国人である者が，その氏を外国人である父又は母の称している氏に変更しようとする場合には，家庭裁判所の許可を得た上で，氏の変更届出をすることにより，その氏に変更することができます（戸107条４項，１項)。また，戸籍の筆頭者又は配偶者が外国人父又は母の称している氏に変更しようとする場合は，戸籍法107条１項により氏変更の許可を申し立てることができます。そして，この氏変更の許可が認められた場合には，その旨の届出により，その者について新戸籍が編製される扱いとなっています(戸20条の２第２項)。

T　そのような氏変更の制度が設けられた趣旨等についてはまた渉外的婚姻のところで触れたいと考えています。

▲嫡出でない子の場合

S　日本人母の嫡出でない子及び日本人父が胎児認知をした外国人母との間に嫡出でない子が出生すると，その子は日本国籍を取得します（国２条１号)。したがって，出生届により戸籍に記載する必要があります。日本人母の嫡出でない子は，日本人母の氏を称し，母の戸籍に入籍すべきことになります（民790条２項，戸18条２項)。しかし，日本人父が胎児認知した外国人母との間の嫡出でない子は，当然には父の氏を称して父の戸籍に入籍できませんから，既に触れましたように，子について「氏」と「本籍」を設定し，新戸籍を編製することになります（戸22条，昭和29・3・18民甲611号回答）。

T　それでは次に戸籍の記載内容等についても要点を整理しておくことにしましょう。

S　外国で子が出生した場合，出生届書に記載すべき「出生年月日時分」（戸49条2項2号）は，出生地における標準時によるべきで，戸籍に記載すべき出生年月日も，出生地の日付によるべきものと解されています（平成6・11・16民二7005号通達第4参照）。

もっとも，この通達は直接的には死亡届に関する日本標準時地外の地で死亡した者の死亡の年月日時分の記載についてのものですが，もとよりその趣旨は出生届における場合も同様に解して差し支えないものと思われます。

なお，子が生地主義国で出生し，日本人たる父母が出生届とともに国籍留保届をした場合には，出生による入籍の記載の際に国籍留保の届出があった旨を記載する扱いです（法定記載例3参照）。

また，大災その他の届出義務者の責に帰することのできない事由により，法定期間の経過後に嫡出子出生の届出とともに国籍留保の届出があった場合にも，その旨を戸籍に記載することになっています（法定記載例4参照）。

また，外国人父の本国法が事実主義を採用している場合において，関係書類を添付して日本人母から嫡出でない子の出生届があった場合は，子の出生事項中に父の国籍及び生年月日を記載し（参考記載例⒀参照），また，子の出生届出後，日本人母からその旨の出生届の追完の届出があった場合は，父の氏名の追完の旨を記載して（参考記載例⒁参照），いずれの場合も，父欄に父の氏名を記載する扱いです（平成元・10・2民二3900号通達第3の2⑵参照）。

●出生子が日本国籍を取得しない場合

T　それでは出生子が日本国籍を取得しない場合の処理内容について説明をお願いします。

S　子が日本で出生した場合にその子が日本の国籍を取得しない場合であっても，出生届の義務があることは既に説明されたとおりです（昭和24・３・23民甲3961号回答，昭和24・11・10民甲2616号通達）。しかし，当然のことながら日本国籍を持たない子について戸籍に記載することはありません。従って，このような届出を受理した市区町村長は，受付帳に記載した後，「戸籍の記載を要しない事項について受理した書類」として，その届書を受理した年度の翌年から10年間保存することになります（戸規50条）。そして，この保存中の届書類は，出生子の身分関係の公証資料として，利害関係人から特別の事由があることに基づきその閲覧や届書記載事項証明書交付の請求がされた場合等に利用されることになります。

外国人についてはこのように戸籍の記載はしないわけですが，留意しておくべきケースがないわけではありません。それは，例えば，外国人女（無国籍でない者）と日本人男との婚姻前の出生子（嫡出でない子）について，その日本人男から戸籍法62条に基づく嫡出子出生届があった場合，その子は日本国籍を取得した者ではありませんが（国籍法２条各号に該当しない），当該届出は認知の届出の効力を有しますから，日本人父の戸籍にその旨を記載する必要があります（参考記載例⒆参照）から注意が必要です。

T　細かいところまで説明していただきました。渉外的出生届をめぐる問題についてはこの辺で終わりにしたいと思います。

【参考文献】

法務省民事局「民事月報44巻号外・法例改正特集」（平成元年）

財団法人民事法務協会「新版　実務戸籍法」（平成13年）

最高裁判所事務総局編「渉外家事事件執務提要（下）」法曹会（平成４年）

鳥居淳子ほか著「国際結婚の法律のＱ＆Ａ」有斐閣（平成10年）

細川清「国籍法・現代行政法学全集17」ぎょうせい（昭和63年）

渡辺惺之「渉外親子関係と子の氏の準拠法」判例タイムズ747号469頁

（平成３年）

中西康ほか著「国際私法」有斐閣（平成27年）

櫻田嘉章・道垣内正人編「国際私法判例百選［第２版］」有斐閣（平成24年）

第７講　渉外的認知

■認知の意義素描

T　本講は渉外的認知の問題を取り上げます。前講の渉外的出生届の問題とオーバラップする部分もあり，叙述が重なる部分も出てくると思いますがあらかじめご了解ください。

最初に我が国の民法における認知の意義について確認しておきたいと思います。まず認知の意義についてはどう理解していますか。

S　我が国の民法は，その779条で「嫡出でない子は，その父又は母がこれを認知することができる。」と規定しています。ここでいう「嫡出でない子」とは，**婚姻関係にない男女間に生まれた子**を意味します。

すなわち，この認知によって，法律上の父子関係と母子関係が成立するものとされています。ただ，法文上は，「母の認知」も必要とされていますが，民法解釈上は，母の認知は不要と解するのが現在の判例の立場であり，学説においてもこの立場が通説となっています。つまり，法律上の母子関係は，原則として，母の認知をまたず，分娩の事実により当然に発生するものと解されています。もちろん，戸籍実務もこの立場に拠っています。

T　「母の認知」という明文の規定があるにもかかわらず，母の認知は不要と解する根拠は何ですか。

S　判例も当初は，規定の文言を忠実に解して，法律上の母子関係の成立のためには，母の認知を必要としていました。しかし，最高裁判所は，昭和37年４月27日の判決（民集16巻７号1247頁）で，友人の嫡出子として出生届をした子について，40年後に母が親子関係存在確認の訴えを提起した事案で「**母とその嫡出でない子との親子関係は，原則として，母の認知をまたず，分娩の事実により当然発生するものと解するのが相当**」とする判断を示しました。この判決を機に法的母子関係の成立については母の認知は不要とする見解が定着したのではないでしょうか。

T　そうですね。ただ，大変興味があるのは，実は戸籍実務の先例は，早くから，分娩により母子関係は発生するという立場を採っていたということです（明治31・9・12民刑1095号回答，大正7・5・30民1159号回答等）。

この態度は，かつての古い判例が，母の認知を必要とするという立場を採っていたときでも変わらなかったということです。まあ，それはともかくとして，先ほどの最高裁の判決の論理に拠れば，認知していない母も，直接，子との間の親子関係存在確認を求めることができ，逆に，子の側からも，母の認知をまたず，あるいは，認知の訴えを起こすことなく，母との間の親子関係存在確認を求めることができるというわけですね。そしてその根拠は，母の子を分娩したという客観的事実によってその母子関係の存在を認識することが可能であるから，あえて，認知を求めるまでもない，ということですね。

そうしますと，我が国では，認知とは，原則として，嫡出でない子について，その事実上の父との間に法律上の父子関係を成立させる行為，であるということになりますね。つまり，我が国では，嫡出でない子についての父子関係の成立については「認知主義」が採られており，他方，母子関係については，分娩の事実により当然に発生すると解されていますから，こちらは「事実主義」に拠っていると言えるわけですね。

S　はい，そのように理解しています。

T　ところで，認知という制度は我が国だけでなく，多くの国々にも存在するもので，その基本的意義もほぼ同じ内容のものが多いと見てよいかと思います。

ただ，諸外国の認知法制には，父子関係について，我が国の母子関係の成立についての考え方と同じように，生理上の父子関係，つまり，母に懐胎させ，子との間に血縁関係がある父を，そのまま法律上の父子関係とするものがあります。この点は，渉外的出生届のところで既に触れたところですが，いわゆる「事実主義」と呼ばれている制度です。ただ，この事実主義も，母子関係とは異なり，父子関係については，その血縁的関係の存在が客観的事実によっては明らかになりにくいという側面があるために，それを採用している法制もその内容は様々であるとされています。

事実主義の法制では，日本における任意認知のように一定の要式行為による積極的な意思表示は必要とされなくとも，父と子との間に父子関係があると認められるに足りる客観的な一定の事実，例えば，父の承認，裁判所等の公的機関の承認などが必要とされることが多いとされています。

父子間の客観的な血縁関係の存在と言っても，それは目に見えないものですから，その存在を窺わせる何らかの表象が求められるのは当然のことのように思われます。

●渉外的認知の問題点

T　それでは，次に，本論に入る前の軽いウォーミングアップとして，渉外的認知事件に関し具体的なイメージを描いておいたほうが学修のプラスになると思いますから，最初にそれについての問題意識のようなものを俯瞰的に提示してくださいませんか。

S　そうですね。日本人が日本人子を認知する場合であれば，日本民法等によりその要件審査をして処理すればよいわけですから格別の問題があるわけではありません。しかし，事柄が渉外的要素を含んできますと，いささか考慮すべき点も広くかつ深くなってきます。

つまり，渉外的認知事件においては，認知する者は日本人だけでなく，外国人も当然あり得ます。認知される子も日本人子に限りません。外国人子が対象になる場合も当然あり得ます。認知の行われる場所も日本とは限りません。外国で行われる場合もあります。そうした場合のそれぞれについて「認知」の実質的成立要件はどのように考えるのか，あるいは，「認知」の形式的成立要件（方式）はどう考えるのか，何を根拠としてそれらを決めていくのか，といったような基本的問題があります。

もう少し具体的に言いますと，例えば，外国人女の婚姻外の出生子について，日本人男が認知しようとする場合，その実質的成立要件は，どこの国の法律に拠ることになるのか，あるいは，その形式的成立要件（方式）は，どこの国の法律に拠ることになるのか，また，日本人女の婚姻外の出生子について，外国人男が認知しようとする場合，その実質的成立要件は，どこの国の法律に拠ることになるのか，その形式的成立要件は，どこの国の法律に拠るべきことになるのか，といったような基本的問題があります。

T　要するに，渉外的認知事件といっても，他の渉外的戸籍事件と同様に様々なバリエーションがあるということです。その体様においても，関係する法令等についても単純な国内事件と比較しますと，より複雑困難さを含んでいると言えます。

いずれにしても，こうした問題にアプローチするのに私たちが最初にツールとして関心を寄せるべきものが「法の適用に関する通則法」のそれぞれの関係法文ということになります。それでは序論はその程度にして本論に入りましょう。

■認知の成立要件に関する準拠法

T　それでは最初に嫡出でない子の親子関係の成立に関する通則法の規定から見ていきましょう。どのような規定になっていますか。

S　はい。まず通則法29条１項の前段です。「**嫡出でない子の親子関係の成立は，父との間の親子関係については子の出生の当時における父の本国法により，母との間の親子関係についてはその当時における母の本国法による。**」とあります。

T　これは，非嫡出親子関係の成立についての一般的規定であり，**認知のみならず，事実主義の場合の非嫡出親子関係もその適用範囲にすることを明らかにするものです。つまり，この規定は事実主義・認知主義の双方に適用される準拠法であり，そのため，その基準時も出生当時と定められています。**嫡出親子関係の場合と異なり，子の両親は夫婦として共同体を構成しているわけではありませんから，父子関係と母子関係を別個に，それぞれ子の出生当時の父の本国法と母の本国法により判断されることになります。

S　次に通則法29条２項の前段です。「**子の認知は，前項前段の規定により適用すべき法によるほか，認知の当時における認知する者又は子の本国法による。**」とあります。

T　この規定はいわば認知に関する特則と言ってよく，認知をできるだけ容易に認めることが子の利益に資するとの考えに基づいて，認知については，１項に掲げられた準拠法とともに，２項でさらに選択的に適用される準拠法が定められているわけです。その結果，**子の出生当時の認知者の本国法**（１項），**認知当時の認知者の本国法**（２項），**認知当時の子の本国法**（２項）の**３種類の法が選択的適用の対象となる**ことになっています。

●セーフガード条項

T　次に通則法29条１項後段と２項後段の規定を見ておきましょう。

S　まず29条１項後段は「**子の認知による親子関係の成立については，認知の当時における子の本国法によればその子又は第三者の承諾又は同意があることが認知の要件であるときは，その要件をも備えなければならない。**」と規定し，29条２項後段は「**認知する者の本国法によるときは，同項後段の規定を準用する。**」と規定しています。

例えば，日本民法の782条は，成年の子を認知するのに，その子の承諾を必要としています。これは，子が成人に達した後に子に扶養してもらうことを期待して親が認知するような，子にとって望ましくない認知から子を守るために設けられた規定です。そこで，通則法においても認知する者の本国法が準拠法となる場合には，認知が子に大きな影響を及ぼすものであることから，これに加え，子の本国法上その子又は第三者の承諾又は同意があることが認知の要件であるときは，その要件をも備えなければならないとしたわけです（通則法29条１項後段，２項後段）。つまり，所定の事項について子の本国法が累積的に適用されることになります。子を保護する規定として，一般に**セーフガード条項**と呼ばれています。養子縁組に関しても通則法31条１項後段に同趣旨の規定があります。

認知に対する子の保護のための規定であることから，基準時点については明文の規定はありませんが，事柄の性質上，29条１項・２項ともに認知の時点と解されます。

念のために我が国の民法上の子又は第三者の同意等の要件は，①成年の子の認知の場合の成年者の承諾（民782条），②胎児認知の場合の母の承諾（民783条１項），③死亡した子の認知の場合，死亡した子の直系卑属が成年者であるときはその者の承諾（民783条２項）があります。

●認知の実質的成立要件の準拠法の適用される範囲

T　認知の実質的要件としては，以下のような点が認知の準拠法により規律されることになります。選択する単一の準拠法によってこの要件を満たしていれば認知が成立することになります。ただし，認知する者の本国法による場合は，子の本国法に定める子の保護要件も必要となりますから，この要件については前記のとおり，認知する者及び子の本国法を重複して適用することになります。

① 認知（任意認知，強制認知）が許されるかどうか。

② 姦通子，乱倫子（僧籍にある者が生ませた子のような不道徳とされる子）を認知することができるかどうか。

③ 認知するには一定の者の承諾が必要かどうか。

④ 遺言により認知することができるかどうか。

⑤ 死亡した子又は胎児を認知することができるかどうか。

⑥ 死後認知することができるかどうか，及びその出訴期間。

⑦ 認知を取り消すことができるかどうか。

⑧ 形式的に成立している認知の効力を否認するため裁判を要するかどうか。取消権者は誰か。

なお，死亡した子の認知，死後認知については，認知する者又は子が死亡したときは，その者の本国法は，死亡当時の本国法に代置しています（通則法29条３項)。胎児認知の場合の胎児の本国法については，通則法29条１項・２項の適用上，子の本国法を母の本国法に読み替えることとしています（平成元・10・２民二3900号通達第４の１(3))。

■認知の形式的要件（方式）に関する準拠法

T　通則法の34条の規定を挙げてくださいませんか。

S　はい。まず**第１項は「第25条から前条までに規定する親族関係についての法律行為の方式は，当該法律行為の成立について適用すべき法律による。」**

第２項は「前項の規定にかかわらず，行為地法に適合する方式は，有効とする。」とあります。

T　そうですね。涉外的認知の形式的要件（方式）に関する準拠法については，認知の成立の準拠法によることも，行為地の方式によることもできるということですね。従って，**認知の方式は，子の出生の当時若しくは認知の当時の認知する者の本国法又は認知の当時の子の本国法による場合と行為地法による場合があり，そのいずれによることも可能ということになります。**

■要件の審査

T　さて，涉外的認知に関する通則法上の基本的な関係規定は以上見てきたとおりです。そして，現実にそのような規定等に基づいて選択された準拠法（実質法）の規定に従って個々の認知届出がされることになります。以下では，そのような届出事件の審査の場面における留意点を要点的に見ていくことにします。

●創設的届出

T　認知の準拠法については，選択的連結であるため，認知の当事者（認知者，子）の本国法のいずれかにおいて認知の実質的成立要件を備えていればよいことになります。したがって，市区町村長が涉外的認知届を審査する場合，要件が緩やかで成立の容易な，又，最もよく承知している審査の容易な法によればよいことになります。選択的連結の場合は，ある法律で身分関係の成立が認められればそれを適用することとし，他の法律による必要がなくなるからです。

S　市区町村長としては，当事者の一方が日本人であるときは，認知の当時の子の本国法である日本民法によることができることになり，認知者，被認知者の双方について日本民法上の認知の実質的要件を審査することが市区町村長には最も容易であるということになります。このことから，日本人が認知される場合には，まず第一に日本民法により当事者双方について認知の実質的要件を審査し，それにより認知の実質的要件が備わっていればその届書を受理できることになります。この場合，子の本国法が日本法ですから，子又は第三者の同意等の要件は当然に含まれていることから，このための特別の審査も必要がないことになります。

なお，外国法を準拠法とする場合，外国の国際私法で日本の法律に反致していることが明らかであるときも日本民法が適用されることになります。しかし，反致しない場合は，外国法の規定する認知の実質的成立要件を具備しているかどうかを審査することになります。戸籍実務では，外国人を当事者とする創設的な認知の届出については，届書に当該外国人の本国官憲の発給する「認知することができる証明書」を添付してもらう扱いをしています。これがあれば，その者について要件が備わっていると判断できるからです。この取扱いは，戸籍法施行規則63条の規定に基づくものであることは既に他の場所でも触れました。この外国人の本国の権限ある官憲の証明書は，官公庁等の発行する公文書又は証明書等で信頼性が保障されているものと言えます。例えば，裁判官，人口統計登録官，在日大使又は領事等の発給する証明書は，本国の権限ある者が作成した証明書と言えましょう。このような本国官憲の証明書が得られない場合は，要件審査の原則に戻ることになります。つまり，当事者の本国法，すなわち，民法・親族法における認知の要件の内容を明らかにし，その上で，当事者が各要件を満たしているかどうかを判断するため，その身分関係的事実を証明する書証等が必要になります。

なお，子の本国法上，子又は第三者の同意等の要件が要求されるときは，これらを証明する書面の提出が必要となります。

▲認知の実質的成立要件

※子が日本人である場合

★審査方法等

T　日本人が認知される場合は，通則法29条２項の規定により，認知の当時の子の本国法である日本民法のみによることができますから，まず第一に日本民法を適用するのが適当と言えます。したがって，当事者双方について日本民法の認知の実質的成立要件を審査し，これが備わっていればその届書を受理できることになります（平成元・10・２民二3900号通達第４の１⑴前段）。

認知する者の本国法に認知の制度がない場合であっても，当事者双方に日本民法上の認知の実質的成立要件が備わっている場合は，認知の届出を受理することができます。

通則法29条１項及び２項の規定により出生の当時又は認知の当時の認知する者の本国法により認知することも可能ですが，日本民法上，認知が成立する場合は，認知する者の本国法によることはありません。したがって，日本民法で認知が成立しない場合に，初めて認知する者の本国法により審査すればよいことになります。この場合，認知する者の本国法により認知することができること，及び子の本国法である日本民法上の子の保護要件を備える必要があることも当然です。

ところで，我が国の民法により認知が成立しない場合，つまり，認知の要件が備わっていない場合とは，どのような場合が考えられますか。

S　以下の場合が該当すると思います。

①　成年認知の場合において成年者の承諾が得られないとき（民782条）

②　胎児認知の場合において母の承諾が得られないとき（民783条１項）

③　直系卑属がない死亡した子を認知する場合（民783条２項）

④　死亡した子を認知する場合において，成年者である直系卑属の承諾が得られない場合（民783条２項）

⑤　嫡出子又は特別養子を認知する場合

等が考えられます。

T　なお，日本人母の婚姻後200日以内に出生した子について，母の夫である外国人の本国法上夫の子と推定されず，日本人母の嫡出でない子としての出生届がされているところ，母の夫である外国人男から認知の届出があった場合，これを嫡出子とする追完届又は申出書として取り扱うこととされています（昭和34・8・28民事甲1827号通達，昭和34・10・19民事甲2332号回答）。

★認知する者の本国法が事実主義の法制である場合

T　さて，認知する者の本国法が事実主義であっても認知の届出を受理することができるという取扱いをすることとされています（平成元・10・2民二3900号通達第4の1(1)前段）。

S　通則法29条1項前段の規定により，出生の事実により法律上の父子関係が成立しているということができるにもかかわらず，なお，認知ができるという理由，根拠は奈辺にあるのでしょうか。

T　いい質問です。その点については次のような説明がされています。

「一般的に，事実主義の法制は，出生の事実によって法律上当然に婚外親子関係が成立するための前提として認知を要しないとしているに過ぎないものであり，認知を積極的に排斥しているものではない。それどころか，このような国では，親子関係の確定のためには証拠が必要となるが，父親であることの表明はその有力なものであることが一般に認められている。逆に，認知主義を採用する国にとっては，国内法上は，認知がなければ法律上の父子関係は成立しないため，認知するための要件上，事実主義による父子関係の確定が認知の妨げにならないということができる。

また，我が国の民法第779条には，「嫡出でない子は，その父又は母がこれを認知することができる。」と規定されている。我が国の民法が認知主義を採用していることから，事実主義により父子関係が成立していることを前提として考慮していないものと考えられる。

通則法29条2項は，「子の認知は，前項前段の規定により適用すべき法によるほか」と規定していることから，第1項前段で出生の事実により嫡出でない子の親子関係が成立していても，第2項により認知することができるということができる。

事実主義による嫡出でない子の親子関係は，父の本国法によることとなるが（同条第１項前段），この場合の認知による嫡出でない子の親子関係は，子の本国法により成立したものであり，それぞれの国の法制度が異なっている。子の本国法である我が国の民法によれば，法律上の父子関係が認められるには，認知されていることが必要であるので，認知するメリットがある。認知をするメリットがある以上，これを戸籍に記載することを拒む理由は法律上何らないものと考えられる。

また，実際問題としても，具体的な父子関係が外国で問題となった場合，認知のあることが前提となることもあり（例えば，我が国の改正前の法例と同一の規定を有する国で父子関係が問題となった場合），認知が可能であれば，しておくのが有利なこともある。

我が国では，出生証明書に外国人父の氏名が記載されていても，当該国の方式により認知が成立している場合を除き，それをもって，法律上の父子関係が形成されているとはみていない。それと同様に，外国では認知という形成行為がなければ，我が国の戸籍に父の氏名の記載があるということのみをもって，法律上の父子関係があるとはみないことも考えられ，認知ができるのであれば，認知しておくメリットがあると思われる。それが，改正法が選択的連結を採用し，父子関係の成立をできるだけ広く容易にしようとする思想にも合致するものと考えられる。

なお，父の本国法が事実主義を採っている場合について，認知をできないとすると，外国人が認知する前提として当該外国において，事実主義による父子関係が成立しているかどうかを調査した上でなければ認知届を受理することができないこととなる。そのようなこととなれば，現実の問題として市区町村長に不可能を強いる結果となり，円滑な事務処理を阻害することとなろう。」（「民事月報44巻号外・法例改正特集」232頁以下）。

前段は理論的根拠が，後段は実際的根拠が述べられているように思います。

S　したがって，たとえ子の出生の当時の父の本国法が事実主義を採用しており，出生届又は出生届の追完届により父の氏名が戸籍に記載されていても，認知することができると解すべきであり，既に父の氏名が戸籍に記載されているかどうかは問題にならないと考えるわけですね。

T　そのとおりですね。したがって，平成元年10月２日付け民二第3900号通達は，その第３の２⑵により父の氏名が戸籍に記載されている場合も，日本民法上の認知の要件が当事者双方に備わっている場合は届出を受理するという取扱いを明らかにしているわけです（同通達第４の１⑴参照）。

当該通達の趣旨は，要するに戸籍の記載は，真正なものとして推定力があるとされていることから，戸籍に父の氏名が記載されていることをもって，法律上の父子関係が形成されていることが推定できるにもかかわらず，改めて認知を認めることに疑問の生じる余地がないわけではありませんが，前記のとおりの法律的根拠があり，かつ，合理的理由もあることに加え，このようにしないと戸籍実務上大きな支障を来すこと等からそのような取扱いをすることを明らかにしたものと解されます。

▲戸籍法63条の類推適用による届出により父の氏名が戸籍に記載されている場合

T　平成元年10月２日付け民二第3900号通達によりますと，その第４の２⑵には，子の出生の当時における父の本国法が事実主義を採用している場合において父子関係存在確認の裁判が確定したときの報告的届出は，子又は父からの戸籍法63条の類推適用による届出として受理する，としています。

そして，同通達第４の１⑴のただし書には，その届出に基づき父の氏名が戸籍に記載されている場合は，**認知の届出を受理することはできない**としています。

なお，この戸籍法63条の類推適用による届出については，この後，報告的認知届のところで少し詳しく触れる予定にしています。

S　なぜこの場合に例外的取扱いとして認知の届出を受理することができないとされたのでしょうか。

T　子の出生の当時における父の本国法が事実主義を採用している場合において，我が国の裁判所又は外国の裁判所で父子関係存在確認の裁判が確定したときは，通則法29条１項前段の規定により出生時から法律上の父子関係が生じることになります。そして，この場合には，裁判によって確定された父子関係であることから，当事者及び第三者に対してもその効力が及ぶこと，その真実性も担保されていること，また，裁判の手続によらなければ，父子関係が否定されないこと等から，これがあれば我が国のみならず，外国においても父子関係の存在に疑義が生じず，もはや認知は不要と考えられることから，認知の届出を受理することはできないとされたものです。

S　裁判による親子関係の確定というところがポイントなんですね。

T　ただ，念のためですが，子の出生の当時における父の本国法が事実主義を採用している場合において，外国において父子関係存在確認の裁判が確定し，子又は父から戸籍法63条の類推適用による届出があっても，その届書が子の本籍地に送付されていない間であれば，その段階では，父の氏名が戸籍に記載されていませんので，子の本籍地において，認知の届出をすることが可能と言えるかと思われます。そのため，通達は「戸籍法第63条の類推適用による届出があり，かつ，父の氏名が戸籍に記載されている場合は」と表現しているわけです（通達第４の１(1))。

▲婚姻準正により嫡出子たる身分を取得した後における認知の可否

T　子の出生の当時及び認知の当時の認知する者の本国法が事実主義を採用している場合，平成元年10月２日付け民二第3900号通達第３の３の婚姻準正により嫡出子たる身分を取得した後においても，認知することができるかについては，認知の当時の子の本国法である日本民法により認知することができるかということになります。我が国の民法では，嫡出でない子でなければ認知することはできないこととされていますから，父母の婚姻により嫡出子たる身分を取得した後は，認知届があっても受理することはできないと解するのが相当と思われます。

なお，子の出生の当時の認知する者の本国法と認知の当時の認知する者の本国法が相違しており，認知の当時の認知する者の本国法によれば，嫡出子でも認知することができる場合は，通則法42条の公序の規定の適用が問題となりますから，その場合は，平成元年10月２日付け民二第3900号通達第４の

1(1)後段のとおり管轄局の長の指示を求めることになります。

※子が外国人である場合

★子の本国法による場合

T　子の本国法による場合は，その国の法律に定める要件を具備していなければなりません。そこで，子の本国法により認知することができる旨の証明書の添付又はその提示があった場合は，認知の届出を受理することができる扱いとされています（平成元・10・２民二3900号通達第４の１(2)）。

ここで言う「認知することができる旨の証明書」は，認知の当事者が子の本国法上の要件を満たしていることを証する書面で，子又は第三者の同意等の要件も含まれているものです。本国官憲が発給した認知をすることができる旨の証明書（従来の要件具備証明書も含まれます）であることが望ましいが，必ずしもそれに限るものではありません。この証明書は，子の本国法上，認知する者が子を認知することができることを証明するものであれば，その国の法律中，認知の要件についての規定（法文の抜粋）と子の同意等のその法律に規定されている認知の要件を証する書面でも差し支えないとされています。法文の抜粋は，出典を明示したものであるか，又はその法規が現行法であることを当該外国官憲等が認証したものであることが必要とされています。

なお，これらの証明書は，戸籍法施行規則63条を根拠とするものですが，法制が不明の場合等特別の事情にある場合は，認知者からその証明書が提出できない旨の申述書を提出してもらい，市区町村長において，当該国の法律が明らかでなく，認知の要件を審査できないときは，管轄局の長に受否の指示を求めることになっています。管轄局の長においても，当該国の法律について不明であるときは法務本省に指示を求めることになります。

ここで言う「申述書」は，認知することができる旨の証明書が得られない特別の事由を申述するものであり，その証明書に代わるものではもちろんありません。認知の要件を満たしているかについては，基本的には直接証明するものでなければならず，第三者の同意書等を本人の申述書で代えることはできません。

我が国において，外国の法令が明らかな場合（例えば，韓国等）は，法文の提出を省略して差し支えないこととなりますが，その場合でも，外国法上の認知の要件を満たしているかどうかについての証明書の提出は当然のことながら必要とされています。

★認知する者の本国法による場合

Ｔ　認知する者の本国法による場合は，その国の法律に定める要件を具備していなければなりません。さらに，認知の当時の子の本国法に定める子又は第三者の承諾又は同意等の子の保護要件についても備えていなければなりません。しかしながら，市区町村の窓口で外国人子及び認知する者の本国の法律を調査して，認知が認められるかどうかの判断をすることは極めて困難であることから「認知することができる旨の証明書」及び「子の本国法上の保護要件を満たしている旨の証明書」の添付又はそれらの証明書の提示があれば，認知の届出を受理できるとされています（平成元・10・２民二3900号通達第４の１(2)）。この「認知することができる旨の証明書」は前記の「子の本国法による場合」のところで触れたものと同様のものです。

「子の本国法上の保護要件を満たしている旨の証明書」とは，通則法29条１項後段及び２項後段で規定するところの「子又は第三者の承諾又は同意」の要件を満たしている書面を意味します。これは，具体的には，本国の法律中，認知における子の保護要件を規定した法文及びその法文に記載されている子の保護要件を備えている旨を証明する書面，例えば，裁判所等の許可書，母又は本人の承諾書，親族会の同意書，児童委員会の同意書等が挙げられます。

子の本国法が事実主義の法制であり，子の本国法上の保護要件がない場合であっても，子の本国法の法律内容についての証明書の提出が必要です。

子の本国法が事実主義の法制である場合の証明書は，出典を明示した，事実主義であることを規定している本国の法文の抜粋等がこれに該当することになり，また，事実主義の法制ではないが認知制度がない場合は，親子関係全般の法律内容ということになろうと思われます。

なお，子の本国法が事実主義を採用していることが明らかである場合は，事実主義国では認知の規定がないことから認知の要件はあり得ないので，子の保護要件もないことになります（平成元・12・28民二5551号回答）。したがって，審査する側で子の本国法が事実主義を採っていることが明らかである場合にはこの証明書の提出を省略して差し支えないこととされています。

★日本人が外国人を認知する場合

T　日本人が外国人を認知する届出が，戸籍の窓口にありますと，まず，法律の内容を最もよく知っている認知する者の本国法である日本民法により，実質的要件を審査します（嫡出でない子であるかどうか，既に他者から認知されていないか等）。なお，子の本国法上，子又は第三者の同意等の要件が求められるときは，これらを証明する書面の提出が必要となります。

子の本国法による認知も理論的には可能ですが，我が国の民法は，比較的緩やかな要件であることから，通常は，このような審査でほぼ足りるものと思われます。

認知する者の本国法である日本民法によれば，認知できない場合でも，子の本国法によれば，日本民法よりも緩やかな要件であるため認知できる場合は，認知が成立することになります。この場合は，子の本国法により認知することができる旨の証明書の提出が必要となります。例えば，日本人が成年者である韓国人を認知する場合，認知する者の本国法である日本民法では，子の承諾が必要とされていますが，韓国民法によれば，子の承諾等は求められていませんので，子の本国法により子の承諾がなくても日本人が成年者である韓国人を認知することができることになります。

また，外国人である子が特別養子，嫡出子である場合でも，子の本国法により認知することができる旨の証明書を添付した認知の届出があったときは，外国法の適用が日本の公序に反するかどうかが問題となりますので，この場合も管轄局の指示を求めることになります。

▲認知の形式的成立要件

※市区町村長に対する届出

T　創設的な認知届については，日本の方式による場合であり，戸籍法の定めるところにより市区町村長に届け出ることであり（民781条），それが受理されることです。したがって，日本人が日本で外国人を認知する場合は，行為地が日本，認知する者が日本人であることから，いずれにしても日本の方式により創設的な認知をすることができることになります。また，日本に在る外国人が日本人又は外国人を認知する場合は，行為地が日本ですから，日本の方式によることができることになります（戸60条）。

なお，外国人からの日本人に対する認知の届出が外国からの郵送により直接本籍地にあった場合，行為地は郵送に付した外国であり，届書の到着した日本は行為地とはなりませんので，この場合，行為地法による方式とは言えないことになります。しかし，認知の方式は，認知の成立の準拠法，つまり，出生の当時若しくは認知の当時の認知する者の本国法又は認知の当時の子の本国法によりますから，その準拠法が日本法の場合は，日本の方式により外国から郵送による認知の届出を肯定することができることになります。すなわち，戸籍法は，郵送による届出を認めており（戸47条），届出事件本人たる日本人子の本籍地の市区町村に郵送による届出をすることができることになります（戸25条１項）。

※在外公館に対する届出

T　外国に在る者が日本の方式により創設的届出を在外公館に対してすることができるかについて，民法741条では，在外日本人間の婚姻について外交婚・領事婚に関する規定を設けています。養子縁組についても民法801条に，婚姻と同趣旨の規定があります。しかし，認知については何ら特別の規定は見られません。特別の規定がない限り，戸籍法40条に基づくものと考えられます。したがって，日本人が外国人を認知する創設的な届出を在外公館に対してすることは，日本人である届出人が戸籍法に基づく届出をするものと解することによって肯定されることになります。

▲添付書類

※外国人が日本人を認知する場合

T　外国人が日本人を認知する場合の添付書類としては，認知する外国人については，国籍証明書（旅券を含む），認知される日本人については戸籍謄本（ただし，被認知者の本籍地に届け出る場合は不要）を添付することになります。

日本民法上の成年者を認知する場合その者の承諾，胎児認知の場合の母の承諾等については，届書にそれを証する書面を添付しなければなりません（戸38条1項本文）。しかし，この場合，届書に承諾する者等をしてその旨を付記させて署名押印させることも認められています（同条1項ただし書）。

認知する者の本国法のみにより認知することができる場合は，その法律によりそのような認知をすることができる旨の証明書の提出を求めることになります。

父の本国法が事実主義を採用しており出生届及び出生届の追完の届出に基づき父の氏名が戸籍に記載されているところへ父からの認知の届出があった場合，既に出生の届出の際又は追完の届出の際に子の出生の当時における父の国籍が子の戸籍に記載されていることから，認知届書の記載に疑義がない限り，改めて認知の届出に当たりその書面を提出する必要はないものと解されます。ただし，父の本国法により当事者間に法律上の父子関係が生じているが，認知される子が成年に達している場合等においては，認知するためには，子の本国法である日本民法上，子の承諾等が必要ですから，その承諾書の添付を要することになります。

※日本人が外国人を認知する場合

T　日本人が外国人を認知する場合，認知する者については戸籍謄本（認知者の本籍地に届け出ない場合），子については出生証明書及び国籍証明書を添付又は提示しなければなりません。そのほか，①子の本国法による場合は，子の本国法により認知することができる旨の証明書，②認知者の本国法による場合は，子の本国法上の保護要件を満たしている旨の証明書の添付が必要となります。

※外国人が外国人を認知する場合

T　外国人が外国人を認知する場合，認知する者については国籍証明書，子については出生証明書及び国籍証明書を添付又は提示しなければなりません。そのほか，①子の本国法による場合は，子の本国法により認知することができる旨の証明書，②認知する者の本国法による場合は，認知する者の本国法により認知することができる旨の証明書及び子の本国法上の保護要件を満たしている旨の証明書の添付を要することになります。

●報告的認知届

T　報告的認知届はどのような場合にされるものでしょうか。

S　日本人を当事者として，我が国又は外国の裁判所で認知の裁判が確定したとき，あるいは当事者の本国法又は行為地法の方式により認知が成立したときは，日本人についてその事実を戸籍に記載するために，報告的認知届をしなければならないとされているものです。

T　いずれにしても，認知は既に成立している場合ですね。それには，①戸籍法63条の規定による報告的届出，②戸籍法41条による証書の謄本の提出による届出，③戸籍法63条の類推適用による届出，の３つの体様があります。以下でそれぞれについて見ていくことにしましょう。

▲戸籍法63条の規定による報告的届出

※我が国の裁判所において認知の裁判が確定した場合

T　我が国の裁判所において認知の裁判が確定した場合，当事者の一方が日本人であるときは，その者の戸籍に認知事項の記載をしなければなりません。この場合は，訴えを提起した者は，裁判が確定した日から10日以内に裁判書の謄本を添付してその旨を届け出なければなりません（戸63条１項）。また，訴えを提起した者が外国人である場合は，届出をしないことも考えられますから，そのときは，訴えの相手方である日本人も，裁判書の謄本を添付してその旨を届け出ることができます（同条２項）。

我が国の裁判所で認知の裁判がされる場合は，通則法の規定する準拠法が適用されていますから，裁判書の謄本を添付して届出があった場合には，そのまま受理することになります。

※外国の裁判所において認知の裁判が確定した場合

T　外国の裁判所で認知の裁判が確定した場合は，民事訴訟法118条の要件を満たしていれば，我が国においてもその効力を有することになりますから，我が国の裁判所において認知の裁判が確定した場合と同様に戸籍法63条の規定により届出をしなければなりません。この場合は，外国裁判所の判決の承認の問題であり，民事訴訟法118条が全面的に適用され，準拠法は問題となりません。

こうした取扱いについては，先例等で明確にはされていませんが，外国の離婚判決を承認した**戸籍先例（昭和51・1・14民二280号通達・後記参照）**の趣旨から，外国離婚判決と同様に身分関係に関する外国形成判決である外国の裁判所の行った認知の裁判について，それと異なる取扱いをする理由はなく，また，このような取扱いをすることによって国際間の判断の統一と紛争・問題等の一回的解決が図られることにもなります。

事実主義を採る国では認知の規定がないため，裁判認知なるものは存在しませんが，当該国において父子関係存在確認の裁判がされることは考えられることであり，その裁判があったときは，我が国では強制認知があったものとして取り扱うべきが相当と考えられます。なぜなら，当事者の一方が事実主義国である場合に日本の裁判所がする裁判認知と，事実主義国の裁判所における父子関係存在確認の裁判とは，父子間の自然的血縁関係の存在を確認するもので，かつ，法律上の父子関係の形成をするものであるという実質において，また，裁判という信頼できる手続，形式によることにおいても，何ら変わりはないからです。

○昭和51年1月14日付け民二第280号通達（外国でなされた離婚判決は，民事訴訟法200条（118条）の条件を具備する場合に限り，我が国においてもその効力を有するものと解すべきである）について

T　この先例は，外務大臣官房領事移住部長から法務省へなされた照会に対するもので，それまで，外国離婚判決の効力は準拠法の要件を満たすものである場合に限り，日本においても承認されるとしていた解釈を改めたもの（先例変更）で，その要旨は以下のとおりです。便宜ここで紹介しておきます。

照会の趣旨は，外国離婚判決に基づき離婚届の提出があった場合の問題点を提示してそれに対する回答を求めたものです。

1　日本の裁判所でなく外国の裁判所の離婚判決によっても日本人夫婦の離婚が日本法上も有効に成立する法的根拠。

2　かかる離婚届の受理に関し，民事局長回答によれば，外国裁判所の離婚判決の効力は準拠法の要件を満たすものである場合に限り，日本においても承認されるものとされているところ，離婚届の受理に際し，この準拠法の要件を審査する必要はないか。

3　在外公館は，当該外国判決について，我が国の外国判決承認の要件（民事訴訟法118条）を具備しているかどうかを審査する必要はないか。

これに対する法務省民事局長からの回答は以下のとおりです。

１については，民事訴訟法200条（118条）である。

２については，必要ない。

３については，必要がある。外国でなされた離婚判決は，民事訴訟法200条（118条）の条件を具備する場合に限り，我が国においてもその効力を有するものと解すべきであるから，外国判決に基づく離婚届の受理に際し，当該判決がそのための条件を具備しているか否かを審査する必要があるところ，実際の処理に当たっては，離婚届に添付された判決の謄本等によって審査し，当該判決が民事訴訟法200条（118条）に定める条件を欠いていると明らかに認められる場合を除き，届出を受理して差し支えない。

なお，届出に際しては，原則として，判決の謄本，判決確定証明書，日本人の被告が呼び出しを受け又は応訴したことを証する書面（判決の謄本によって明らかでない場合）並びにそれらの訳文の添付を求めるのが相当である。

以上が通達の内容ですが，外国離婚判決の承認の問題については渉外的離婚のところでも触れることとします。

▲戸籍法41条による証書の謄本の提出

※外国の方式による認知が成立した場合

T　認知の方式は，子の出生の当時若しくは認知の当時の認知する者の本国法又は認知の当時の子の本国法のいずれによることもできます。また，行為地法によることもできます（通則法34条１項・２項）。

したがって，認知の当事者の一方が外国人又は行為地が外国である場合は，当該外国の方式によって認知が成立する場合があります。この場合，当事者の一方又は双方が日本人であるときは，戸籍に認知の事実を記載しなければなりませんから，その外国の方式によって認知が成立したとする証書の謄本又は証明書を３か月以内にその国に駐在する日本の大使，公使又は領事に提出しなければなりません。この場合，その国に在外公館が存在しないときは，直接本籍地の市区町村長に送付する必要があります。

外国人は，その本国法が定める方式に従って認知することができますが，日本に所在する外国人がその本国の法律の定めに従って日本に駐在する当該国の大使，公使又は領事が行う方式により日本人の婚外子を認知した場合，当該外国人の本国法による方式として有効に成立することになります。

先例に，日本人女とギリシャ人男との婚姻前の出生子について，ギリシャ人男から駐日ギリシャ国総領事に対して認知届がされ，同領事発給の同届出受理証明書を添付して認知届があった場合は，戸籍法41条に規定する証明書の提出があったものとして処理して差し支えない，としたものがあります（昭和53・９・13民二4863号回答）。

また，日本人男が外国人子を日本に在る当該国の大使館で，当該国の方式により認知したときも，行為地である我が国の方式ではありませんが，子の本国法による方式として有効に成立することになります。

※届書の審査

T　外国の方式によって認知が成立した旨の証書の謄本が提出されますから，提出された書面が認知を証明するものかどうかを審査することになります。その証書の謄本が当該国の権限ある者によって作成されたもの，例えば，裁判所，公証人，身分登録機関等の公の機関で，公正を期し得る者によって作成されたものかどうかを審査する必要があります。

また，先例では，報告的届出があった場合，外国の方式によって一応身分行為が成立している以上は，実質的成立要件上当然無効であることが明らかである場合を除き，これを受理し，戸籍に記載する取扱いがなされています。

※添付書類

T　戸籍法41条に規定する認知証書又は認知証明書の謄本の提出の場合にその証書の謄本等のほかに添付又は提示する書類は，以下のとおりです。

認知者が日本人の場合は，被認知者の戸籍謄本（認知者の本籍地に届け出ない場合），並びに子の出生証明書及び国籍証明書であり，**被認知者が日本人の場合**は，認知者の国籍証明書及び被認知者の戸籍謄本（被認知者の本籍地に届け出ない場合）となります。

※先例にあらわれた戸籍法41条の認知証書

T　戸籍法41条の認知証書又は認知証明書として戸籍実務の先例で認められたものは，以下のとおり各種の類型がありますので紹介しておきます。

※出生証明書

外国の登録機関の発行する出生証明書が，戸籍法41条の認知証書の謄本として認められた事案は，認知する者の本国法又は行為地法による認知に関する法律が，子の出生登録の届出の際に認知することができることとされている法制国の場合とされています。この場合，父が届出人となり，出生証明書に父の氏名が記載されている場合が多いようです。

①　日本人男がベトナム人女の子を認知する旨の記載をし，署名しているベトナム官憲発給の出生証明書（昭和51・５・７民二2846号回答）

②　日本人女がパラグアイ共和国で出生した嫡出でない子について，日本人父が届出人となり父の氏名が記載されているパラグアイ共和国戸籍役所発行の出生証明書（昭和55・８・22民二5216号回答）

③　日本人男とコロンビア人女間の嫡出でない子について，コロンビア国公証人発給の出生登録証明書（昭和56・５・25民二3249号回答）

④　日本人男からイタリア人女の子を認知した旨の記載ある同国市役所発給の出生証明書（昭和58・３・８民二1824号回答）

⑤　ニカラグア人女の出生子について，日本人父の表示されているニカラグア国市役所発行の出生証明書（昭和59・５・２民二2388号回答）

⑥　日本人父の氏名等が記載されているパナマ共和国選挙裁判所市民登録総務局発行の出生証明書（昭和60・６・28民二3675号回答）

⑦　日本人男とブラジル人女の婚姻前にボリビア国で出生した子について，日本人父の表示されているボリビア国戸籍登録官発給の出生証明書（平成３・７・４民二3728号回答）

※出生報告書

①　日本人女の婚姻前に出生した子について，米国人男から婚姻後駐日米国領事館に対してした出生報告書の謄本（昭和32・11・７民事甲2097号回答）

※宣誓書

①　駐日米国軍人が日本人女の子を日本駐在の米国副領事の面前で認知する旨の宣誓をした宣誓書（昭和31・９・18民二479号回答）

②　オーストラリア人男がオーストラリア国ニューサウスウェールズ州治安判事の面前でした宣誓書（昭和34・１・29民甲124号回答）

※公証人作成の証明書

①　日本人女とギリシャ人男との間の婚姻前の出生子について，ギリシャ人男が駐日ギリシャ国総領事に対してした認知届の同領事発給の受理証明書（昭和53・９・13民二4863号回答）

②　スペイン人男が日本人女の嫡出でない子を認知した旨の記載のあるスペイン国公証人が作成した公正証書（昭和62・５・13民二2475号回答）

※裁判所が発給した認知証書

①　日本人男とフィンランド人女間の婚姻前の出生子についてフィンランド国の裁判所が発給した認知の証書（昭和57・５・20民二3592号回答）

※行政機関の発給した証明書

①　日本人女の嫡出でない子をスイス人男が認知した旨のスイス国チューリヒ市民課民事官作成の認知報告書（昭和54・５・11民二2864号回答）

②　日本人男がオーストリア人女の嫡出でない子を認知した旨のオーストリア青少年局長発給の認知証書謄本（昭和54・10・５民二4948号回答）

▲戸籍法63条の類推適用による届出

T　平成元年10月２日付け民二第3900号通達第４の２⑵は，「子の出生の当時における父の本国法が事実主義を採用している場合において，父子関係存在確認の裁判が確定したときの報告的届出は，子又は父からの戸籍法第63条の類推適用による届出として受理する。」としています。

これは，父の本国法が事実主義を採用している場合に，我が国の裁判所等において父子関係存在確認の裁判が確定したときは，通則法29条１項前段の規定により法律上の父子関係が発生しますから，その場合の子又は父からの届出については，戸籍法63条の類推適用による届出として取り扱うことを明らかにしたものです。この届出は，法律上の父の氏名を日本人子の戸籍に記載することに意義のある届出ということができます。

S　この届出が戸籍法63条の類推適用による届出とされた理由はどう理解したらよいでしょうか。

T　通則法は既に触れましたように事実主義を採る外国法による父子関係の成立をも認めています。我が国の民法は，父子関係の成立については認知しか認めておりません。そして，戸籍法もそのための手続しか予定していません。したがって，事実主義法制における父子関係の成立をさせる裁判として父子関係存在確認の裁判があった場合は，強制認知の裁判である戸籍法63条の規定を類推適用して，その手続によることとされたものです。これは，前にも触れましたとおり，事実主義国の裁判所における父子関係存在確認の裁判と日本の裁判所がする裁判認知とは，いずれも人事訴訟法等の厳格な裁判手続によって判断されるものである上，父子間の自然的血縁関係の存在を確認し，かつ，法律上の父子関係の成立を認めるものであって，全く同様の機能を果たすものととらえることができるからです。したがって，両者の法的性格が異なる面はあるものの，制度趣旨・効力・手続関係等を総合すると，戸籍法63条の規定を類推適用しても差し支えないものと考えられたことから，それによることとされたものです。

S　わかりました。

T　父子関係存在確認の訴えの当事者は子又は父であることが通常ですから，戸籍法63条の類推適用による届出については，子又は父から届け出られる場合に限っているわけです。

なお，同条の届出期間の定め（裁判が確定してから10日以内）の適用はありますが，そもそも，類推適用であって明文の規定に基づくものではありませんから，その届出人に不利益を課すこと，特に罰則規定を適用することは問題と思われますので，届出を懈怠したり徒過しても，戸籍法135条に規定する過料の制裁の適用はないものと解されています。

■認知の効力

T　通則法は，認知の効力に関する規定を設けていません。しかし，通則法29条は「子の認知は」として，成立と効力とを分けずに，一つの法律により規律することとしたものであると考えられています（南敏文「民事月報44巻号外・法例改正特集」38頁）。

ところで，同条によれば，選択的に連結されている法律のいずれかにより認知の要件が満たされれば認知が認められることになりますが，認知の要件の充足が複数の法律について認められる場合で，それぞれの法律が認知の効果について異なる規定をしているときは，認知の効力についてどの法律によるべきかが問題となります。同条は，子の利益のために選択的連結を認めたものですから，子にとって最も利益となる効果を生じると考えられる法律によらしめるのが適当であると解する説が有力とされています。

しかし，個々の法律関係につき，複数の法律のうちで最も有利なものを個別的に適用するという考え方に対しては，法的安定性の点から好ましくないという指摘もなされています。

■認知に基づく戸籍の処理

T　それでは，次に認知届に基づく戸籍上の処理について要点を整理しておくことにしましょう。これには，大きく分けて，当事者の一方又は双方が日本人である場合と当事者双方が外国人である場合があります。これを分けて整理してみましょう。

●当事者の一方又は双方が日本人である場合

▲通常の認知届による場合

S　日本人と外国人を当事者とする創設的認知届又は裁判上の認知に基づいて報告的認知届がされた場合，その日本人が認知者であろうと被認知者であろうと，戸籍の機能上，その者の戸籍の身分事項欄に，認知をした旨又は認知をされた旨の記載をしなければなりません（戸規35条２号）。また，外国の方式により日本人相互間又は日本人と外国人との間に認知がされ，その証書の謄本が提出された場合（戸41条１項）においても，同様の処理を必要とします。

外国人から認知の届出があった場合は，参考記載例㉚の例「令和10年５月６日国籍ドイツ連邦共和国リントホルスト，クラウスフリードリッヒ（西暦1961年２月１日生）認知届㊞」によることになります。そして，子の出生の当時の父の本国法が事実主義を採用しており出生届又は出生届の追完の届出により父の氏名が戸籍に記載されている場合（平成元・10・２民二3900号通達第３の２⑵参照）に認知の届出があったときの認知事項は，前記の参考記載例㉚に準じて「令和　年　月　日父認知届出」と記載する扱いとなっています。

▲胎児認知届

T　それではここで胎児認知の問題を取り上げてみたいと思います。

最初に念のために通則法の規定との関係を確認しておきます。

通則法29条１項・２項の規定により，認知する者の本国法又は子の本国法のいずれによっても認知することができます。しかし，胎児については，まだ生まれていないことから，子の本国法は存在しないことになります。

平成元年の法例改正前の規定では，認知については配分的適用であったことから子の本国法が存在しなければ，胎児認知そのものができなかったため，胎児は出生により母の国籍を取得することが通常であること等を理由に，母の本国法をもって子の本国法とみなしていたものと解されます。

しかし，現行通則法上は，前記のとおり，単一の本国法を選択することにより認知をすることができることになりましたから，認知する者の本国法により胎児認知できれば認知することができることになり，あえて母の本国法をもって子の本国法とみなす必要はないと解することも考えられます。この点に関し何か通達で指針が示されていますか。

S　はい，平成元年10月２日付け民二第3900号通達第４の１(3)で「胎児認知の届出があったときは，改正法例第18条第１項後段及び第２項（通則法第29条第１項後段及び第２項）の適用上，「子の本国法」を「母の本国法」と読み替えて受否を決するものとする。」とあります。

T　そうですね。これは平成元年の法例改正前と同じ取扱いを示すものですが，前記のような解釈も考えられることから念のために通達で取扱いの内容に変化のないことを明確にしたものです。

したがって，胎児認知は，認知の当時の父の本国法又は認知の当時の母の本国法のいずれによってもすることができることになり，父の本国法による場合において，認知の当時の母の本国法上の第三者の承諾又は同意のあることを要件とするときは，それを備える必要があることになります。ところで，第三者の承諾又は同意の要件は，主として子の利益の保護を図るために設けられたものですが，それ以外に関係者の利害を調整する機能も含まれています。ところで，日本人母の本国法である日本民法上の，胎児認知の場合の母の承諾は子の保護要件ではなく，母の名誉に関することであり，母の利益を保護するものではありますが，これは保護要件のうちの関係者の利害の調整機能を果たすために，また，条文の文理上の解釈からも保護要件に該当すると解するのが妥当と考えられます。このように通則法29条１項後段及び２項の「子の本国法」を「母の本国法」と読み替えて適用することにより母の承諾は「母の本国法上の第三者の承諾又は同意」の要件に該当することになります。

それでは認知の類型別に見ていくことにしましょう。

※日本人男が外国人女の胎児を認知する場合

T　日本人男が婚姻外の外国人女の胎児を認知するには，母が日本人女の場合と違って母の本籍地がないため，母の住所地の市区町村においてすることが認められています。しかし，この場合には，母が日本国籍を有する場合と異なり，子が出生したときにおいて父の身分事項欄に記載すべき認知事項が遺漏するおそれがあるため，胎児認知届書を２通提出してもらい前もってその１通を認知者である日本人の本籍地の市区町村長に送付しておく取扱いとなっています（昭和29・３・６民事甲509号回答)。この胎児認知届出後に子が出生すれば，子は生来的に日本国籍を取得することになります（国籍２条１号)。しかし，この子は，嫡出でない子ですから当然には父の氏を称して父の戸籍に入ることはできません。したがって，子について氏と本籍を設定して新戸籍を編製することになります（戸22条，昭和29・３・18民事甲611号回答)。この場合は，子の身分事項欄に出生事項及び胎児認知の旨を記載します。父の戸籍については，その本籍地に胎児認知届が送付されていますから子の出生届書を送付し，胎児認知の旨を記載することになります（参考記載例⒇，㉑)。

ところで，日本人男が外国人女の胎児を認知する場合には，胎児認知届出の有無によって，子が生来的に日本国籍を取得するかどうか（国籍２条１号）に影響することになりますから，その取扱いに留意する必要があります。

これに関連して平成９年10月17日の最高裁判所第二小法廷が注目すべき判決を出しました。この判決の内容については前講の渉外的出生届のところで，主としては日本国籍取得の側面から詳しく触れましたが，ここでは胎児認知届の取扱いにウエイトを置いて再度触れてみたいと思います。

★最高裁判所平成９年10月17日第二小法廷判決（民集51巻９号3925頁）と胎児認知届

T　この事案は，婚姻中の外国人母から出生している子について，日本人男が生後認知をした事案で，国籍法２条１号による日本国籍の取得を認めるという判断をしたものです。

S　生後認知では出生の時点で親子関係が形成されていませんから，そのような場合には国籍法２条１号に該当しないため，その時点では出生による日本国籍の取得は認められないと理解していますが，何か例外的にそれを認めなければならない事情のある事案だったのですか。

T　大変鋭い疑問ですね。本件判決に即してあなたの疑問に答えてみましょう。そもそも胎児認知は，生まれてくる嫡出でない子に生来的に法律上の父子関係を与えるというところにその実質的意義があると言われているものですね。つまり，胎児認知は，胎児が出生した時に，その効力を生ずるものだからです。

ところで，外国人である母が子を懐胎した場合において，胎児認知ができる場合とはどのようなケースですか。

S　母が未婚であるか，又はその子が戸籍の記載上母の夫の嫡出子と推定されないときは，夫以外の日本人である父からその子を胎児認知することは可能だと思います。

T　そうしますと，そのような場合に，胎児認知届がされれば，国籍法２条１号により，子は出生の時に日本国籍を取得することになると解されますね。

それでは，外国人である母が子を懐胎した場合において，その子が戸籍の記載上母の夫の嫡出子と推定されるときは，夫以外の日本人である父がその子を胎児認知しようとしても，その届出は認知の要件を欠く不適法なものとして受理されませんね。そうしますと，胎児認知という方法によっては，子が生来的に日本国籍を取得することはできないことになります。

もっとも，この場合には，子の出生後に，右夫と子との間の親子関係不存在が判決等によって確定されれば，父の認知（生後認知）の届出が受理される可能性はあります。この認知による国籍取得の可能性はありませんか。

S　国籍法３条に準正による国籍取得の届出の規定がありますが，この規定に照らしてみますと，認知の遡及効は認められていないと解すべきですから，出生後に認知がされたというだけでは，子の出生時に父との間に法律上の親子関係が存在していたということはできません。従って，認知された子が国籍法２条１号に該当することにはならず，出生による日本国籍の取得は認められないことになります。

T　そうしますと，そのような結論を前提に本件事例のような場合に何か問題点のようなものが見えてきませんか。

S　国籍法の解釈上も胎児認知の要件論からも格別の問題はないようにも見えますが何か問題があるんですね。

T　本件最高裁判決は次のような問題提起をしています。

「戸籍の記載上嫡出の推定がされない場合には，胎児認知という手続を執ることにより，子が生来的に日本国籍を取得するみちが開かれているのに，右推定がされる場合には，胎児認知という手続を適法に執ることができないため，子が生来的に日本国籍を取得するみちがないとすると，同じく外国人母の嫡出でない子でありながら，戸籍の記載いかんにより，子が生来的に日本国籍を取得するみちに著しい差があることになるが，このような著しい差異を生ずるような解釈をすることに合理性があるとはいい難い。したがって，できる限り右両者に同等のみちが開かれるように，同法２条１号の規定を合理的に解釈適用するのが相当である。」と指摘しています。

その上で，採るべき解釈論として以下のように説いています。

「右の見地からすると，客観的にみて，戸籍の記載上嫡出の推定がされなければ日本人である父により胎児認知されたであろうと認めるべき特段の事情がある場合には，右胎児認知がされた場合に準じて，国籍法２条１号の適用を認め，子は生来的に日本国籍を取得すると解するのが相当である。そして，生来的な日本国籍の取得はできる限り子の出生時に確定的に決定されることが望ましいことに照らせば，右の特段の事情があるというためには，母の夫と子との間の親子関係の不存在を確定するための法的手続が子の出生後遅滞なく執られた上，右不存在が確定されて認知の届出を適法にすることができるようになった後速やかに認知の届出がされることを要すると解すべきである。」

そして，本件判決に係る事案については，子の出生の３か月と３日後に母の夫と子との間の親子関係の不存在を確認するための手続が執られ，その不存在が確定してから12日後に認知の届出がされていることから，前記「特段の事情があるというべきであり，このように認めることの妨げになる事情はうかがわれない」として，国籍法２条１号を適用しました。

念のためですが，この判決の核心部分はどこにあると思いますか。

S　やはり，「客観的にみて，戸籍の記載上嫡出の推定がされなければ日本人である父により胎児認知がされたであろうと認めるべき特段の事情がある場合には，右胎児認知がされた場合に準じて国籍法２条１号の適用を認め，子は生来的に日本国籍を取得すると解するのが相当である」とし，「右の特段の事情があるというためには，母の夫と子との間の親子関係の不存在を確定するための法的手続が子の出生後遅滞なく執られた上，右不存在が確定されて認知の届出を適法にすることができるようになった後速やかに認知の届出がされることを要すると解すべきである。」に尽きると思います。

T　事柄は日本国籍の生来的取得に関わることですから，大変厳格な解釈論が示されています。そして，本件判決を踏まえて，この種事案における国籍事務の取扱いについてその基準を示す法務省民事局長通達が発出されています。念のためにその内容をここで紹介しておきます。

※平成10年１月30日付け民五第180号民事局長通達（外国人母の夫の嫡出推定を受ける子について，日本人男から認知の届出があった場合の日本国籍の有無について）

T　本件通達は，前記最高裁判決の趣旨に鑑み，外国人母の夫の嫡出推定を受ける子の生来的日本国籍の取得についての取扱いの基準を示すものでした。内容は２つの項目に分かれています。

１　外国人母の夫（外国人男の場合も含む。）の嫡出推定を受ける子について，その出生後遅滞なくその推定を排除する裁判（母の夫と子との間の親子関係不存在確認又は嫡出否認の裁判をいう。以下「嫡出推定を排除する裁判」という）が提起され，その裁判確定後速やかに母の夫以外の日本人男から認知の届出（既に外国人の子として認知の届出がされている事案においては，子が日本国籍を有する旨の追完の届出，以下両者を併せて「認知の届出等」という。）があった場合には，嫡出推定がされなければ胎児認知がされたであろうと認めるべき特段の事情があるものと認定し，その認定の妨げとなる事情がうかがわれない限り，子は出生により日本国籍を取得したものとして処理するのでその対象となりうる認知の届出等を受けた市区町村長は，その処理につき管轄法務局若しくは地方法務局又はその支局（以下「管轄局」という。）の長の指示を求めるものとする。

2　管轄局の長は，子が出生してから嫡出推定を排除する裁判が提起されるまでに要した期間及びその裁判が確定してから認知の届出がされるまでに要した期間を確認した上，次のとおり取り扱うものとする。

(1)　子の出生後３か月以内に嫡出推定を排除する裁判が提起され，その裁判確定後14日以内に認知の届出等がされている場合には，嫡出推定されなければ胎児認知がされたであろうと認めるべき特段の事情があるものと認定し，この認定の妨げとなる事情がうかがわれない限り，子は出生により日本国籍を取得したものとして処理するよう指示する。

(2)　(1)における認定の妨げとなる事情がうかがわれる場合には，その認定の妨げとなる事情についての関係資料を添付して，その処理につき当職の指示を求める。

また，嫡出推定を排除する裁判が子の出生後３か月を経過して提起されている場合，又は認知の届出等がその裁判確定後14日を経過して行われている場合には，その裁判の提起又は届出に至るまでの経緯等についての関係資料を添付して，その処理につき当職の指示を求める。

以上が本件通達の内容です。何か感想はありますか。

S　とても本件判決の事案の射程に留意し，恣意的な拡大解釈のなされることがないよう慎重かつ厳格な運用が期されているように思います。

T　そうですね。つまりは，事柄は本件最高裁判決の趣旨に即して「胎児認知に準ずる扱い」をすることの的確性が求められているということだと思います。

ところが，本件通達に関し通達の適用範囲なり，渉外的胎児認知に関するそれまでの戸籍実務の取扱いとの関係の理解について，一部に必ずしも的確な理解がされていないおそれもあることから，前記通達の趣旨・渉外的胎児認知の取扱い等について再確認する必要があるとして改めて「通知」が発出されました。もう現在では的確な理解が定着していると思いますが，念のために「通知」の内容を紹介しておきます。

※平成11年11月11日付け民二・五第2420号民事二課長・五課長通知（渉外的胎児認知の取扱いについて）

T　本件通知は２つの柱からなっています。１つは，前記平成10年の180号通達の趣旨についての部分であり，２つは，胎児認知の届出があった場合の手続についての部分です。

1　第180号通達の趣旨について

平成９年10月17日の最高裁第二小法廷判決（民集51巻９号3925頁）は，婚姻中の韓国人母から出生した子について日本人父が生後認知した事案において，国籍法２条１号による日本国籍の取得を認めたものであるが，外国人母の嫡出でない子が日本人父から胎児認知されていない事案一般に当てはまるものではなく，①嫡出でない子が戸籍の記載上母の夫の嫡出子と推定されるため日本人である父による胎児認知の届出が受理されない場合であって，②この推定がされなければ父による胎児認知がされたであろうと認めるべき特段の事情があるときは，胎児認知された場合に準じて，国籍法２条１号の適用を認めることを相当としたものである。

第180号通達は，この最高裁判決の趣旨を踏まえて発出されたものであり，①及び②のいずれの要件にも該当する事案について適用されるものである。

また，第180号通達は，渉外的胎児認知届に関する従来の戸籍事務の取扱いを変更するものではない。

例えば，外国人母の離婚後に胎児認知の届出がされた場合には，届出の時期を問わず，これを受理する取扱いがされているので（大正7・3・20民364号法務局長回答，昭和57・12・18民二7608号民事局長回答参照），外国人母の離婚後に子が出生する事案については，①の要件を満たさないため，第180号通達が適用されることはない。

2　渉外的胎児認知届の取扱い等について

⑴　日本人男から，外国人母の胎児を自分の子として認知したい旨の相談があった場合には，母が婚姻中であるか否かにかかわらず，胎児認知の届出の手続があることを説明する。

⑵　胎児認知の届出があった場合の手続

ア　届書等の受附

胎児認知の届出があった場合には，その届出が適法かどうかを問わず，いったん届書及び添付書類（以下「届書等」という。）を受領（以下「受付」という。）し，その受付年月日を届書に記載する。この受付の後に，民法及び戸籍法等関連する法規に照らし，当該届出の審査をする。

なお，胎児認知の届出が口頭による届出の場合には，届出人の陳述を書面に筆記し，届出の年月日を記載して，これを届出人に読み聞かせ，かつ，その書面に届出人の署名・押印を求める（戸37条2項）。口頭による届出を筆記したときは，当該書面の適当な箇所に，戸籍事務取扱準則制定標準（平成16・4・1民一850号通達。以下「標準準則」という。）付録第21号記載例によって，その旨を記載する（標準準則25条）。

イ　届書等に不備がある場合

届書に不備がある場合には，不備な箇所を補正させ，また，母の承諾（民783条1項）を証する書面等届出に必要な添付書類が不足している場合には，それらを補完させる。

なお，即日に補正又は補完することができないため，届出の受理の決定ができないときは，その旨を戸籍発収簿に記載する（標準準則30条１項）。

ウ　届出の受理処分及びその撤回

①　届出を適法なものと認めたときは，これを受理し，その旨を受附帳に記載する。

また，届書等の不備により即日に届出の受理の決定ができなかった届出については，後日，補正又は補完がされ，これを適法なものと認めたときは，当初の届書等の受附の日をもって当該届出を受理し，その旨を戸籍発収簿の備考欄に記載する（標準準則30条２項）。

②　胎児認知の届出を受理した後に被認知胎児が出生したことによって，その子が外国人母の前夫の嫡出推定を受けることが明らかになった場合には，当該受理処分を撤回して，不受理処分とする。この場合には，受理処分を撤回して，不受理処分をした旨を受附帳の備考欄に記載し，届出の受理の年月日及び受付番号を消除した上で，届出人に届書等を返戻する。届書等を返戻する際には，届出人に対し，外国人母の前夫の嫡出推定を排除する裁判等が確定した旨の書面を添付して，返戻された届書によって届出をすれば，その不受理処分を撤回し，当初の届書等の受附の日に届出の効力が生ずる旨を説明する。

エ　届出の不受理処分及びその撤回

①　届出を不適法なものと認めたときは，これを不受理とし，戸籍発収簿に発収年月日，事件の内容及び不受理の理由を記載した上で，届出人に届書等を返戻する（標準準則31条）。

②　被認知胎児が婚姻中の外国人母の夫の嫡出推定を受けることを理由に届出を不受理とした場合には，届書等を返戻する際に，届出人に対し，子の出生後に外国人母の夫の嫡出推定を排除す

る裁判が確定した旨の書面を添付して，返戻された届書によって届出をすれば，不受理処分を撤回し，当初の届書等の受附の日に届出の効力が生ずる旨を説明する。

以上が180号通達と2420号通知の内容です。極めて詳細にわたっていますが，改めて，これらの通達・通知の趣旨について的確な理解を確認したいと思います。

※外国人男が日本人女の胎児を認知する場合

T　外国人男が婚姻外の日本人女の胎児を認知するには，母の本籍地に届け出ることになります（戸61条）。子が出生しますと，その子は生来的に日本国籍を取得しますから（国籍２条１号），胎児認知届書と当該出生届書は一括してその旨の戸籍の記載を要することになります。なお，認知された胎児が死体で生まれたときは，戸籍法65条の死産届を必要としますが，胎児認知届書は戸籍の記載を要しないものとして受理市区町村で保存すれば足りる扱いとなっています（戸施50条）。

▲戸籍法63条の類推適用による届出

T　それでは戸籍法63条の類推適用による届出があった場合の処理について要点的に見ていきましょう。

戸籍法63条の類推適用による届出の趣旨につきましては，報告的認知届のところで詳しく触れましたので，ここでは戸籍の処理について見ていくことにします。まず，戸籍法63条の類推適用による**届出事件の種類等**です。この点については，この届出の性格からみて「認知」とすることが最も妥当と思われますし，他に適当な届出事件の種別が見当たりませんから，事件名は「認知」として処理する扱いです。

届書の様式は，特に定められていませんので，昭和51年11月１日付け法務省民二第5502号通達で示されている認知届の様式を以下のとおり不要部分等を削除及び訂正の上，使用することとされています。

つまり，届書名の「認知届」を「戸籍法63条の類推適用による届出」と訂正します。氏名欄の「認知される子」を「子」，「認知する父」を「父」と不要部分を削除します。「認知の種別」欄を「裁判確定の年月日」欄と訂正し，その欄にある「□任意認知」，「□遺言認知」（遺言執行者　年　月　日就職）」の記載を削除します。

戸籍の記載については，父子関係存在確認の裁判の謄本及び確定証明書を添付して裁判確定の日から10日以内に，訴訟の当事者である父又は子から本籍地若しくは届出人の住所地の市区町村又は在外公館に届出をすることになります。この裁判には，判決と審判があり，それが確定することが必要となります。

この届出があった場合は，子の戸籍の身分事項欄に次のとおり記載し父欄に父の氏名を記載します。

「令和　年　月　日国籍□□○○，○○（西暦　　年　月　日生）との親子関係存在確認の裁判確定　　月　日何某届出」

●当事者双方が外国人である場合

T　外国人だけを当事者として我が国で創設的認知届がされ，これを受理した場合，外国人については戸籍が設けられていませんから，戸籍へ認知事項を記載することは当然のことながらできません。この場合，認知のあった旨を公証する手段は，戸籍受付帳の閲覧（昭和35・1・25民事二発33号回答）及び認知届受理証明書（戸48条1項）となりますが，認知届書やその添付書類である認知証明書の謄本等についても，これを受理した市区町村で「戸籍の記載を要しない事項について受理した書類」として50年間保存することとなりますから（戸規50条），この届書類の閲覧又は記載事項証明書も公証の手段ということになりましょう（戸48条2項，戸規67条・12条2項・3項・14条）。

以上で渉外的認知については終えることにします。

【参考文献】

法務省民事局「民事月報44巻号外・法例改正特集」（平成元年）
財団法人民事法務協会「新版　実務戸籍法」（平成13年）

中西康ほか著「国際私法」有斐閣（平成27年）
最高裁判所事務総局家庭局監修「渉外家事事件執務提要（上）」法曹会（平成10年）
最高裁判所事務総局編「渉外家事事件執務提要（下）」法曹会（平成４年）
小野寺規夫「渉外親子関係と認知の準拠法」判例タイムズ747号459頁（平成３年）
櫻田嘉章・道垣内正人編「国際私法判例百選［第２版］」有斐閣（平成24年）

第８講　渉外的養子縁組

■養子縁組制度素描

T　本講は渉外的養子縁組を取り上げることにします。渉外的養子縁組事件の動向等について「最近における我が国の国際交流の活発化と広域化はめざましい。その活発化に伴って家庭裁判所における離婚や養子縁組その他の渉外事件は増加の一途をたどり，その広域化に伴って渉外事件の関係国は近隣諸国や欧米諸国のみならず世界の隅々にまで拡大され，渉外事件は法解釈や資料収集等の面において複雑困難化の度を増している」（司法研修所編「渉外養子縁組に関する研究―審判例の分析を中心に―」１頁）と指摘されています。

同じく渉外的事件と言っても養子縁組事件は他の事件とは少しく問題点の多い事件と言えるかも知れません。それは，婚姻とか離婚とかの制度が国により異なる面はあるものの比較的，定型的な形で存在するのに対し，養子縁組の制度は，各国の家族制度や民俗・風俗・習慣・宗教や政治・経済制度に応じてそれぞれの国でかなりの特質があり制度の内容をかなり異にする場合が多いということも原因の一つかも知れません。

ところで我が国の養子縁組制度を定義づけるとどのような内容になりますか。

S　はい，「**相互に血縁的親子関係のない者，又は血縁的親子関係はあっても嫡出親子関係のない者の間に，嫡出親子関係を創設する制度**である。」とされています。

T　そして，我が国では，**普通養子**と**特別養子**の二つの養子制度が存在していますね。

S　はい，普通養子は，養親となる者と養子となる者の双方の合意のみにより戸籍法所定の届出をすることによって成立します。もっとも，養子となる者が15歳未満の場合は，親権者等による代諾により行われます。これを**「契約型」**と呼んでいます。その特色は，縁組成立後も，実親との法的親子関係が存続したままであるという点にあります。

他方，特別養子は，家庭裁判所の審判により成立するものです。これは**「決定型」**と呼んでいます。その特色は，養子と実親等との法的親子関係が断絶する効力を持つ点にあります。例えば，特別養子にとっての法律上の親は養親のみという点にもそれが表れています。

Ｔ　ところで諸外国にももちろん養子制度はありますが，冒頭でも少し触れましたとおり我が国の養子法制とは異なっている場合が少なくないと言われています。ここでその諸類型を素描しておきましょう。

●決定型と契約型

これは**国家機関等の関与の仕方あるいはその程度による分類**，つまり，手続面から見た分類と言えます。**決定型とは**，縁組当事者の契約（合意）だけでは足りず，裁判所又は行政官庁等の機関による養子決定の宣告（養子決定）があって，初めて縁組が成立するものです。我が国の特別養子縁組は，家庭裁判所の審判によって成立しますから（民817条の２），この型に属します。決定型の長所は，裁判所など公の機関が審査しますから未成年者の保護に役立つと言えると思います。

これに対し，**契約型とは**，一定の機関による養子決定を要せず，縁組当事者の契約（合意）と多くの場合その届出によって縁組が成立するものです。我が国の普通養子縁組はこの型に属すると言えます。契約型の長所は，手続が簡単な点にありますが，裁判所などの公的機関のチェックがないため，未成年者の保護に欠ける場合があり得るという指摘があります。

もっともこうした分類はあくまで理念型として考えられるものであって，実際の各国の法制は多様な形態があり得ると言えます。

○断絶型と非断絶型

これは**養子縁組の効力の違いによる分類**です。**断絶型とは**，縁組によって養子とその実親及び実方の血族との親族関係を消滅（断絶）させるもので，完全養子型とも言われています。我が国の特別養子縁組は，養子とその実方の血族との親族関係を終了させるものですから（民817条の２），この型に属すると言えます。

これに対し，**非断絶型とは**，縁組が成立しても，養子とその実親及び実方の血族との親族関係を消滅（断絶，終了）させないもので，その意味で，不完全養子とも言われています。我が国の普通養子縁組（民792条以下）は，この型に属すると言えます。

もっともこの分類も決定型と契約型の場合と同じように理念型としてのもので，実際の各国の法制は多様な形態があり得ると言えます。

※諸外国の養子制度の概観

T　ここで諸外国の養子制度のタイプを概観しておきましょう（前掲司法研修所編「渉外養子縁組に関する研究」２頁から）。

⑴　養子制度を認めない国 → エジプト，イラン等イスラム諸国。

⑵　未成年養子しか認めない国 → イギリス，オーストラリア，ロシア，ポーランド等。

⑶　断絶型養子しか認めない国 → 中国，台湾，北朝鮮，シンガポール，アメリカ，カナダ，ペルー，オーストラリア，ニュージーランド，イギリス，ドイツ（未成年者），イタリア，オランダ，スイス，スウェーデン等多数。

⑷　非断絶型養子（普通養子）しか認めない国 → 韓国，タイ，フィリピン，ヴィエトナム等。

⑸　断絶型，非断絶型の双方を認める国 → 日本，ジンバブエ，インドネシア，ブラジル，フランス等。

⑹　決定型（宣言型）の国 → 北朝鮮，フィリピン，ヴィエトナム，シンガポール，ジンバブエ，インドネシア，アメリカ，カナダ，ペルー，オーストラリア，ニュージーランド，イギリス，ドイツ，フランス，オランダ，スイス，スウェーデン等多数。

⑺　契約型（届出型）→ 中国，韓国，台湾，タイ等。

(8)　決定型・契約型の双方を認める国 → 日本，ブラジル等。

S　養子制度を持たない国もあるのには驚きました。そして養子制度を有する国においてもその体様には多くのバリエーションがあることがよくわかりました。これらのこともバックグラウンドにおいておくことが必要ですね。

T　蛇足ですが，養子縁組制度の流れのようなものをここで簡単に触れておきたいと思います。養子縁組制度は相次ぐ世界大戦で多数の孤児が発生したことにより，先進諸国における養子縁組は，親や家のための養子縁組から子のための養子縁組へと転換したといわれています。つまり，それまでの当事者間の合意により成立する契約型の養子制度から，子の福祉に資する養子縁組であるかを判断するために裁判所等の公的機関の決定を成立に当たり必要とする決定型（宣言型）の養子制度へと移行する国が増えました。日本でも，従来の契約型の養子縁組（普通養子縁組）に加えて，決定型の養子縁組である特別養子縁組制度が昭和62年（1987年）から導入されたのは周知のとおりです。これも先進諸国の流れに沿ったものと言えましょう。

それでは前置きはその程度にして本論に入りましょうか。その前に念のために，以下の説明がやや抽象的になるかと思いますので，渉外的養子縁組の問題を考える場合の基本的な問題意識の一場面として，次のような例を頭の隅において考えていただければいいかと思います。

つまり，例えば，外国人夫婦間の未成年の子を，日本人夫婦が養子としたいと考える場合に，その縁組の実質的成立要件及び形式的成立要件はどこの国の法律によることになるのだろうか，日本人夫婦のうちの一方だけで，外国人を養子とすることができるだろうか，外国人夫婦間の子を，日本人夫婦が日本の裁判所で特別養子とすることができるだろうか，日本人夫婦が，外国の裁判所で外国人の子を養子とする決定を得た場合，日本法上その縁組は有効であろうか，日本の家庭裁判所において，外国人を養親，日本人を養子とする断絶型の養子縁組の審判がされた場合，どのように取り扱われるのであろうか，等々といったような事例を意識しておくと有益であろうと思います。

S　どれもなかなか難題ですね。チャレンジしましょう。

■養子縁組の実質的成立要件の準拠法

※適用される法律及びその要件

T　法の適用に関する**通則法31条1項**は「**養子縁組は，縁組の当時における養親となるべき者の本国法による。この場合において，養子となるべき者の本国法によればその者若しくは第三者の承諾若しくは同意又は公的機関の許可その他の処分があることが養子縁組の成立の要件であるときは，その要件をも備えなければならない。**」としています。つまり，**養子縁組の実質的成立要件の準拠法について養親の本国法主義を採用しています**。これは，要するに，本条前段は，養子縁組の成立にはすべて養親の本国法によって，養親，養子の要件を判断するということを意味しています。養親が日本人であれば日本の民法が適用されるということです。そして，同条後段は，養子となるべき者の本国法によればその者若しくは第三者の承諾若しくは同意又は公的機関の許可その他の処分があることが養子縁組成立の要件であるときは，その要件をも備えなければならない，としています。養子の保護要件とされているものです。もちろん，このような規定がなければ考慮する必要はないことになります。

これは，平成元年の法例改正の際に改められたもので，平成元年改正前の規定は，「養子縁組ノ要件ハ各当事者ニ付キ其本国法ニ依リテ之ヲ定ム」としていました（平成元年改正前の法例19条1項）。つまり，養子縁組の要件に関し，養父・養母・養子の三者につきそれぞれ本国法による旨を定め，いわゆる配分的適用主義（1つの法律関係を，関係する当事者それぞれに関係する部分に分けて，それぞれの部分ごとに準拠法を指定するもの）を採っていたため，三者の本国法が異なるときなどの際には，準拠法の適用範囲が複雑となることが多く，ひいては，また養子縁組の成立が容易でないことがありました。特に，婚姻とは異なり，養子に関する各国の実質法は契約型と決定型の二つに分かれており，その間の配分的適用は，特に複雑となること等からこれが改められたものです。その場合，近時の多くの立法例が養親の本国法主義を採っていたこともあり，このような改正がなされたものとされています。

S　子の福祉や養子保護の観点からは，養子の本国法主義も考えられると思いますが，そうではなく，**養親の本国法主義が採用された理由**はどういう点にあったのでしょうか。

T　立法上の理由としては以下のことが挙げられています。①縁組後，養子の生活が営まれるのは養子の本国ではなく，養親の本国であるのが通常であると考えられることから，その国の法律を準拠法として選択するのが相当であること，②養子縁組の成立によって，養子は養親の家族の構成員に組み込まれることから，養親の属人法を準拠法とすべきであること，③養親の本国法を準拠法とすれば，複数の養子についても準拠法が同一となって，養子の保護にもなること，④最近では，養子に自動的に国籍を付与する国も多く，そのためには養親の本国法の規定する要件を満たすことが望ましく，結果的に縁組成立後養子と養親の本国法が一致することが多いこと，⑤比較法的にも養親の本国法主義が多いこと，などが考慮されたものと思われます。

なお，**養親の本国法とは，縁組の当時におけるものを指しています。**

次に，**通則法31条１項後段**は，養親と養子の本国法が異なる場合，同条同項前段に定める養親の本国法とともに，子若しくは第三者の承諾若しくは同意又は公的機関の許可その他の処分があることを子の本国法が要件としている場合は，これらの要件も備えなければならない，としています。通則法は，養親の本国法主義を採用していますが，養子縁組は養子にとっても大きな影響を及ぼすものですから，子の本国法も一部累積的適用という形で部分的に関与させ，子の保護に欠けることのないよう配慮した立法と言えます。認知に関する通則法29条１項後段及び２項後段と同じようにいわゆるセーフガード条項（保護要件）と呼ばれているものです。

次に**適用上の問題点**を整理しておきましょう。通則法31条１項は，養親の本国法のすべての要件のほか，養子の本国法における養子のいわゆる保護要件をも適用するというものでした。したがって，まずは養親の本国法により養親・養子のすべての要件を判断し，当事者が，この法律の要件を満たしているかを審査する必要があります。

例えば，養子，養親の年齢，当事者の身分関係（配偶者を有するか，一人子か，直系長男子か等），関係者の同意，養親と養子の年齢差，養子は養親の尊属ではないこと等すべてを含んでおり，配分的適用ではないことから，一方的要件と双方的要件とを区別する意味や必要性はないことになります。

これに加えて，養子の本国法上のいわゆる保護要件を備えている必要があることになります（保護要件については後述）。

このように，養子縁組の成立については，**養親の本国法**が適用されることになります。

S　そうしますと養親の本国法に養子制度がない場合には養子縁組は成立しないということになりますか。

T　養親の本国法主義をとる通則法31条によると，養子縁組はできないことになりますね。例えばイランのような伝統的にイスラム圏に属する国がそうです。戸籍先例にも養親の本国法に養子縁組制度がない場合には，当該養親との養子縁組届は受理できないとしたものがあります（平成７・３・30民二2639号回答 ➡ パキスタン人男とその配偶者である日本人女の嫡出子及び嫡出でない子との養子縁組が受理すべきでないとされた事例）。

裁判例には養子縁組制度を持たないイラン法を公序に反するとして養子縁組を許可したものもありますが（宇都宮家審平成19・７・20），これはあくまで個別案件に関わるもので，制度論としては前記のような結論になります。

S　それでは，例えば，日本人夫婦（養親）は，日本民法の定めるところに従い，養子制度のない国の子を養子とすることは可能でしょうか。

T　それは可能とされています。ただし，これは，養親の本国法に基づき有効に養子縁組が成立するということであって，養子の本国において，養子として認められるかどうかはその国の法制に委ねられることになります。

なお，この場合には，養子の本国法上，養子のための規定がありませんから，保護要件を要するとの規定は実質的に働かないことになります。

S　特別養子の場合はどうでしょうか。

T　その前に**通則法31条２項**の規定を見ておきましょう。以下のように規定されています。

「養子とその実方の血族との親族関係の終了及び離縁は，前項前段の規定により適用すべき法による。」

これは，我が国でも昭和62年（1987年）に特別養子の制度が創設されたこともあって，養子とその実方との親族関係の終了に関する準拠法について，これを縁組当時の養親の本国法によることとしたものです。とはいえ，特別養子縁組成立のための特別の準拠法を設けていません。しかし，特別養子も養子縁組の一類型でもあることから，通則法31条１項の定める準拠法によることになると解するわけです。そこで，例えば，日本人夫婦は，日本民法の定めるところに従い，特別養子制度のない国の子を特別養子とすることができると解することになります。この場合，日本民法上の特別養子の成立要件を満たす必要のあることはもちろん，養子の本国法上の養子縁組のため必要とされる同意・許可等の養子の保護要件も満たす必要があることになります。もっとも，この場合も，日本において有効に特別養子縁組をし得ることを定めたものであって，養子の本国において，養子が特別養子として認められるかどうかについては，その本国法に委ねられていることになります。

※保護要件について

T　通則法31条１項は，養子縁組の実質的成立要件等は縁組当時の養親の本国法によるとして，養親の本国法主義を採用した上で，もし，**養子の本国法**が養子縁組の成立につき養子若しくは第三者の承諾若しくは同意又は公的機関の許可その他の処分があることを要件とするときは，その要件をも備えることを要するものとして，いわゆるセーフガード条項すなわち**保護要件**を規定しています。なお，そこでいう「公的機関」とは，国の機関又は国が養子縁組の許可という公権力の行使を委ねた機関を指すものとされています。具体的には，裁判所等となります。

この条項は，子の保護の観点から，社会経験や判断能力の乏しい未成年者の保護を第一義的な目的とするものです。養子の本国法上のどの要件がこの保護要件に妥当するかは，主としてこの見地から判断されるべきが基本であろうと思われます。なお，養子が成年の場合には保護要件は問題にならないのかどうか，という問題がありますが，多数説は，保護要件は関係人の利害調整機能も果たし，成年たる養子の本国法上必要とされる保護要件も満たす必要があるとしていますが，この点は後でまた触れたいと思います。

ところで我が国の民法では，①養子となる者が15歳以上の場合における本人の承諾（民797条１項・800条），②養子となる者が15歳未満の場合における法定代理人の代諾（民797条１項），③法定代理人のほかに監護者がいる場合のその同意（民797条２項），④未成年養子の場合の家庭裁判所の許可（民798条），⑤特別養子となる者の父母の同意（民817条の６）等がこの**保護要件に該当する**ものと解されます。未成年養子の場合の夫婦共同縁組は，保護要件ではありません。

諸外国の法制に見られるものとして，ほかに，親族会の同意，戸主，実父母，法定代理人（後見人等），児童を保護する機関の長の同意等を要する法制があるようです。

それでは保護要件に当たるかどうかについて議論のある点を個別的に見ていきましょう。まず**未成年養子の場合**です。

まず，我が国における特別養子を成立させる審判のような養子決定について，すなわち，裁判所の決定・命令又は権限ある当局（司法又は行政）の宣告などで養子縁組が成立する場合の「決定等」については，これが保護要件となるかどうかの問題があります。

このような養子決定は諸外国の法制ではむしろこれが一般的とも言えるものであり，それは方式として形式的成立要件の部分があるほかに，我が国の家庭裁判所の許可の審判と共通する実質的成立要件の部分もあると解されることから，その部分については，保護要件と位置付けることも可能かと思われます（「民事月報44巻号外・法例改正特集」271頁）。ところで，養子の本国の裁判所の決定が得られれば，この要件を満たしているということができますが，もし，養子がその本国を離れていて，子の本国官憲の許可等を取得することが困難である場合において，我が国の裁判所が子の本国官憲の役割をどこまで果たし得るかという問題があります。この点については，従前から養親又は養子の住所地を管轄する家庭裁判所が許可審判をしており，したがって，我が国の家庭裁判所の審判をもって養子の本国官憲の許可に代えることは可能と解されています。

これに対し，必ずしも養子の保護を目的としない，①1900年改正前の韓国民法上の戸主の直系長男子の養子の禁止，②中国法上の一人っ子の養子の禁止等は，いずれも養子のための制度ではなく家の存続・継受又は家族の扶養等を目的とすることから保護要件ではないと考えられています。形式的にも，○○の同意・承諾という形をとっていないため保護要件には該当しないものと解されています。

また，一般的に養子縁組をすること自体を禁止している法制（イスラム諸国等）の場合についても，その社会が他人の子を養子とすることをそもそも許容していないという趣旨であって，養子を保護する趣旨ではないことから，保護要件ではないと解され，加えて，何某等の同意や許可という法文の形式を採っていないことから，保護要件には該当しないと解されています（南敏文「改正法例の解説」148頁）。したがって，例えば，日本人夫婦は，日本民法を準拠法として，養子制度又は特別養子制度を持たない国の子を養子又は特別養子として迎えることができることになります。

次に**成年養子の場合**を見てみましょう。

通則法31条１項後段に規定する保護要件は，その法文上未成年養子に限定していないことから，成年養子における本人，法定代理人（後見人等），保佐人，親族会，配偶者，実父母の同意等が養子の本国法上の要件となっている場合には，これらも保護要件となると解する説が有力です。もっとも，成年養子の場合は，これらの規定は，保護のための要件というより，関係者の利害調整機能が主たる目的と言えそうですが，便宜保護要件と呼ぶことにします。

次に，成年養子の本国法が未成年養子しか認めない法制（成年養子の禁止）の場合でも，養親の本国法が成年養子を認める以上これを認めることは可能であると解されますが，この場合に，未成年養子のための保護要件を成年養子にも適用すべきかどうかという問題があります。

この点については，理論的には，養子の本国法上成年養子に関する規定がないことから保護要件ではないとすることも考えられます。しかし，保護要件の趣旨及び法文の規定の形式から，成年養子にも適用するのが相当なもの，例えば，本人，法定代理人（後見人等），保佐人，親族会の同意等は保護要件と解したほうがよいとする見解が有力です。

なお，成年養子の本国法上決定型の養子制度が採られている場合，その養子決定が保護要件となるかどうかについては，成年養子の決定型の裁判所の関与は，養子保護という実質的成立要件の観点からではなく，形式的成立要件としての方式の部分について関係するものであることから，保護要件には当たらないと解するのが一般的であると言えましょう。なお，この点について，平成元年10月27日に開催された第166回東京戸籍事務連絡協議会（最高裁判所家庭局・東京家庭裁判所・法務省民事局・東京法務局の関係者により構成され，戸籍事務に関して定期的に協議を図る会議体）において，成年養子の場合に，保護要件としての家庭裁判所の許可審判は不要であり，戸籍の窓口ではこれが欠けているがために不受理とすることはない旨が確認されています（家裁月報42巻３号178頁）。つまりは，成年養子の決定型の場合の裁判所の関与は，あくまで形式的成立要件（方式）の意味しかないという位置づけであろうと解されます。

なお，養子の本国法上の保護要件については，通則法の条文の規定ぶり，養子のために保護要件を設けた趣旨が没却される場合もあること及び政策的にも養子の本国法が特に重要であること等を根拠に通則法41条の反致の規定は適用されないものと解されています。

※夫婦共同縁組をめぐる諸問題

T　夫婦共同縁組をめぐる問題は渉外的養子縁組上の一つの難所とも言えそうです。夫婦共同縁組の要件に関しては，通則法上，特別の規定は設けられていません。そのことは，この場合も，原則的な準拠法としての養親の本国法によることになることを意味します。

つまり，養親夫婦の本国法が同一であれば，その法律が原則的な準拠法であり，その他に，養子の本国法上の保護要件が適用されることになります。夫婦の本国法が同一でない場合については，それぞれの養親についてそれぞれの本国法が適用され，その他に養子の本国法上の保護要件が適用されます。また，配偶者のある者が単独で縁組することができるかどうかは，養親となる者の本国法が夫婦共同縁組を必要要件としているかどうかによります。養親とならない配偶者又は養子の本国法が夫婦共同縁組を強制していても，これを考慮する必要はないとされています（平成元・10・２民二3900号通達第５の１(3))。

▲夫婦の本国法が異なる場合の夫婦共同縁組の要否・単独縁組の可否

T　例えば，養親夫婦が日本人と外国人の場合を例として考えますと，この場合の準拠法は，それぞれの養親についてそれぞれの本国法であり，一方の本国法を適用するに当たり，他方の本国法を考慮する必要はないとされています。つまり，日本人養親と養子間については，日本人養親の本国法である日本法を，外国人養親と養子間については，外国人養親の本国法である外国法をそれぞれ適用することになります。

そこで，本国法を異にする夫婦の共同縁組の要否について考えてみます。

配偶者の一方（甲とします。）の本国法によれば夫婦共同縁組が必要的であれば，共同縁組を要することになりますが，他方（乙とします。）の本国法によればその者と養子縁組することができないときは，共同縁組をすることはできないことになります。

S　その場合の養子縁組ができないとき，とはどのような場合でしょうか。

T　例えば，養子制度の欠缺，養子となるべき者の年齢制限，養子となるべき者が自己の嫡出子であること等が該当します。

そして，この場合に甲が単独でも縁組が可能であるかどうかは甲の本国法次第ということになります。つまり，甲の本国法上，共同縁組を要するとするものの，他方ができない場合は単独でも縁組が可能であるとしますと，甲のみが単独で養子縁組をすることができますが，甲の本国法上，夫婦共同縁組が不可欠で単独縁組なら許さないという法制ならば，結局甲は養子縁組ができないことになります。

この問題を日本人と外国人夫婦の場合で，日本人が養子縁組をしようとするときを例に考えてみましょう。

S　その場合のポイントは，日本民法は，共同縁組をどの程度まで要求しているかにあるように思います。

T　いい着眼ですね。例えば，日本人親が外国人配偶者の未成年の嫡出でない子を養子にしようとするとき，日本民法上は必要的共同縁組（民795条）です。ところが，外国人配偶者の本国法では，自己の嫡出でない子は養子とすることはできない，あるいは，養子制度のない国（イスラム諸国など）の場合，日本人親は，共同縁組をすることができないことになります。そうしますと，次に，日本人親が単独でも縁組できないかが問題となります。

民法にはこのような場合を想定した規定はありませんが，必要的共同縁組を規定する795条は，そのただし書で「配偶者の嫡出である子を養子とする場合又は配偶者がその意思を表示することができない場合は，この限りでない。」として，配偶者が縁組ができない場合には共同縁組を強制しないことにしています。不能なことを法律上強制しないということでしょう。この趣旨に即して考えますと，外国人配偶者の同意（民796条）さえ得られれば，日本人配偶者のみによる単独縁組を認めてよいと解されます。戸籍実務も同様に解しており，日本人夫により外国人妻と共同で妻の嫡出でない子を養子とする縁組届が行われた場合に，当該外国法は自己の子を養子とすることを認めていないので，外国人妻の養子縁組はできないが，日本人夫については単独の養子縁組にその届出を補正の上，受理して差し支えないとしています(平成３・２・18民二1244号回答)。

こうした扱いは，養子の福祉の視点からも問題はありませんし，逆に，嫡出でない子の母（又は父）は，その嫡出でない子とともに夫（又は妻）である日本人と生活するわけですから，この場合において，夫（又は妻）と嫡出でない子との間に養子縁組を認めることが，家族の一体性・子の福祉と利益に資することにもなると解されます。

▲日本民法における特別養子の場合

Ｔ　既に触れましたように，異国籍夫婦が養子を迎える場合には，養親となるべき者のそれぞれの本国法を個別的に適用することになります。ですから，例えば，日本人配偶者については民法817条の２以下の規定が適用されることになり，夫婦共同で特別養子縁組をしなければならないことになります。したがって，外国人配偶者の本国法上特別養子制度（断絶型養子制度）があり，その要件をすべて満たすときは，夫婦共同で特別養子縁組をすることができます。しかし，外国人配偶者の本国法上普通養子制度しかない場合（韓国等）には，その夫婦は特別養子縁組をすることはできないことになります。これは，養親の一方の本国法で共同縁組を例外なく強制している場合に，他方の本国法で縁組ができないときは，共同縁組はもちろん，一方のみの単独縁組もできないと考えられるからです。なぜなら，養親の一方の関係では特別養子，他方の関係で普通養子となるのでは，夫婦共同によってのみ特別養子縁組をすることができるとする要件を満たさず，また，身分関係は，全人格的なものであることから，画一的かつ絶対的であるべきで，相手によって，あるいは，場面によって，相対的効力であることは，好ましくなく，その意味からも，断絶効が相対的であるということも認めるべきではないと解されるからです。

▲単独縁組の可否等

Ｔ　本国法を異にする夫婦の一方が単独で養親となる場合，養親になろうとする者の本国法で判断することになります。したがって，養親になろうとする者の本国法上夫婦共同縁組が必要的であれば，原則として夫婦共同を要することになりますが，先にも触れましたとおり，例外的に単独でできる場合に該当しますと，単独で縁組ができることになります。

しかし，夫婦共同縁組が任意的であれば（例えば，日本民法上の成年養子），単独で縁組をすることができます。この場合，養親とならない他方配偶者の本国法又は養子となるべき者の本国法が養親につき必要的夫婦共同縁組の法制を採っていても，他方配偶者の本国法及び養子の本国法はいずれも適用の余地はないことから，単独で養子縁組をすることができることになります（平成元・10・２民二3900号通達第５の１(3)）。養子の本国法は，同意，許可要件について重複適用されるだけであって，養親の側が夫婦共同縁組でなければならないとする点は，適用されないからです。

例えば，日本人のみが養親となる場合，養親となる日本人の本国法である日本民法のみが準拠法となり，単独縁組が可能か否か（換言すれば，夫婦共同縁組を要しないか否か）についても，日本民法の定めるところによりますから，成年者を養子とする場合等夫婦共同縁組を要しない場合は，たとえ外国人配偶者の本国法が必要的夫婦共同縁組としていても，単独縁組が可能となります。

※親権者の同意，代諾等の要件について

T　我が国の民法797条は，養子となる者が15歳未満の場合は，その法定代理人が代わって縁組の承諾をすることとしています。この代諾者については，子の法定代理人であり，誰が子の法定代理人となるか等については，親子間の法律関係を定める通則法32条によることになります。すなわち，子の本国法又は子の常居所地法が適用され，その規定によることになります。

※外国の官憲・裁判所等公の機関の許可等の我が国の家庭裁判所による代行について

T　裁判所その他の公的機関の決定，許可等の要否に関しても，通則法31条１項の養子縁組の成立の準拠法に従うことになりますから，養親の本国の裁判所の決定が必要になるようにも考えられます。そうなりますと，外国人たる養親が我が国において養子縁組する場合においても，常に当該本国の裁判所に赴かなければならないことになりますが，これは大変不都合でもあります。

そこで，我が国の家庭裁判所が外国の裁判所等の公的機関の養子決定を代行することができれば当事者にとっては好都合です。問題はその可否にあります。この点については，我が国の家庭裁判所が養子縁組について管轄権を有すると認められる場合は，我が国の家庭裁判所が本国裁判所の許可等を代行できるとされています。特に準拠外国法が契約型で裁判所の許可を要する場合，例えば，中華民国民法1079条のように，契約型を採りながら養子縁組に裁判所の許可を要件としているような場合において，我が国の家庭裁判所がこれを代行し得ることは，権限において差異がないことから，容易に認められるものと解されます。

審判例においても，「日本民法による配偶者の実子を養子とし，あるいは成年者を養子とする場合には家庭裁判所の許可を要しないが，中華民国民法によるといずれの場合にも裁判所の許可を得なければ養子縁組の効力が認められない。しかし，我が国の家庭裁判所は未成年者の養子縁組等の場合にその相当性を判断して許可を与える機関であって，我が国の家庭裁判所における許可制度はつまるところ中華民国民法における裁判所の認可制度とその趣旨を同じくするものといえる。したがって，裁判所による認可制度のない我が国においては，家庭裁判所の許可をもって中華民国民法による認可に代えることができると考える。」（東京家審昭和62・３・12・家裁月報40巻８号92頁）とするものがあります。

戸籍実務の先例でもこれを認めています（昭和55・１・７民二３号回答，平成元・４・17民二1427号回答）。

S　先例がそのような立場を採る根拠は奈辺にあるのでしょうか。

T　要するに，外国裁判所の養子決定は，我が国の民法798条に規定する家庭裁判所の許可と，若干趣を異にするものの，子の保護のため養子縁組を慎重にするという点で目的を同じくしているものであると考えられるところにあるのではないでしょうか。

※決定型で養子決定を要する場合

T　問題は，準拠法となる外国法の認める養子縁組制度が契約型ではなく，裁判所の養子決定等によってはじめて成立する**決定型の場合**です。この場合も養子決定が我が国において可能かどうかについては，我が国に特別養子制度が新設された昭和62年以前の議論では，積極・消極の見解が対立していました。ただ，多数の学説と審判実務はこの問題に肯定的でした。

養親の本国法がいわゆる決定型の立法であって，裁判所の決定により養子縁組が成立する場合，我が国における当該準拠法の適用は，我が国の家庭裁判所が特別養子以外の養子を成立せしめる決定をする権限を有するものと解するかどうかにより異なってきます。

この点に関する昭和62年の特別養子縁組制度の新設前の考え方としては，家庭裁判所では養子決定そのものは根拠・権限がないためにできないが，養子決定の裁判を，①養子縁組の実質的成立要件の部分として公的機関の関与を必要とする部分と，②養子縁組を創設させる方式の部分に分解し，その①については，家庭裁判所の許可という形で代行させ，②については，方式に関する法例（平成元年改正前の法例８条）の規定を適用して行為地法である我が国の方式（戸籍事務管掌者である市区町村長に対する届出）によって行うとする説，いわゆる**分解理論**があり，戸籍・裁判実務では，この考え方により，事件を処理しており，多数の学説もこれに賛同していました。

S　その分解理論というのが今一つよく理解できないのですが……。

T　簡単に言いますと，昭和62年に特別養子縁組制度が創設されるまでは，家庭裁判所は許可審判（民798条）をすることができるだけで，養親子関係を創設・形成する審判をすることはできなかったのですね。そのため，外国法上の決定型の養子縁組を日本で成立させるために裁判・戸籍実務で用いられたのがこの分解理論と言われているものです。

繰り返しになりますが，分解理論とは，決定型の準拠外国法上の養子決定の裁判を，実質的成立要件としての公的機関の関与を要する部分と養子縁組を創設させる方式の部分とに分解して処理するものと言えます。つまり，前者である養子縁組の必要性・相当性や縁組意思の確認等の成立要件の充足の審査については家庭裁判所の許可審判に委ね，身分関係を創設するという公的機関の形成作用の部分については戸籍事務管掌者である市区町村長への縁組届出の受理（通則法34条）で足りると解する理論と言えます。

S　要するに我が国の家庭裁判所が本国官憲の職務を代行することを認めるための理論とも言えるわけですね。

T　このような扱いができることの根拠としては次のようなことが挙げられています。法例や通則法が抵触法として渉外的養子縁組（決定型の養子縁組も含む）の成立を認めていることから，我が国の手続上も，本国法上の養子決定の制度の趣旨に沿うよう我が国法上の手続を適応させるべきであること，このためには，本国法制におけるものと類似の機関・手続により本国の官憲の職務を代行するのが適当と考えられるところ，家庭裁判所は，民法798条，家事審判法９条１項甲類７号の規定に基づき「養子をするについての許可」（家事事件手続法39条別表第１の61参照）をすることができ，この許可審判は，養子の福祉・保護の観点から国家が後見的役割に基づき養子とするのが相当かどうかを判断して許可を決定するものであって，養子決定の裁判等と実質的に同じであること，等が示されています。これを根拠として，家庭裁判所が実質的成立要件部分を代行することとしていました。

S　そのような理論は特別養子縁組制度の創設により変化があったのでしょうか。

T　我が国においても昭和62年（1987年）の民法改正により決定型の特別養子縁組制度が創設され，家庭裁判所に特別養子縁組の成立審判（民817条の２，家事審判法９条１項甲類８号の２ ➡ 家事事件手続法39条別表第１の63）をする権限を与えられたことから，今度は，家庭裁判所は日本法による特別養子縁組以外の決定型の養子縁組についても，外国裁判所の養子決定を代行することができるか否かが問題となりました。

この点については，特別養子縁組制度の新設により，家庭裁判所は養子縁組の成立権限を有し，これに対応する手続規定として家事審判法・同規則 ➡ 家事事件手続法・同規則が整備されたこと，特別養子も養子の一類型であり，普通養子よりも厳格で効果が強い養子を成立させる権限を有した以上，普通養子も成立せしめる管轄権を有するに至った（いわば，大は小を兼ねる）と考えることができること，準拠実質法が決定型の場合は家庭裁判所にその国の官憲に代行させてもその権限を逸脱するものではなく，これに代行して養子決定することができる等を理由として代行を肯定する見解が一般的となったと言えるかと思います（南敏文「夫婦共同縁組」（国際私法判例百選［第２版］）142頁）。ちなみに，平成元年10月２日付け民二第3900号通達第５の２⑴アは，家庭裁判所が普通養子をも成立させる審判をすることができることを前提に，養子決定の審判があった場合における報告的届出の手続を定めています。

なお，この場合の家庭裁判所の養子決定は，従来どおり，養子縁組の実質的成立要件と解することに変わりはありません。すなわち，従来の解釈どおり，この養子決定の中身を，①養子縁組の実質的成立要件としての裁判所等の関与を必要とする部分と，②養子縁組を創設する方式の部分とに一応分解して，①に該当する部分は勿論のこと，②に該当する部分についても我が国の家庭裁判所が代行することができるようになったと解するわけです。いわば，このようにして②の方式に関する部分は，これまでと同じように方式に関する改正法例22条（通則法34条）を適用して，行為地法である日本の方式すなわち戸籍法上の届出によることのほか，行為の成立の準拠法としての養親の本国法に基づく養子縁組を創設する方式（家庭裁判所による養子決定審判の方式）によることができることになった，と解するわけです。

そこで，例えば，日本人と本国法が決定型の外国人の夫婦が共同縁組をしようとする場合には，外国人養親の養子決定の中身を，①養子縁組の実質的成立要件として裁判所等の関与を必要とする部分と，②養子縁組を創設する方式の部分に分解し，①に該当する部分は我が国の家庭裁判所の養子縁組許可審判により代行させ，②に該当する部分は方式に関する法例22条（通則法34条）の規定を適用し，行為地法である日本の方式すなわち戸籍法上の届出によることとして，夫婦が同時に届出をすれば，日本で共同縁組をすることができることになります（南敏文「改正法例の解説」142頁）。

要するに，分解理論は，養子縁組の契約型と決定型とを具体的場面においてなじませ，整合させるため必要であるとして採用された考え方であり，前記のとおり，日本人と本国法が決定型の外国人夫婦の共同縁組の場面において，依然として有用であることを意味する見解と言えるのではないかと思われます（「民事月報44巻号外・法例改正特集」296頁）。

■形式的成立要件の準拠法

Ｔ　養子縁組の形式的成立要件については，通則法34条は，「①第25条から前条までに規定する親族関係についての法律行為の方式は，当該法律行為の成立について適用すべき法による。②前項の規定にかかわらず，行為地法に適合する方式は，有効とする。」としています。

要するに**養親の本国法又は縁組地法による**ということです。

問題は，**本国法を異にする夫婦が共同で縁組をするとき，養子縁組の形式的成立要件がどの法律によって規律されるかということです。**

まず，成立の準拠法である養親の本国法による場合を考えてみますと，本国法に定める方式を異にする夫婦が共同で縁組をするときは，養親の本国法が養父・養母により異なっているため，双方が同時に養子となるべき者と養子縁組をするための方式を満たすことは不可能であり，この方法によることは事実上できないものと考えられます。もっとも，いずれかの本国法が単独で養子縁組をすることができるものであるときは，まず一方の養親と縁組し，その後，他方の養親側と縁組することが考えられます（ただし，後者の養親の本国法上そのような縁組をすることが認められる場合に限られます。）。

次に行為地法による場合を考えてみますと，養親となるべき夫婦が同一の場所に所在するときは，養子縁組をする場所における縁組の形式的成立要件を満たすことにより，縁組を成立させる方法を採ることが可能です。この場合，同時にその形式的成立要件を満たすことが可能ですから，養父の本国法，養母の本国法ともに夫婦共同縁組を義務づけていたとしても，その要件を満たすことが可能となります。

S　つまりは，養親が異なる国籍を有する場合は，双方が同時に本国法の定める方式を履践することが困難な場合が考えられますが，そのような場合には縁組地法によることができる場合があるということですね。

T　そういうことですね。次に**外国に在る日本人同士の届出（日本法の方式）について**触れておきたいと思います。

外国に在る日本人同士が養子縁組をする場合は，民法801条，戸籍法40条により，その国に在る日本の大使，公使又は領事に創設的届出をすることができます。この場合も，渉外的要素があるため，通則法の適用がありますが，成立の準拠法が養親の本国法である日本法ですから，方式も成立の準拠法と同様に日本法によることになります。したがって，前記の民法・戸籍法の規定により有効に成立することになります。

問題は養親となる者と養子となる者が別の外国に在る場合，民法801条の適用があるかどうか，です。この点については，民法801条は，在外日本人の届出場所について特に設けられた規定であり，日本人同士を当事者とすればよく，当事者の所在国を同じくすることまでは必要ではないと解されています。したがって，一方当事者が外国に在れば，他方当事者が日本に在る場合にも，領事等に届け出ることは可能とされています（昭和31・7・3民甲1466号回答 ➡ 本件は，米国在住の日本人養親と日本に在住する日本人養子間の縁組届について民法801条による取扱いを認めたものです。）。

また，領事等が駐在していても，本籍地に直接届書を郵送して養子縁組の届出をすることもできます。この場合，養子縁組の成立の準拠法は，養親の本国法である日本法であり，方式も成立の準拠法と同様に日本法によることとなりますが，我が国では，日本人が郵送による届出をすることを方式として有効としていますから，日本法の方式として有効と解されています。

なお，外国に在る日本人は，その国の方式に従って養子縁組をすることもできますが（通則法34条２項），この場合には，既に成立した縁組を戸籍に記載するため，当該縁組に関する証書の謄本を３か月以内にその国に駐在する日本の大使，公使又は領事に提出しなければならないこととされています

（戸41条）。

■養子縁組届の要件の審査について

●創設的養子縁組届の審査

T　養子縁組の実質的成立要件の準拠法は，養親の本国法によることとされ，養子の本国法上，保護要件がある場合には，それをも備えなければならないこととされています（通則法31条１項）。

概括的に言えば，養親と養子の各当事者が，養親の本国法（養親が外国人であるときは，旅券等でその国籍を確認します。）のすべての要件（養親の年齢，養子の年齢，双方の年齢差，夫婦共同縁組，本人の承諾，第三者の同意，公的機関の許可等）を満たしているかどうかを審査します。

審査の方法は，年齢，身分などの身分関係事実の場合は，それを証明するための各当事者の身分証明書，出生証明書，親族関係証明書等によります。また，承諾，同意，許可等を必要とする場合は，承諾書，同意書，許可書等によります。

S　この審査に関連しては平成元年10月２日付け民二第3900号通達第５の１で創設的届出の場合の取扱いについて定めています。

T　そうですね。そこでは，養親が日本人の場合と外国人の場合で分けていますね。なお，この場合の「日本人」とは，日本国籍を有する者で，重国籍者も含みます。それでは，通達の分類に従って見ていくことにしましょう。

※養親が日本人の場合

S　この場合，縁組の実質的成立要件についての準拠法は，養親の本国法である日本法となります。従って，日本民法の規定により，養親の年齢（成年者であること），養子の年齢（もっとも，普通養子の場合には制限はない。），養子は養親の尊属又は年長者ではないこと，配偶者のある者の縁組の場合は配偶者の同意を得ること，後見人が被後見人を養子とする場合に家庭裁判所の許可があること，未成年者を養子とする場合には家庭裁判所の許可があること，養子が15歳未満の場合にはその法定代理人の代諾があること等を審査する必要があります。

養親については，日本人ですから，審査資料は，戸籍謄本，抄本によってすることができます。養子の年齢等については，その出生証明書，身分証明書等により審査します。

これらの各要件が備わっている場合は，次に養子の本国法上の保護要件の有無を調査し，この要件があれば，それを満たしているかどうかを審査することになります。例えば，養子の同意・第三者の承諾・公の機関の許可等を証明する書面の提出を要することになります。これらを求める根拠は戸籍法27条の3にあります。実際的には，準拠法である養親の本国法である日本法の要件審査で既にまかなわれているはずであり，日本法にないもの，例えば，親族会の同意，成年養子の場合の実父母の同意等についてのみ，別に必要とされることになると思われます。この場合において，養子の本国の官憲が発行した要件具備証明書の添付があれば，養子の本国法上の保護要件が備わっているものとして取り扱って差し支えないものとされています（平成元・10・2民二3900号通達第5の1(1)参照）。

T　なお，関連して日本人が中国人を養子とする場合について付言しておきたいと思います。近時日本人が中国人を養子とする例が増加しているようですが，中華人民共和国において，中華人民共和国養子縁組法が制定され，1992年（平成4年）4月1日から施行されています。この法律に基づく養子縁組の取扱いについて通知が出ていますので留意する必要があります（平成6・3・31民二2439号通知）。

※養親が外国人の場合

S　この場合は，養親の本国法の内容（養子縁組の要件）及びこの要件が養親・養子について備わっているかどうかを審査します。これが備わっている場合は，養子の本国法の定める保護要件を審査します。

養親の要件の審査方法については，これは本人の本国法上の要件審査ですから，本人の要件具備証明書を必要とします。

他方，養親の本国法上の双方要件及び養子の要件については，養子の身分証明書，出生証明書等により，年齢，養親との年齢差などを個別に審査する必要があります。

また，養子の本国法上の保護要件を審査する必要があります。なお，養子の本国官憲の発行した養子についての一般的な要件具備証明書の提出がある場合は，その保護要件が充足しているとすることができる扱いです（平成元・10・２民二3900号通達第５の１(2))。

※養親に国籍の異なる配偶者がいる場合

S　夫婦共同縁組する場合における養親の本国法は，それぞれの養親についてそれぞれの本国法であり，一方の本国法を適用するに当たり，他方の本国法を考慮する必要はないとされています（平成元・10・２民二3900号通達第５の１(3))。例えば，夫婦の一方の日本人が未成年者又は配偶者の嫡出でない子を養子とする場合は，養親の本国法である日本民法上夫婦共同縁組が要求されています（民795条）から，配偶者と共同で縁組しなければなりませんが，成年者を養子とする場合は，配偶者の同意を得て単独で縁組することができます（民796条)。この場合，外国人配偶者又は養子の本国法が夫婦共同縁組を強制していても，これを考慮する必要はないことになります。

▲養子の本国法上の保護要件の審査方法について

T　養子の保護要件については，養子の本国法上の各要件のうち，養子の保護要件のみについて必要とされます。つまり，本人の承諾・第三者の同意・公の機関の許可等の要件がそれに該当します。したがって，承諾書・同意書・許可書等個別の書類がその証明書となります。もっとも，養子の本国法上の保護要件の内容が養親の本国法上の要件の内容に含まれている場合，同一の証明書の提出を重ねて求める必要はないことはいうまでもありません。

ただ，留意すべきは，審査に容易であるからとして，当事者に要件具備証明書を求めることはできない，ということです。なぜなら，要件具備証明書のカバーする範囲は，法律上必要とされる保護要件を超え，すべての要件に及んでいます。したがって，要件具備証明書を求めるということは，他の要件も含め，すべての要件の充足までも求めることになります。これは，法律の根拠がなく，過大な要求となりますから許されないものと解されます。もっとも，当事者が任意に提出する場合は当然受領することができます。

なお，要件具備証明書が提出され，これで証明が可能な場合に，重ねて他の同意書等の添付書類を要求する必要はないものと解されます。逆から言えば，要件具備証明書はあり，同意書等がない場合に，同意等の要件に欠けるとの判断をすることは問題であろうと思われます。もちろん，要件具備証明書で当該個別要件に疑義がある場合は，審査権の一環として，さらに別の書面の提出を求めることができることは当然であろうと解されます。

なお，「保護要件具備証明書」と称する書面が本国官憲により発給されれば望ましいことですが，そのような例はないとされています。

ところで，家庭裁判所の許可決定書があり，その理由中に養子の本国法上の保護要件を審査して許可したことが判明する場合，さらに，保護要件を審査する必要があるかどうか。結論的には，理由中に養子の本国法上の保護要件を審査して許可したことが判明する審判書謄本のみで養子の保護要件があると判断して差し支えないと考えられます。なぜなら，審査は，本国法上の保護要件が備わっているかどうかを見るものですから，その判断者は，最終的には市区町村長と言えます。しかし，その判断前に公の機関・権威ある者等により信頼できる判断があるときは，市区町村長はこれに依拠しても何ら問題はないと言えましょう。その信頼できる判断者に家庭裁判所の審判官が入ることは当然と言えます。ただし，我が国の家庭裁判所の許可は，あくまで，養子の福祉の観点から，養子となることを許可するかという総合的判断に基づくものですから，本国法上の保護要件に一部欠けても，許可がされることは考えられます。したがって，家庭裁判所の審判書の理由中に，養子の本国法上の保護要件をすべて具備することが明らかであれば，審判書の謄本のみで，他の書面を要せずに保護要件があると判断してよいことになりましょう。しかし，保護要件のうちの一部についてしか明示されていない場合は，明示されている要件については，他の添付書類を要しないことになりますが，明示されていない要件については，なお，これを証明する書面の提出を求めることができると解すべきであろうと思われます。もっとも，家庭裁判所の許可書は，あくまでその判断に依拠しても差し支えないというにすぎないものですから，これがあれば，それによらなければならないというものでもありませんから，審査上必要ということとなれば，原則どおり，本来の同意書等保護要件を証明する書面を求めることができると解されます。

●報告的養子縁組届の審査

T　報告的養子縁組についてはどのような分類ができますか。

S　はい。報告的養子縁組は既に成立している養子縁組について事後的に届出するもので，当事者の全部又は一部が日本人である場合は，戸籍にその縁組が成立した旨を記載する必要があるものです（戸13条５号，戸規30条１号）。また，特別養子の場合は，新戸籍を編製する等の所要の戸籍の処理もする必要があります（戸20条の３等）。そのために，その成立を証する書面の提出等による届出がされなければなりません。

この報告的届出は，我が国において成立したものと，外国において成立したものに大別できます。このうち，我が国において成立したものは，さらに普通養子縁組と特別養子縁組の場合に分けられます。普通養子縁組の報告的届出については，我が国の家庭裁判所が外国法に基づき普通養子縁組についても成立させる審判をすることができるか否かについて，家庭裁判所の権限・管轄権にからみ，問題とされていましたが，既に触れられましたとおり，積極説が採られています。特別養子縁組制度の創設に伴う結果であると理解しています。

これを受けて，養親の本国法が普通養子縁組について決定型の法制の場合に，我が国の家庭裁判所がその決定を代行して普通養子縁組を成立させる審判をした場合には，戸籍法68条の２による報告的届出として受理することになります（平成元・10・２民二3900号通達第５の２⑴ア）。

特別養子縁組については，これを成立させる審判があった場合は，戸籍法68条の２による届出として受理し，その場合は，戸籍法20条の３による所要の手続を執ることになります（平成元・10・２民二3900号通達第５の２⑴イ）。

次に，外国において成立したものについては，普通養子・特別養子のいずれについても，その成立を証明する書類を戸籍法41条の証書として取り扱うことになります。このうち，日本人が特別養子となった場合は，同法20条の３に規定する所要の手続を執る必要があります（平成元・10・２民二3900号通達第５の２(2)）。

T　それでは，念のために，縁組成立の類型別に審査のポイントを見ていくことにしましょう。

▲我が国の家庭裁判所における普通養子縁組の成立

T　準拠法が決定型を採る外国法の場合，既に触れましたとおり，我が国の家庭裁判所はその決定の代行の審判をすることができますから，この決定の審判の謄本を添付した届出を戸籍法68条の２によるものとして受理します。その場合の審査方法は，一般の裁判書の添付があった報告的届出の場合と同様です。

なお，養子縁組の許可の審判があったにすぎない場合は，その審判書の謄本は，単に実質的成立要件の一部についての証明書にすぎないことになり，届書や他の添付書類等から創設的届出が成立するか否かの審査を要することになります。この違いについては，審判書の主文においてその旨が明示されますから，これに依拠すれば足りるものと思われます。つまりは，家庭裁判所の審判が，成立させるものであるか，許可をしたにすぎないかにより，扱いが異なることになりますが，家庭裁判所の審判官は審判書の主文において，その旨を明示されるということです。

▲我が国の家庭裁判所における特別養子縁組の審判の成立

T　特別養子縁組を成立させる審判があった場合は，戸籍法68条の２による届出として受理します。また，日本人が特別養子である場合は，戸籍法20条の３による所要の手続を執る必要があります。その審査方法は，日本人間の特別養子縁組の届出の場合と同様です。

▲外国法による養子縁組（特別養子・普通養子）の成立

T　外国において養子縁組をした旨の報告的届出があった場合は，その養子縁組は，外国法により成立しているものですから，養子縁組の準拠法上その養子縁組が無効でない限り，それを受理し，戸籍に記載します（平成元・10・２民二3900号通達第５の２⑵)。取消し事由がある場合であっても，裁判等によって取り消されて始めて戸籍訂正をすることになります。

一般に，外国方式で成立した身分関係の報告的届出（例えば婚姻，任意認知も同様）についてはその成立を証する書面を戸籍法41条の証書として取り扱っています。これについての審査は，まず提出された証書等が真正に成立したものであるかを確認した上，その国の方式によって成立したものであるかどうかを審査します。

また，実質的成立要件についても，準拠法に基づく要件を満たしているかどうかを審査します。それは，既に外国の方式で成立しているとしても，我が国の公簿たる戸籍に記載する以上は，その内容が我が国の公序に反するものであったり，無効であるものであったり，明らかな誤りであってはならないからです。

ただし，報告的届出の審査の場合は，創設的届出のそれとは異なる部分もあります。つまり，報告的届出は，外国の方式によって養子縁組が成立しているものですから，その身分行為について取消事由があったとしても，そのことを理由に報告的届出を受理しないことは認められないこととされています（大正15・11・26民事8355号回答，昭和26・７・28民甲1544号回答，昭和44・２・13民甲208号回答等)。

実質的成立要件の欠缺・無効事由がある場合については，たとえ外国の方式に従って当該国では有効に成立したかに見えても，無効であることには変わりありませんから，受理を拒まなければならないことになります（昭和５・９・29民事890号回答)。もっとも，実際には，身分行為意思の欠缺という無効原因を考えますと，形式的審査を前提とする市区町村長がその無効原因を判断し得る事例というのは極めて稀であろうと思われます。

なお，戸籍実務では，外国で養子決定があった場合については，離婚の裁判等における取扱いとは異なり，民事訴訟法118条を適用せず，一貫して，準拠法による審査説を採用しています。その理由については，養子縁組については，各国の養子制度の法制が様々であり，その要件・効果等は法制により大きく異なっています。つまり，それぞれの国において，その国の社会秩序，家族についての歴史的沿革等から，固有の一貫した法制が採られています。このような実情の下，例えば，外国で極めて緩やかに特別養子が認められている場合にその結果を安易に受け入れるとしますと，我が国の法秩序とのバランスを欠くことが甚だしく，場合によっては，法律回避の頻発という事態に陥る危険性もないわけではありません。従って，現段階では，通則法を全面的に適用する取扱いをせざるを得ないと考えられています（「民事月報44巻号外・法例改正特集」300頁）。

しかし，**この取扱いが変わりましたので留意が必要です。**

従前の戸籍実務では，前記のとおり，外国裁判所の確定裁判によって成立するものとされた養子縁組が日本国内でも有効なものと認められるためには，当該養子縁組が通則法により指定された準拠法上の要件を満たす必要があるとされていました。例えば，外国裁判所において当該外国の国籍を有する者が日本の国籍を有する者を養子とする縁組をした場合には，当該外国における国際私法によれば養親の本国法である当該外国法のみが適用されることとなっても，通則法によれば，我が国の民法上の保護要件を満たす必要があることになります（通則法第31条第１項参照）。そのため，例えば，養子が15歳未満である場合の法定代理人の承諾（民法第797条第１項）などの要件を欠けば，その養子縁組は我が国においては効力を有しないこととされていました。つまり，仮に，養子縁組をするについての許可の審判に相当する外国確定裁判が民事訴訟法第118条各号の要件を満たすような場合であっても，当該養子縁組が通則法により指定される準拠法上の要件を満たさないときは，当該養子縁組は日本国内において有効なものとして取り扱われることはありませんでした。

これに対し，平成30年４月18日，第196国会において成立し，平成31年４月１日から施行されている新家事事件手続法第79条の２（外国裁判所の家事事件についての確定した裁判（これに準ずる公的機関の判断を含む。）については，その性質に反しない限り，民事訴訟法第118条の規定を準用する。）によれば，外国裁判所における確定した裁判により養子縁組が成立したものとされる場合には，通則法により指定される準拠法上の要件が審査されることはなく，同条の規定に基づいて当該確定裁判の効力の有無が検討され，当該養子縁組が有効なものと認められるか否かが判断されることになります。

外国裁判所の家事事件についての確定した裁判の効力については，これまで明文の規定が設けられていませんでしたが，一般に，外国裁判の承認制度の趣旨に照らし，外国裁判所の確定判決に関する民事訴訟法第118条の規律は外国裁判所の家事事件における確定した裁判にも基本的に妥当するものとして，同条を準用ないし類推適用するものと解釈されていましたが，今回の改正において，外国裁判所の家事事件における確定した裁判について，前記の解釈を明文化することとしたものと説かれています（内野宗揮編著「一問一答・平成30年人事訴訟法・家事事件手続法等改正」103頁・158頁）。

■養子縁組の効力

●縁組の効力

T　通則法31条１項は，「養子縁組の成立要件は」と限定的に規定しないで，「養子縁組は」と規定し，養子縁組の法律関係を成立と効力に分けていません。したがって，縁組によって養子が嫡出子の身分を取得するか，その時期はいつか，いかなる種類の親子関係が発生するか等の養子縁組の効力については，本条１項で定まる養子縁組の成立の準拠法によることになると解されます。

また，養子とその実方の血族との親族関係の終了については，同条２項により，養親の本国法が適用されることになります。なお，養親の本国法により断絶効が生ずる場合は，特別養子に準じ，養子について新戸籍を編製することになります（平成６・４・28民二2996号通達）。この点については養子縁組の戸籍の処理のところでもう少し詳しく触れることとします。

このほかの事項，例えば，このように成立した親子間の養子の親権の帰属等については通則法32条の親子間の法律関係の規定により，また，養子と養親の親族との間に親族関係が生じるか等の親族の範囲については同法33条の規定により，さらに，相続については同法36条の規定により，それぞれ定まる準拠法によるべきものと解されています。

●養子の氏

T　渉外的養子縁組の効果として縁組当事者の一方に日本人がいる場合，その養子の氏はどうなるのかという問題があります。その問題の前に関連する渉外的養子縁組の基本的知識について簡単に復習しておきましょう。

S　外国人夫婦が日本人未成年者と養子縁組を行うには，既に学修したとおり，通則法31条１項により，縁組当時の養親の本国法が準拠法となり，かつ，養子の本国法である我が国の民法上の保護要件を満たす必要があります。

また，在外日本人が外国の方式に従って養子縁組した場合には，３か月以内に縁組の成立を証する縁組証書の謄本をその国に駐在する大使，公使，領事に提出又は本籍地の市区町村長に発送する必要があり（戸41条），市区町村長は，縁組証書の謄本の送付がありますと，これに基づき未成年者の戸籍に養子縁組事項を記載しますが，日本人は縁組によっては日本国籍を失うことはなく，又，縁組によって入籍する戸籍もありませんから，実父母の戸籍から除籍されることもありません。ただし，日本人が外国人の特別養子となった場合には，実父母の戸籍から除籍され，単身の新戸籍が編製されることになります。

T　そうですね。それではそうした場合の日本人養子の氏についてはどうなるのかを見ていきましょう。

S　日本人が外国人の養子となった場合に，その養子の氏がどうなるかについては考え方に対立があります。例えば，それは身分関係の変動によるものですから，当該身分関係についての効果の準拠法によるものとする説があります。そして，養子縁組の効果に関する準拠法については，養子縁組に関する通則法31条１項であるとする説と親子関係の法律関係に関する通則法32条によるとする説とに分かれています。

ところで渉外的養子縁組による養子の氏についての戸籍実務の取扱いはこれらの考え方とは異なり，日本人たる当事者の氏は変わらないものとされています（昭和23・12・14民甲2086号回答，昭和26・12・28民甲2424号回答等）。これは現在では確定した取扱いと言ってよいと思います。

もっとも，父又は母が外国人である者（戸籍の筆頭に記載した者又はその配偶者は除く。）がその氏を父又は母の称している氏に変更しようとするときは，家庭裁判所の許可を得て変更することができます（戸107条４項）が，養子の場合も同様であり，戸籍もその者について新戸籍を編製することとされています（昭和59・11・１民二5500号通達第２の４の⑶，戸20条の２第２項）。

■養子縁組に関する戸籍の処理について

Ｔ　それでは，養子縁組に関する戸籍の処理について要点を整理しておくことにしましょう。まず**創設的届出の場合**です。

※日本人が当事者となる養子縁組の届出

日本人が当事者である養子縁組の事項については，戸籍に記載する必要があります。日本人・外国人夫婦の養子となる日本人は，日本人養親の氏を称し，その戸籍に入ることになります。

※外国人同士の養子縁組

この場合は，戸籍に記載する必要はなく，届出を受理した市町村長は，その届書を50年間保存することになります（戸規50条）。

次は**報告的届出の場合**です。

※我が国の家庭裁判所が日本人が当事者となる養子縁組を成立させた場合の届出

日本人が当事者である場合，その戸籍に養子縁組事項を記載する必要があります。また，日本人を特別養子とする縁組については，新戸籍を編製する等所要の戸籍の処理をする必要があります。

なお，家庭裁判所の養子縁組を成立させる旨の審判書の謄本を添付して養子縁組の届出があったときは，その届出は，戸籍法68条の２により受理します。この場合の戸籍の記載例は「参考記載例」㉑のとおりです。

日本法を準拠法として日本の家庭裁判所において特別養子縁組が成立した場合の記載例は，「参考記載例」㊆，㊇のとおりであり，準拠法が外国法の場合で実方の血族との親族関係が終了する縁組が日本の家庭裁判所で成立した場合の戸籍の記載例は「民法817条の２による裁判確定」とすることはできませんから，「参考記載例」65，66，67のとおりとなります（この点については後述）。

※外国において日本人が当事者となり，実方との親族関係が終了する養子縁組が成立した場合の届出

日本人が当事者である場合は，その戸籍に養子縁組が成立した旨を記載する必要があります。また，日本人が標記のような養子となった場合，その養子について新戸籍を編製する等所要の戸籍上の処理をする必要があります。なお，特別養子の場合の戸籍の記載例は，「参考記載例」68，69，70のとおりとなります。

なお，ここで示しております「参考記載例」とは，平成２年３月１日付け民二第600号民事局長通達（別紙記載例）に基づいています。

▲断絶型養子の戸籍上の取扱いについて

T　渉外的特別養子縁組については，既に夫婦共同縁組をめぐる諸問題のところで触れたところですが，その戸籍上の取扱いについて，改めてその経緯について復習しておきたいと思います。

昭和62年の民法改正により，我が国にも特別養子縁組制度が創設されました。特別養子とは，家庭裁判所が民法817条の２の規定に従って，養親となる者の請求により，実方の血族との親族関係を終了（断絶）させる審判をすることによって成立させる縁組ですが，これも養子縁組の一類型であることに変わりはありません。したがって，当然に通則法31条１項の規定が適用されます。つまり，特別養子縁組についても，縁組の当時の養親の本国法が準拠法となります。

諸外国でも，普通養子と並んで未成年者を養子とした場合に実親等との血縁関係が断絶する養子制度（完全養子とも呼ばれます）を採用しているところがかなりありますが，各国の養子制度の法制は様々であり，完全養子縁組の要件，効果等は日本民法による特別養子縁組とは必ずしも同一ではありません。そこで戸籍実務は，外国法による養子縁組が実親等との血縁関係を断絶する効果を有する場合でも，これを一律に特別養子縁組として取り扱うと，日本民法上の特別養子縁組が成立したとの誤解を招くなどの混乱が生じるおそれがあることから，日本民法を準拠法とする特別養子縁組のみを特別養子縁組として取り扱うこととしていました。

例えば，アメリカ合衆国ワシントン州の夫と日本人妻の夫婦がワシントン州の裁判所の裁判（養子決定）によって断絶型の養子とされたケースについて，日本人養母と日本人養子間においてのみ日本法上の特別養子が成立しているものとして，戸籍上の処理をすべきものとした先例があります（平成４・３・26民二1504号回答）。

こうした扱いは理論的には合理性のある処理の仕方であると評価される一方で，実際的見地からは，外国法を準拠法として断絶型の養子縁組が成立した場合においても，戸籍上特別養子として処理して欲しいという強い要望が各方面から寄せられてもいました。そして，こうした要望に応える内容の先例が出されました。

つまり，養子が日本人で養親の双方をアメリカ人とする養子縁組が，我が国の家庭裁判所の審判により成立し，その効果として養子とその実方との親族関係が終了していると認められるケースに関し，「このような，実方との親族関係が断絶していると認められる縁組については，戸籍の処理は，普通養子縁組と異なり，実方戸籍から養子を除き，断絶していることを戸籍面上に反映させることが相当であると思われますので，平成元年10月２日付け民二第3900号貴職通達第５の２の(1)のイにより戸籍法第20条の３の規定を適用し，特別養子縁組届に準じた戸籍処理がなされるべきものと考えます。」という東京法務局長の照会に対して，そのとおり処理して差し支えないという回答がされています（平成６・４・28民二2996号通達）。

繰り返しになりますが，戸籍実務上は，日本民法を準拠法とする特別養子縁組のみを特別養子縁組として取扱い，外国法を準拠法として実方の血族との親族関係が終了する縁組が日本の家庭裁判所又は外国の裁判所で成立した旨の届出があった場合には，特別養子に準じた取扱いをするということになります（参考記載例㊀65，66，67 ➡ 日本の家庭裁判所で成立した場合，参考記載例68，69，70 ➡ 外国の裁判所で成立した場合，参照）。

こうした取扱いの変化については，「外国法による断絶型養子を特別養子として取り扱うのは，外国の法制が様々であるから相当ではなく，しかも，日本民法による場合のみを特別養子とする取扱いは，実務上既に定着しているものと考えられるので，この取扱いを維持し，外国法による断絶型養子を直接特別養子として取り扱うことはしないが，外国法によるものであっても断絶型の養子については実方の血族との親族関係が終了しているものであることを戸籍上明らかにすることとし，さらに，その効果を表わすため，養子について新戸籍を編製する取扱いとすることが相当と考えられたものと思われる。」と説かれています（西田幸示「渉外的な断絶型養子の取扱いについて」民事月報49巻６号７頁）。

その意味では，外国法を準拠法とする断絶型養子縁組を成立させる審判をする場合には，その理由中において，当該養子縁組が外国法を準拠法として成立し，断絶型の効果をもつものであることを明示するという配慮が必要になってくることになります（司法研修所編「渉外養子縁組に関する研究」20頁）。

それでは渉外的養子縁組についての基本的なところについては触れたと思いますので，この辺で終わりにしたいと思います。

【参考文献】

法務省民事局「民事月報44巻号外・法例改正特集」（平成元年）
財団法人民事法務協会「新版　実務戸籍法」（平成13年）

最高裁判所事務総局家庭局監修「渉外家事事件執務提要（上）」法曹会（平成10年）

最高裁判所事務総局編「渉外家事事件執務提要（下）」法曹会（平成４年）

司法研修所編「渉外養子縁組に関する研究―審判例の分析を中心に―」法曹会（平成11年）

中西康ほか著「国際私法」有斐閣（平成27年）

櫻田嘉章・道垣内正人編「国際私法判例百選［第２版］」有斐閣（平成24年）

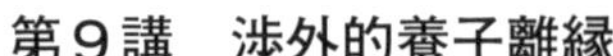

第９講　渉外的養子離縁

■養子離縁の準拠法

T　本講は前講の養子縁組に続いて養子離縁を取り上げます。養子離縁は，いったん有効に成立した養親子関係（法定血族関係）を，事後に生じた事由によって，将来に向かって消滅（解消）させることをいいます。養子縁組自体に要件の欠缺や手続に瑕疵があることなどを理由として養子縁組が無効とされ，あるいは取り消される場合とは基本的に異なるものです。

　ところで，離縁にはどのような種類がありますか。

S　離縁には，普通養子縁組の離縁と特別養子縁組の離縁があります。そして，普通養子縁組については，当事者の合意によってする協議離縁，縁組当事者の一方の死亡後に裁判所の許可を得てする離縁及び裁判上の離縁があります。特別養子縁組の離縁については，裁判による離縁のみに限られています。

T　そうですね。ところで，離縁については各国の法制は様々であり，その要件・効果等はそれぞれの法制により大きく異なっています。特に養子縁組に対する考え方の相違から，なかには離縁そのものを認めない国もありますし，また，離縁を認める国であっても，その要件や手続が厳格で裁判によってのみ離縁を認める国がある一方で，我が国のように当事者の合意によってする協議離縁を認めるというように，その要件・手続が比較的緩やかな国もあります。

　さて，このように国によって離縁に関する法制が異なる状況を前にして，渉外的養子離縁の可否や要件を考える場合に，どこの国の法律によって解決すべきかが重要な問題となってきます。

　ここでもまず養子離縁の準拠法の問題が出発点となります。最初に法の適用に関する通則法の「離縁」に関する部分の法文を見てみましょう。

S　通則法の31条２項です。

「養子とその実方の血族との親族関係の終了及び**離縁は，前項前段の規定により適用すべき法による。**」とあります。

T　それだけではわかりづらいですね。そこでいう「前項前段」である31条１項前段の規定を挙げていただきましょう。

S　「養子縁組は，縁組の当時における**養親となるべき者の本国法**による。」と規定しています。

T　つまり，離縁は，養子縁組当時の養親の本国法に拠ることとしているわけですね。この現行規定は，平成元年の「法例」改正の際に改められたものです。そして，当該規定が更に平成18年の再度の「法例」改正の際に基本的にはその内容を同じくして「法の適用に関する通則法」に引き継がれたものです。

参考までに平成元年の離縁の改正の経緯について素描しておきたいと思います。

平成元年の法例改正前の離縁に関する規定（法例19条２項）は次のようになっていました。

「養子縁組ノ効力及ヒ離縁ハ養親ノ本国法ニ依ル」

つまり，離縁は離縁当時の養親の本国法によることとされていたわけです。その理由については，離縁は養親子間の法律関係を解消するものであることから，養親子間の法律関係の準拠法と一致させていたものと考えられます。

しかしながら，養子縁組については，各国の法制が様々であり，その要件・効果等は法制により大きく異なっていますが，要件と効果に相関関係があることから（厳格な要件の場合には強い効果の養子縁組となっており，簡易な要件の場合には弱い効果のものである等），その成立から終了まで同一の法律により一貫させることがより適切であること，また，成立の要件と終了の要件にも相関関係があるということができ（強い効果のものは成立を厳格な手続によらせることとしているが，いったん厳格な手続で成立させたものは，容易には終了させず，厳格な手続で終了させていること），その意味で，特に，特別養子型の縁組の場合は，離縁が認められるかどうか，及び離縁の要件については，特別養子の成立の準拠法によらせるのが適当と考えられること，言い換えれば，離縁は養子縁組の成立をその後否定するものであるという面から，離縁の準拠法は，養子縁組の成立の要件と整合させることが相当と考えられること等の理由により，離縁の準拠法を養子縁組の成立の準拠法である縁組の当時の養親の本国法とすることとされたものと説かれています(「民事月報44巻号外・法例改正特集」303頁)。要するに，養子縁組については成立と解消とが密接に関係するものとして制度設計されているものですから，成立から終了まで全て同一の準拠法に拠らしめるのが望ましいとして，このような改正がなされたものです。

なお，養親の本国の国際私法によれば，離縁の行為地や養親の住所地の法律によることとされている場合があります。この場合は,反致（通則法41条）の規定の適用があり，行為地や養親の住所が日本にあれば，日本の民法が準拠法となります。したがって，養子離縁についての準拠法の決定に当たっては，縁組当時の養親の本国法における国際私法上の原則を確認しておくことが必要となります。

他方，**形式的成立要件（方式）については**，親族関係の法律行為の方式についての通則法34条の規定により，**身分関係成立の準拠法（離縁の場合は，縁組当時の養親の本国法）又は行為地法が適用**されます。

●縁組当時の養親の本国法

T　離縁の実質的成立要件の準拠法は先ほど触れましたとおり，縁組当時の養親の本国法によることとされています。離縁の準拠法を決定する上で，縁組当時における養親の国籍を認定することが必要ですね。

これはどのようにして認定することになりますか。

S　この国籍の認定については，縁組当時の縁組事項を記載した戸籍に養親の国籍として単一の国が記載されているときは，その国籍によることになります。つまり，養親の国籍については，養子縁組届を受理する際に養親の本国法を決定するに当たって既に認定しているわけですからこの扱いでよいことになります。したがって，縁組当時における養親の本国法は，戸籍に記載された国籍に基づいて判断すれば足り，改めてその当時の国籍証明書等を求める必要はないことになります（平成元・10・２民二3900号通達第６の１）。

T　それでは養子縁組後に養親の国籍が変動した場合はどうなりますか。

S　そのような事例は養親の帰化等により変動する場合が考えられますが，そのような場合は，その旨の申出により，養子又は配偶者の戸籍の身分事項欄に，「養父（又は夫）帰化により何国の国籍取得年月日記載㊞」の振合いにより記載する取扱いですが，離縁の準拠法は，縁組当時の養親の本国法ですから，前記の記載とは関係なく，従前の記載すなわち縁組事項に記載の養親の国籍をもってその本国法と判断すればよいことになります。

T　それでは，縁組当時の養親の本国法が縁組成立後に改正されている場合もあり得ると思いますが，その場合はどう考えたらいいのですか。

S　これはまさに「縁組当時」の養親の本国法の意味に関わることですが，ここでいう「縁組当時」という限定は，縁組の当時の養親の国籍つまり連結点を示すにとどまり，その当時に施行されていた法律を適用するかどうかの点にまで及ぶという趣旨ではないと解されています。したがって，縁組当時の養親の本国法が決定されれば，改正後の法律に拠るかどうかはその法律（経過規定等を含む時際法，すなわちその法律がその施行後の事項についてのみ適用されるのか，あるいは，その施行前の事項についても適用されるのかは，その法律に付属する時際法によって定まることになります。）によって判断することになります。

▲夫婦共同離縁の可否について

T　離縁の準拠法の問題に関連して，例えば，日本人と外国人の夫婦が未成年者を養子とした共同縁組において，夫婦の一方の日本人が協議離縁したいが，外国人配偶者の本国法が離縁を禁止している場合，日本人が単独で離縁することができるかどうか，という問題があります。

これについて戸籍先例は，日本人が単独で離縁することは可能としています（昭和26・６・21民事甲1290号回答 ➡ 本件は養父が米国の，養母と養子は日本の国籍を有している場合の事案です。そして，養父の本国法には協議離縁の制度がないので養父との協議離縁届は受理しないのが相当であるとし，配偶者を有する養母については，原則としてその配偶者とともにするのでなければ協議離縁はできないとするのが基本的な取扱いではあるが，本件のようにその配偶者の本国法に協議離縁の制度がない場合は，各別に離縁するほかないので，養母との協議離縁は受理して差し支えない，と回答したものです)。

こうした扱いについては，一方の本国法が離縁を認めないときは，日本人たる養親については単独でも離縁ができないと考えるべきであるという批判もあったようです。

S　そのような批判の根拠はどういう点にあったのでしょうか。

T　それは養子制度の本来的目的あるいは理想，つまり，子のための養子制度を追求する立場からは，養親の一方を失う結果となる解釈は認めるべきではないという点にあったようです。

しかし，昭和62年の民法改正により，共同離縁制度が改正され，その内容が結果として前記の先例について法的裏付けを与えたことになりました。

すなわち，民法811条の２が新設され，夫婦が未成年者を養子としている場合，離縁も共同ですべきであるとされましたが，そのただし書において，「夫婦の一方がその意思を表示することができないときは，この限りでない。」として，例外が設けられました。これは必要的共同縁組の場合と同様，不能事を強制しないとの法思想に基づくものと言えます。したがって，この趣旨にかんがみれば，離縁の法制がない場合には，必要的共同離縁をしようにも，一方が不可能ですから，共同離縁は強制されず，単独での離縁が可能であるという結論を導くというわけです。

▲離縁制度のない法制について離縁の調停等が成立した場合

T　さらに関連して，準拠法が離縁制度のない法制である場合に，家庭裁判所において離縁の調停が成立し，その旨の届出があった場合，家庭裁判所の判断を尊重して戸籍の届出は受理する取扱いが認められています（第95回東京戸籍事務協議会における結論，昭和44・11・25民甲1436号回答 ➡ 本件は，米国人と日本人未成年者間の養子離縁に係るもので養親の本国法であるオハイオ州法には協議離縁はもちろん離縁そのものも認められていないので離縁は成立していないものと考える，とする照会庁の意見に対し，受理して差し支えないものと回答されたものである)。

S　その理由としてはどのようなことが考えられますか。

T　①養親の本国の国際私法上いわゆる反致が認められ，日本法が適用される結果，離縁が認められる，②反致は認められないが，いわゆる公序則（通則法42条）により日本法が適用される結果，離縁が認められる，③養親の本国法上，離縁の法制はないが，後発的な事由に基づく取消しに関する規定が存する場合に，これを，我が国の離縁に相当するものと解して，離縁が認められる等々の考え方があるようです（「民事月報44巻号外・法例改正特集」306頁)。より端的に，家庭裁判所の調停は確定判決と同一の効力を有することから（家事法268条)，その性質は裁判離縁にほかならないと考えるのが正当とする見解もあります（南敏文編著「全訂Ｑ＆Ａ渉外戸籍と国際私法」273頁)。

なお，裁判例にも，養子離縁制度を認めないアメリカ合衆国カリフォルニア州法は公序良俗に反するとして，法例30条（通則法42条）により同法の適用を排除し，日本法を適用して養子離縁を認めた事例もあります（水戸家裁昭和48・11・８審判・家裁月報26巻６号56頁)。

■離縁届の要件の審査

▲創設的離縁届（協議離縁）

T　それでは離縁届の審査の基本的な問題について整理しておくことにしましょう。最初に渉外的協議離縁の要件審査についてです。ポイントを指摘してください。

S　渉外的養子離縁については，市区町村役場に協議離縁の届出があった場合，これを受理するために必要な要件は何か，という問題になります。

その場合には，次の要件を備えているかどうかを審査する必要があり，それが備わっていることを確認した上で受理する必要があります。いわば審査の内容そのものに関わることです。

まず，養子離縁の準拠法は，実質的成立要件については，縁組当時の養親の本国法により（通則法31条２項），形式的成立要件については，同じく養親の本国法によるほか，行為地の法律による（通則法34条）こととされています。

T　具体的にはどう審査しますか。

S　①準拠法を決定する上で，縁組当時の養親の国籍の確認，②離縁に係る縁組が現に継続しているかどうかの確認，③養親の本国法において，協議離縁が認められているか，つまり，協議離縁が法制上認められているかどうかの確認，④もし協議離縁の制度があるとすれば，縁組当事者について当該法規上の要件を備えているかどうかの確認，⑤方式については，我が国の市区町村役場で受理し得るための要件を備えているかどうかの確認を，それぞれ行う必要があります。

T　それでは，そのような審査事項についての審査方法も説明してください。

S　そうですね。①養親の国籍の認定については，縁組当時の縁組事項を記載した戸籍，届書等により認定することが可能です。この場合，養親の国籍として単一の国籍が記載されているときは，これをもって養親の縁組当時の本国法と認定して差し支えないこととされています（平成元・10・２民二3900号通達第６の１）。②現に縁組が継続中であるかどうかについては，縁組事項が記載されている戸籍謄本，養子縁組届書の記載事項証明書又は受理証明書（戸48条），あるいはそれを証する提出資料等により認定することになります。③縁組当時の養親の本国法上，協議離縁の制度があるかどうかは，協議離縁届の受理の前提となる重要な事項ですから，届出当事者から協議離縁制度のあることの証明書を提出させる必要がありますが，この点については，法制の問題ですから本国官憲のその旨の証明書又は出典を明示した法文の抜粋等で足りると解されています。しかし，私人は法文の証明者にはなり得ませんから，当事者の申述書ではまかなえないことになります。

もっとも，韓国人，中国人の場合は，市区町村においてその法制を把握されている場合がほとんどだと思われますから，当事者が法文等を提出しなくてもあえて提出を求める必要はないと解されています。もちろん，これら他国の場合でも，協議離縁の制度があることが判明している場合はやはり提出を求める必要はないものと解されます。

T　詳細な説明でした。ところで，外国の法制上，協議離縁の制度がある国は，我が国のほか，韓国，台湾等であり，一部の国に限られているようです。

▲報告的離縁届

T　報告的届出については，裁判離縁の場合（我が国におけるものと外国におけるものとがあります）と外国における協議による離縁の二つに大別されます。

※裁判所における離縁の裁判（我が国又は外国の裁判所によるもの）

T　日本人が当事者である離縁の裁判（外国における裁判を含む）が確定しますと，戸籍法73条による届出が必要となります。

ここで外国裁判所における離縁の裁判について触れておきたいと思います。離縁の裁判は，我が国では人事訴訟法に基づいて行われます（家事法２条３号）が，諸外国でもほぼ同様の手続法に基づいて，判決の形式をもってなされているようです。そしてその判決には既判力があり，固有の手続的保障の下で対立する当事者が争訟し，慎重な審理によりなされるものであって，国際的共通性があるものと言えます。そこで，このような性質を有する裁判については，外国裁判所でなされたものであっても，これを尊重し，信頼する趣旨から（そうすることによって，紛争の一回的解決と国際的法的判断の矛盾の回避となる），**準拠法の要件による判断をしないで，離婚の判決の場合と同様に，外国判決承認の問題として取り扱う**ことが妥当と解されています。

すなわち，民事訴訟法118条各号の要件を備えているかどうかを審査し，その結果，同条の要件を欠いていると明らかに認められない限り，当該判決に基づく報告的離縁届は，これを受理して差し支えないことになります。もっとも，民事訴訟法118条４号の「相互の保証」という条件については，執行を伴う財産上の判決についてのみ適用されるものと解されますから，離縁のような身分上の判決については不要と解されています（「民事月報44巻号外・法例改正特集」306頁）。なお，離縁の場合にも準拠法の要件による判断をしないで，離婚の判決と同様，外国判決承認の問題として取り扱うことについて，従来の戸籍実務における直接的先例は見当たりませんが，考え方としては，以上のとおりであったと思われます。なお，外国裁判所における離婚判決の承認については，準拠法要件によらず，民事訴訟法118条の要件によるとする先例があり（昭和51・1・14民二280号通達），離縁の判決も事柄の性質上これと同様に考えてよいと思われます。

もっとも，この点については前講の養子縁組のところでも説明しましたとおり，平成30年の家事事件手続法の一部を改正する法律により，同法第79条の2が新設されたことに伴い，外国裁判所の家事事件についての確定した裁判は，その性質に反しない限り準用される民事訴訟法第118条の条件を満たせば，日本国内においても効力を有することとなりましたからこのことが明文の規定として置かれたことにより基本的には解決したとも言えるかと思われます。

※外国の方式による協議離縁の成立

T　協議離縁であるが，外国の方式で成立したものとして証書の提出がされます（戸41条）。これについては，提出された証書等が真正に成立したものであるかを確認した上，その国の方式によって成立したものであるかどうかを審査することになります。また，実質的成立要件についても，準拠法に基づく要件を充たしているかどうかを審査します。そのためには，養子縁組成立当時の養親の本国法の内容等を審査する必要があります。それは，既に外国の方式で成立しているとしても，我が国の公簿たる戸籍に記録するからには，その内容が我が国の公序に反するものであったり，無効であるものであったり，明らかな誤りであってはならないからです。実質的成立要件の欠缺・無効事由がある場合には，たとえ外国の方式に従って当該国では有効に成立したかに見えても，無効ですから，受理を拒む必要があります（昭和５・９・29民事890号回答）。

ただし，報告的届出の審査の場合は，創設的届出のそれとは異なる部分があります。つまり，報告的届出は，外国の方式によって一応成立しているものですから，その身分行為について取消事由があったとしても，そのことを理由に報告的届出を受理しないことは許されないとされています（大正15・11・26民事8355号回答，昭和26・７・28民事甲1544号回答，同44・２・13民事甲208号回答等）。

ただ，前記の実質的成立要件の欠缺・無効事由がある場合については受理を拒む必要があるとした点については，我が国の民法の実質的成立要件上，当然無効をきたすような無効原因とは，身分行為意思の欠如が主たるものですから，形式的審査を前提とする市区町村長が証書等の提出時点でこのような意思の欠缺という無効原因があると判断し得る事例は，現実には極めて稀であり，事実上は，そのまま受理することがほとんどであろうと思われます。

■離縁に関する戸籍の処理

T　それでは最後に離縁に関する戸籍の処理について基本的なところをまとめておきましょう。

※創設的離縁届

S　まず，創設的離縁届出で日本人が当事者となる離縁です。この場合は，離縁届の受理によって離縁が成立し，養親子関係が終了することになりますから，その旨を日本人たる当事者の戸籍に記載することになります。

次に，外国人が当事者となる離縁については，当然のことながら，戸籍に記載されることはありませんが，離縁届を受理したことを公証するために，届書を受理した市区町村長は，50年間，その届書を保存することになります（戸規50条）。

※報告的離縁届

S　日本人が当事者となる離縁については，戸籍に離縁の事実の記載等をするために，裁判離縁については戸籍法73条（同法63条の準用による）による届出として，また，外国の方式による協議離縁等については同法41条による証書の提出として，それぞれ，届出を受理することになります。

なお，参考までに，戸籍記載上の留意点として，①外国人当事者については，国籍及び氏名のみを記載し，②外国の方式により協議離縁又は死後離縁が成立した場合は，「○○国○○裁判所の離縁の裁判確定」の旨記載し，③在外公館に届出された場合は，「在○○国大使（総領事）から送付」の記載をする扱いとなっています。

また，日本人養親が外国人の特別養子を裁判により離縁した場合の戸籍の記載については，「参考記載例」の(120)，(121)のとおりとなります。

【参考文献】

法務省民事局「民事月報44巻号外・法例改正特集」（平成元年）
財団法人民事法務協会「新版　実務戸籍法」（平成13年）
最高裁判所事務総局家庭局監修「渉外家事事件執務提要（上）」法曹会（平成10年）
最高裁判所事務総局編「渉外家事事件執務提要（下）」法曹会（平成４年）
司法研修所編「渉外養子縁組に関する研究―審判例の分析を中心に―」法曹会（平成11年）
中西康ほか著「国際私法」有斐閣（平成27年）

第10講　渉外的婚姻

■渉外的婚姻

T　本講は渉外的婚姻の問題について学修します。婚姻とは，一組の男女の合意に基づく継続的な共同生活を目的とした法的結合関係と定義されています。ところで，渉外的要素をもった婚姻にはいくつかの体様がありますね。

S　はい。日本国内又は外国において挙行された日本人と外国人との婚姻，外国において挙行された日本人同士の婚姻及び日本国内において挙行された外国人同士の婚姻があります。

T　そうですね。一般的には，例えば，日本人とフィリピン人との婚姻のように，国籍の異なる男女間の婚姻が渉外的婚姻と見られやすいのですが（国際結婚と呼ばれているものがこれに当たります），それのみにとどまらず，今お話しにありましたように，外国で行われた日本人同士の婚姻や日本国内で行われた外国人同士の婚姻も含めて，渉外的婚姻と呼んでいるわけですね。後者の婚姻も渉外的婚姻に含めるのは，これらの場合も，二つ以上の国に関係する婚姻となりますから，日本人同士の日本国内での婚姻の場合とは違った，特別な法律問題が起きるからです。

S　今まで学んできましたように，やはり，婚姻についても，こうした家族の関係について定めている法律の内容が国によって違うことから，いろいろな法律問題が起きるということなんですね。

T　そうですね。婚姻が有効に成立するために必要な要件は，各国の実質法上，その習俗や宗教，道徳などとの強い結びつきから，その内容は多様な形で存在しています。

例えば，日本では，配偶者のある者が重ねて婚姻することは重婚であり（民732条），取消の対象となっているだけでなく，刑法上の罪までも問われます（刑法184条）。しかし，イスラム教国の多くやアフリカの一部の国では，現在でも一夫多妻婚が認められています。また，婚姻適齢を見ましても，男女ともに成年年齢である18歳とするフランス（民144条）や男女ともに16歳と定めるブラジル（民1517条），男性14歳，女性13歳とする米国ニューハンプシャー州（修正法457：41条）のような法制もあれば，人口政策上一人っ子政策をとる中国では晩婚を奨励し，男性22歳，女性20歳と定めているところもあります（中華人民共和国民法典1047条）。

他方，我が国のように，婚姻の届出を必要とする国もあれば，身分登録官や市長の前で婚姻当事者の２人がそろって宣誓することを要求する法制や一定の教会での儀式婚を必要とする法制もあります（中西康ほか著「国際私法」290頁）。

S　養子縁組制度もそうでしたが，婚姻制度も結構多様なんですね。

T　そうですね。そこで，渉外的婚姻の場合も，国によって関係する法律が違うことを前提にして，二つ以上の国に関係する法律関係については，関係する国の一つを選んで，その国の法律を適用するという方法で問題の解決を図っているわけです。そのため，例えば，これから国際婚姻をしようとしている２人には，いったいどこの国の法律に従って結婚すれば法律上有効な婚姻になるのかということが問題になるわけです。これは今まで学んできたとおり養子縁組等でも同じ問題が生じます。そこで，どこの国の法律に従えばいいのかを決める役割を担った法律が必要となります。我が国では**「法の適用に関する通則法」**（以下では，通則法と略称することがあります）であることは既に学んできたとおりです。

ところで，先ほど，諸外国の婚姻要件の一部を見てきましたが，このうち，婚姻意思，婚姻年齢，重婚・近親婚の可否や保護者の婚姻に対する同意の有無といったような要件を**実質的成立要件**と呼び，婚姻の届出や宣誓，儀式のように，婚姻が法的に有効に成立するために必要とされる当事者又は第三者の外面的行為を**形式的成立要件（婚姻の方式）**と呼んでいます。

通則法は，渉外的婚姻の場合については，実質的成立要件と形式的成立要件（方式）とを区別して準拠法を定めています。そして，通則法24条１項は，

「婚姻の成立」について定めていますが，ここで対象としている**単位法律関係**は，同条2項・3項が「方式」について規定していることからもわかりますように，「婚姻の成立」のうちの，**実質的成立要件についてのみであるということになります。**

ところで，渉外的婚姻事件に属するもののうち，異国者間での婚姻というのはどれくらいあるものですか。

S　厚生労働省の調査によりますと，令和元年の日本人と外国人との婚姻件数は2万1,919件であり，平成30年の2万1,852件を67件上回っています。その内訳を見てみますと，夫日本人・妻外国人の婚姻件数は1万4,911件であり，このうち，妻の国籍で最も多いのが中国国籍（4,723件）であり，以下，フィリピン国籍（3,666件），韓国・朝鮮国籍（1,678件）となっています。

他方，夫外国人・妻日本人の婚姻件数は7,008件であり，このうち，夫の国籍で最も多いのが韓国・朝鮮国籍（1,764件）で，次いでアメリカ合衆国（989件）となっています（戸籍誌911号61頁）。

T　アジア圏の人々との婚姻が多いようですね。しかし，これからは，さらに他の地域の人々との婚姻も拡大していくかも知れませんね。

それでは，序論はその程度にして本論に入ることにしましょう。

■婚姻の成立要件に関する準拠法

●実質的成立要件の準拠法

T　婚姻の実質的成立要件には，婚姻が成立するために有していなければならない要件（積極的要件）と，有してはならない要件（消極的要件）があります。例えば，婚姻適齢に達していること，未成年者の婚姻に対する一定の者の同意等は前者に属し，近親婚の禁止等は後者に属します。

ところで，婚姻の実質的成立要件の準拠法について，通則法はどのように規定していますか。

S　はい。24条の1項に次のように規定しています。

「婚姻の成立は，各当事者につき，その本国法による。」

T　そうですね。婚姻当事者の各本国法の**配分的適用主義**（１つの法律関係を，関係する当事者それぞれに関係する部分に分けて，それぞれの部分ごとに準拠法を指定するもの）を採っているわけですね。両当事者は，婚姻の締結にあたって対等な地位にあり，どちらかの本国法のみが優先されるべきではない，という趣旨ですね。その規定は具体的にはどういうことを意味するものですか。

S　例えば，日本人と外国人が婚姻する場合，日本人については，日本の民法の規定が，外国人については，その者の本国法が適用されるということになります。ですから，例えば，婚姻年齢について言えば，日本人が男性であれば，18歳以上であることを要し（民731条），外国人女性についてはその者の本国法の定める年齢に達していることが必要になります。基本的にはそういう意味と理解しています。

T　基本はそのとおりですね。婚姻の実質的成立要件に関する準拠法の決定については，立法例的には二つの流れがあります。一つは，婚姻の実質的成立要件の準拠法を婚姻の挙行地法とするものです（米国，ラテンアメリカ諸国，スイス，フィリピンなど）。今一つは，属人法主義により当事者の本国法又は住所地法を配分的に適用するものです（フランス，ドイツ，韓国，中華民国など）。このうち，挙行地法主義については，例えば，旅で訪れた地で婚姻を挙行する場合など，必ずしも婚姻挙行地と当事者との関係が密接でないこともあり，婚姻が当事者の身分関係に大きな影響を与えることなどを根拠として，属人法主義を採用する国が多いのが実態のようです。

我が国の通則法も後者の立場に立ち，各当事者の本国法を配分的に適用することを定めているわけです。

実は，平成元年の「法例」改正作業の審議段階では，婚姻の実質的成立要件について，本国法のほかに，挙行地法をも準拠法として加える案も検討されたようです。しかし，戸籍実務上，当事者の婚姻挙行地法上の要件具備の審査に困難を伴う等の理由から採用されるには至らなかったようです。

S　そうしますと，現行通則法の婚姻の実質的成立要件に関する準拠法の規定内容については，平成元年の「法例」改正の際は変更がなかったということですね。

T　そうですね。平成元年の「法例」改正の際の改正理念の一つに「両性の平等の理念を抵触法規の分野まで及ぼすこと」がありました。しかし，平成元年の「法例」改正前の婚姻成立の実質的要件に関する規定は「各当事者ニ付キ其本国法ニ依リテ之ヲ定ム」とありましたから，両性の平等の趣旨に反するものではありませんでした。つまり，配分的適用は当事者を平等に取り扱っていますから，あえて，改正する必要はないものとして，婚姻の実質的成立要件の準拠法は従前のとおり各当事者の本国法によるものとされ，それが現行通則法に引き継がれたというわけです。

なお，念のために付言しておきますと，前記のとおり，婚姻の実質的要件については，各当事者の本国法を配分的適用することを定めていますから，この場合，**反致**を考慮しなければならないという点です。反致については既に説明したところですが，念のためにここで素描しておきます。反致については通則法の41条に規定がありますが，それによりますと，通則法の規定によって本国法が指定されたときに，その本国の国際私法が，本国法以外の法律，例えば，住所地とか結婚の挙行地とかの法律を指定していて，日本がその住所地とか挙行地とかに当たる場合は，日本の法律を適用することになることを意味します。したがって，例えば，中国国際私法（中華人民共和国渉外民事関係法律適用法）は，婚姻の実質的成立要件について段階的連結を採用し，当事者の共通常居所地を第一次的な連結点とすることから，日本に常居所を有する中国人同士の婚姻には，反致により，日本法が適用されることになります（同法21条参照)。もっとも，本国法が指定される場合でも，夫婦の権利義務のような婚姻の効力，夫婦の財産関係，離婚それに親子の間の法律関係については，反致の規定は適用されませんので念のために付言しておきます（通則法41条ただし書)。

●準拠法の適用（一方的要件と双方的要件）

T　さて，婚姻の実質的成立要件の準拠法については，既にみてきましたように通則法は各当事者の本国法によるとして，夫婦となるべき当事者の本国法の配分的適用主義を採っています（24条１項）。繰り返しになりますが，これは，婚姻が有効に成立するためには，当事者はその本国法の要求する成立要件をそれぞれ備えれば，双方の当事者が両本国法の要求する成立要件を共に備える必要はないとする趣旨でした。しかし，ここで留意すべき点があります。つまり，婚姻の実質的成立要件には，婚姻適齢，婚姻意思の欠缺，父母・後見人等の同意，精神的又は肉体的障害等のように，その者についてのみ適用される**一方的要件**と，近親関係にあること，相姦関係にあること，重婚関係にあること，再婚禁止期間，人種上又は宗教上の理由等に基づく婚姻の禁止（これは，公序に反するとして，我が国では適用が排除される場合があり得ます）のように，当事者の一方の本国法上の要件であっても，相手方との関係でも具備すべき**双方的要件**があります。一方的要件については，当該当事者がその本国法上の要件を具備しているかどうかが問題となるのに対して，双方的要件については，相手方との関係においてもその要件を満たすことが必要となります。

S　具体的にはどういうことでしょうか。

T　例えば，相手方に配偶者がある場合には，たとえ相手方の本国法が一夫多妻婚を認めている場合でも，重婚禁止国の国民は，相手方との婚姻によって重婚状態となるため，本人は独身者であってもこれと婚姻することはできません。このように，双方的要件については，それが双方の当事者に関係するため，当事者の本国法が累積的に適用される結果となります。

　また，近親婚の制限については，婚姻当事者相互間の関係が問題とされるわけですから，婚姻年齢に関する要件のように各当事者について個別的に要件具備の有無を判断することは性質上できないことになります。そこで，この場合には，要件のより厳しい方がその婚姻についての実質的成立要件となることになります。

S　具体的な例示をお願いできますか。

T　そうですね。例えば，日本民法によりますと，３親等内の傍系血族相互間では婚姻することができませんね（民734条）。しかし，中華民国民法によりますと，６親等内の傍系血族相互間では婚姻することができない（同法983条１項２号・３号）こととされています。したがって，日本人と台湾に属する中国人が婚姻する場合，この両者が６親等内の傍系血族の関係にあるときには，婚姻できないことになります。

S　日本人と台湾に属する中国人との間でそういう親族関係が存在する場合はあり得るものですか。

T　例えば，日本に帰化した元台湾系中国人が台湾系中国人である自己の従兄弟姉妹と婚姻しようとする場合がこの事例に当たります。

S　なるほど。そういう場合もあり得るんですね。

T　このように，双方的要件については，通則法24条１項が配分的適用を規定しているにもかかわらず，当事者双方の本国法を累積的適用したのと同じ結果になるところに特質があると言えるかと思います。

なお，この関係で問題となるのは，一方的要件か双方的要件かの区別をどの次元で行うのかという点です。いささか理論的問題ですが，問題点のみ指摘しておきたいと思います。

これについては，二つの立場が展開しています。一つは，一方的要件か双方的要件かの判別は国際私法の解釈問題であり，国際私法の次元で行い，それに基づいて準拠法を適用すべきとする立場です。つまり，この問題を準拠法の指定に関する問題ととらえ，ある成立要件が夫の本国法のみ，あるいは妻の本国法のみの適用範囲に入るのか，それとも当事者双方に関わるものとして双方の適用範囲となるのかを法律関係の性質決定の段階で解釈し決定するとするものです。法律関係の性質決定とは，問題となる法律関係について，国際私法上どのような単位法律関係に分類されるかを決める必要があり，そのことを法律関係の性質決定と呼んでいます。例えば，「離婚に伴う子の親権者の指定」という法律関係が，通則法27条にいう「離婚」の効力の問題と性質決定されるのか，それとも通則法32条にいう「親子間の法律関係」と性質決定とされるのかが問題となります。これは通則法に従い準拠法を決定するための前提作業と言えます。少し横道にそれましたが，いずれにしても一方的要件・双方的要件かの判断を準拠法の指定に関する問題としてとらえるものです。この立場が通説的見解とされています。判例もこの立場に従うものとみられています。

もう一つの立場は，一方的要件か双方的要件かの判別を準拠法である当事者の本国法の解釈に委ねるとする立場です。つまり，この問題を準拠実質法上の解釈問題ととらえ，性質決定の段階で区別すべきではないとするものです。

戸籍実務は前者の立場に立つと考えられています（渉外戸籍実務研究会「設題解説渉外戸籍実務の処理Ⅱ　婚姻編」９頁）。各国法の定める婚姻要件の内容・目的がさまざまであることを考慮しますと，両者の判別は準拠実質法の解釈に委ねるのが妥当とする見解が妥当ではないかと思われます（佐野寛「婚姻無効」（国際私法判例百選［第２版］）117頁）。

もっとも，重婚の禁止は，ほとんどの国で当事者双方にかかわる要件とされていることから，いずれの立場によるとしても，両当事者の本国法が適用されることになると思われます。

なお，蛇足ですが，婚姻の実質的成立要件は，各当事者の本国法によるわけですが，その場合各当事者の**「本国法」**の決定が必須の前提条件となります。ですから，その本国法の決定方法については通則法38条の規定及び平成元年10月２日付け法務省民二第3900号通達第１の１イ(ア)(イ)をしっかりとフォローしておく必要があります。

●実質的成立要件の欠缺（婚姻の無効・取消し）

T　婚姻の無効や取消しは，婚姻の成立と表裏一体の関係にあります。そのため，実質的成立要件の欠缺の問題は，通則法24条１項で定まる準拠法によることになります。

婚姻の実質的成立要件を欠く場合に，当該婚姻が無効であるのか，あるいはこれを取り消すことができるのかという問題は，要件の欠缺が生じる当事者の本国法によることになります。当事者双方の本国法上，要件の欠缺が生じる場合において，各法が異なる効果を定めるとき，すなわち，一方の本国法によれば取り消すことができるが，他方の本国法によれば無効となるようなときは，より厳格な効果を定める法を適用することになります。

例えば，配偶者のあるアメリカ人男（ペンシルバニア州出身）と韓国人女が婚姻した事案について考えてみますと，夫の本国法であるペンシルバニア州法によれば，重婚は婚姻の無効原因とされており，妻の本国法である韓国民法によれば，重婚は婚姻の取消原因とされています（同法816条１号）。そこで，この事案では，国際私法の原則により婚姻の効力をより否定する法によって重婚の効力を決すべきですから，結局この婚姻は無効ということになります（東京家裁昭和43・４・25審判・家裁月報20巻10号91頁）。

また，相互に従兄弟姉妹の関係にある中国人（台湾出身）と日本人が婚姻した場合，中華民国民法によれば，６親等内の傍系血族相互間の婚姻は認められず，この要件に反する婚姻は無効とされていますから（同法983条・988条），日本民法では婚姻の障害事由に当たらなくても，婚姻は無効ということになります。

無効あるいは取消しの主張をすることができる者，取消権の存続期間，取消しの遡及効の有無等についても，婚姻要件欠缺の効果を規定している当事者の本国法によって決定されることになります。

ところで，通則法は24条１項で婚姻の成立に関する実質的要件は「当事者の本国法による」としていますが，当事者の国籍に変動があったようなときは，いかなる時期における本国法を指すのかという問題がありますが，**この本国法とは婚姻締結当時の本国法を意味します**。

したがって，婚姻締結当時における各当事者の本国法が規定する実質的成立要件を備えている以上，後に当事者が国籍を変更し，その本国法によれば実質的成立要件を欠く場合であっても，その婚姻は有効に成立していることとなります。また，婚姻締結当時の本国法とは，婚姻締結当時に当事者が所属している国の法律という意味にすぎず，当事者の本国において婚姻の実質的成立要件に関する法律の改正があった場合，婚姻締結当時の法律と改正後の法律のいずれを適用すべきかは，その国の時際法（経過規定）によって決せられることになります。

●形式的成立要件の準拠法（婚姻の方式に関する準拠法）

T　婚姻を有効に成立させるための手続を形式的成立要件又は方式と呼んでいます。この方式には，届出，登録，儀式等があります。

ところで通則法は婚姻の形式的成立要件の準拠法をどのように規定していますか。

S　24条２項と３項に規定を置いています。

24条２項は「**婚姻の方式は，婚姻挙行地の法による。**」

同条３項は「**前項の規定にかかわらず，当事者の一方の本国法に適合する方式は，有効とする。ただし，日本において婚姻が挙行された場合において，当事者の一方が日本人であるときは，この限りでない。**」

T　そうですね。それでは個別的に見ていきましょう。

▲挙行地法（原則）

婚姻の方式は原則として婚姻挙行地の法によることになります（通則法24条２項)。これは，婚姻挙行地での婚姻の公知という公益的観点から，その地の方式を順守することが求められたからです。この規定により，日本国内において婚姻する場合は，当事者が何国人であるかを問わず，婚姻挙行地である日本の方式によることになります。

S　つまり，民法739条及び戸籍法74条・同25条の規定により，市区町村長へ届け出て，これが受理されることによって，婚姻は成立することになるということですね。

T　そのとおりですね。なお，この通則法の規定は，日本国内における婚姻に限らず，外国において日本人同士又は日本人と外国人が婚姻する場合にも適用され，このような場合，その挙行地の方式によることになります。したがって，外国に在る日本人が，当該外国の方式により婚姻した場合に，その国の方式に従って婚姻に関する証書を作らせたときは，３箇月以内にその国に駐在する日本の大使，公使又は領事にその証書の謄本を提出しなければならないこととされています（戸41条１項）。

この場合において，大使，公使又は領事がその国に駐在しないときは，３箇月以内に本籍地の市区町村長にその証書の謄本を発送しなければならないこととされています（戸41条２項）。

▲婚姻当事者の一方の本国法

T　通則法は，婚姻の方式につき，原則を前記のとおり，婚姻挙行地法によることとしました。しかし，婚姻の方式について必ず挙行地法のみに従わなければならないとしますと，例えば，宗教婚しか認めない国においては，その宗教に属さない外国人はその地で有効に婚姻することができないことになります。これは，当事者にとっては甚だ不便であり，常にその挙行地法によらなければならないほどに婚姻の方式の公益性は強くないとも考えられます。そこで，通則法は，**選択的連結を採用し**，婚姻挙行地法のみならず，**当事者の一方の本国法**によることも認めています（通則法24条３項本文）。この規定は，平成元年の「法例」改正の際に前記のような理由から新たに設けられたものです。

具体的にはどういうことになりますか。

S　外国に在る日本人が，外国人配偶者の本国法の方式により婚姻する場合，例えば，日本人が乙国人と甲国に駐在する乙国の大使館で乙国の方式により婚姻した場合，乙国がこの婚姻を乙国の方式に従ったものとして認める限り，当事者の一方，すなわち乙国の本国法の方式による有効な婚姻として取り扱われる，ということだと思います。

T　そうですね。そこで，外国に在る日本人が，外国人配偶者の本国法上の方式（婚姻挙行地法による場合を除く。）により婚姻し，婚姻に関する証書を作らせたときは，戸籍法41条が類推適用され，３箇月以内にその所在する国に駐在する日本の大使等にその証書の謄本を提出しなければならないこととされています（平成元・10・２民二3900号通達第１の２(2)）。

要するに，当事者の一方の本国法の方式による婚姻も有効な婚姻として取り扱われることになっていますから，従前は，外国にいる日本人と外国人が婚姻する場合に，当該外国人の本国法の方式（例えば，滞在国にある本国の大公使館での婚姻登録，あるいは，回教国を本国とする外国人の国外の回教寺院での婚姻など）によって婚姻をしたとしても日本法上婚姻の成立は認めていなかったのですが，当事者の一方の本国法の方式による婚姻も有効とされましたので，これらの婚姻も日本法上も有効に婚姻が成立したものとして認めることになったわけです。

したがって，これまでは無効とされていた次のような婚姻も，我が国において有効に成立することになりました。

① 我が国に在る外国の外交官又は領事が受理する当該外国の国籍を有する者と当該外国の国籍を有しない外国人との婚姻（外交婚，領事婚）

② 台湾系中国人同士又は台湾系中国人と外国人とが我が国において行う儀式婚

③ 我が国にある外国の教会が外国人同士について行う宗教婚

もっとも，これらの婚姻についての市区町村長に対する報告的届出は外国人同士のものであり，戸籍法上，受理する旨の規定がないことから，受理できない扱いです。この点に関し，大阪高等裁判所平成28年９月16日決定は，市町村長処分不服申立却下審判に対する抗告事件で，「日本国内の自国の総領事館において自国の方式により婚姻した外国人からの婚姻届出を受理しなかった日本の区長の処分が違法，不当といえない」としたものがあります（拙稿「在留外国人同士の外国方式による報告的婚姻届の不受理」民商法雑誌154巻４号188頁）。

また，外国に在る日本人同士が，その国に駐在する日本の大使等に，民法741条の規定に基づき婚姻の届出をする場合，及び在外の日本人が，日本人同士又は日本人と外国人との婚姻の届出を外国から本籍地の市区町村長に郵送によりする場合，これらの届出は，いずれも，当事者の一方の本国法（日本法）の方式によるものとして受理することができることになります。

※外国に在る日本人同士の創設的婚姻届出（外交婚，領事婚）

T　通則法24条３項は，当事者の一方の本国法による方式も有効としています。

ところで，当事者双方が日本人の場合の婚姻届出の方式として民法741条に規定がありますが，これは当事者一方の本国法による方式に該当することになります。したがって，外国に在る日本人同士が婚姻しようとするときは，民法741条を適用し，その国に駐在する日本の大使等に届出をすることができ（戸40条），この届出が受理されたときに婚姻が成立します（平成元・10・２民二3900号通達第１⑵）。このように成立する婚姻を外交婚又は領事婚と呼んでいます。諸国の法制上，外国に滞在する自国民がその国に駐在する自国の外交官又は領事により，自国の方式に従って婚姻を挙行できる外交婚・領事婚を認めることが多いのが実態です。日本の場合は，外国に滞在する日本人間の婚姻に限定していますが，フランスなどでは，自国民同士の婚姻に限定せず，自国民と外国人の外交婚・領事婚も認めているようです。

なお，外国に在る日本人と外国人間の創設的な婚姻届出については，当該国に駐在する日本の大使，公使又は領事に対してすることはできません。理由はわかりますね。

S　「当事者の一方の本国法による方式」は，在外においては，民法741条に該当する場合，すなわち，**「外国に在る日本人間」**のものでなければならず，したがって，日本人と外国人の場合は，これに該当しないからです。

※外国からの郵送による創設的婚姻届出

T　戸籍実務上，当事者の一方が日本人である場合，本人の本籍地の市区町村長に外国から婚姻届書を直接郵送する方法が認められています。しかし，絶対的挙行地法主義を採用していた平成元年改正前の法例下では，このような郵送による婚姻届出の場合の婚姻挙行地がどこであるかについては議論がありました。参考までにこの点について簡単に触れておきたいと思います。

一つの考え方は，これを普遍的に，つまり各国の実質法から離れ，抵触規則で用いられる概念の解釈問題として国際私法独自の観点から定義することを試みる立場があります。その定義に関しては一様ではありませんが，当事者が挙行地に現在することを必要とするものが多いとされています。例えば，神戸地判平成９・１・29（判例時報1638号122頁）は，「『婚姻挙行地』は，婚姻という法律行為をなす地であって，身分登録官吏に対する届出，宗教的儀式，公開の儀式等をする地を意味するものであり，当事者が現在しない地は右『婚姻挙行地』には当たらない」と判示しています。この立場によれば婚姻の方式に関し挙行地と当事者の一方の本国法の選択的連結を採用している今日においては，郵送による届出は通則法24条３項本文による当事者の一方の本国法である日本法による方式として認められることになります。後に触れますように戸籍実務もこれに従っています。

これに対して，国際私法上の概念として普遍的な婚姻挙行地概念を設けることを疑問視して，各実質法上の方式要件に従い挙行地概念は異なるものと考える立場もあります。この立場からは，郵送による届出も又通則法24条２項にいう挙行地法である日本法により認められることになります（中西康ほか著「国際私法」295頁）。

さて，それでは本題に戻ります。平成元年の法例改正前のもとでは，その13条ただし書に「其ノ方式ハ婚姻挙行地ノ法律ニ依ル」とされていました。その解釈運用に関し，戸籍実務は，例えば，外国にいる日本人が，日本人又は外国人との間の創設的婚姻届を本籍地の市区町村長あてに直接郵送する場合，これを有効として受理する取扱いをしていました（昭和26・３・６民事甲412号回答）。この考え方は，届書を本籍地に郵送した場合，当該婚姻の挙行地は，郵便により届書が到達した地，すなわち本籍地のある「日本」であるという解釈に基づくものでした。

しかし，婚姻挙行地とは前記の判例も示すとおり，当事者が婚姻を挙行する地であって，当事者の双方が不在である日本を婚姻挙行地と解することには本質的な疑問があり，また，平成元年改正前の法例９条では，「法律ヲ異ニスル地ニ在ル者ニ対シテ為シタル意思表示ニ付テハ其通知ヲ発シタル地ヲ行為地ト看做ス」とあり，この規定の趣旨からも，婚姻挙行地は婚姻届書を郵送に付した地，すなわち外国であるとすべきであるとの批判がありました。

しかし，前記のとおり平成元年の法例改正に際して当事者の一方の本国法による方式によっても婚姻することが認められることになりました（改正法例13条３項）。この規定は現行通則法に引き継がれています（24条３項本文）。

このため，在外の日本人が日本人又は外国人との間でする婚姻は，当事者の一方の本国法すなわち日本の法律に基づいてすることもできることになりました。つまり，在外の日本人からの日本法（戸籍法）で定める方式すなわち市区町村長へ郵便により直接届書を送付する届出をすることにより婚姻が有効に成立することになりました。このため，前記の婚姻の挙行地がいずれであるかを問うまでもなく当然に認められることになったわけです。

S　つまり，当事者の双方又は一方が日本人である創設的届出が外国から郵送によってされた場合，現在は，それを挙行地法による方式とするのではなく，当事者の一方の本国法による方式に基づくものとして受理することができる，ということですね。

T　そうですね。また，外国に在る日本人と外国人との創設的婚姻届が当該国に駐在する日本の大使，公使又は領事にされた場合，これは受理すべきではありませんが，誤って受理され，本籍地市区町村長に送付されたときは，当該市区町村長に送付された時に婚姻の効力が生じるものとして取り扱われていますが，これについても当事者の一方の本国法による方式に基づくものとして，受理されることになります（昭和11・２・３民事甲40号回答，大正15・２・３民事281号回答，昭和35・８・３民事甲2011号回答）。

S　届書の提出を外国からすることができるか否かについては特に問題はありませんか。

T　それは我が国の戸籍法の管轄（行政管轄）に関する問題ですが，在外の日本人については戸籍法の適用が属人的に及ぶと解されていますから，外国から郵送によりすることができることについてはいうまでもないことと解されます（戸47条参照）。

※日本人条項

T　さて，通則法24条３項は「前項の規定にかかわらず，当事者の一方の本国法に適合する方式は，有効とする。」と規定したあとに「**ただし，日本において婚姻が挙行された場合において，当事者の一方が日本人であるときは，**

この限りでない。」としています。

これは，**日本において日本人が外国人と婚姻する場合には，常に挙行地法である日本法によらなければならない**とするものです。

もし，このただし書がないとしますと，日本人と外国人が当該外国人の本国法の方式により日本で婚姻した場合，当該婚姻は戸籍への届出がなくても，成立することになります。そのような事態を避け，日本人の身分関係の変動を迅速に戸籍に反映させるために日本人が日本で婚姻する場合には，常に日本法に従い戸籍の届出がない限り婚姻を成立させないことにしたわけです（平成元・10・２民二3900号通達第１の２(3))。この規定が，当事者の一方が日本人である場合の特則であることから，日本人条項と呼ばれているわけです。

念のためにこのような「日本人条項」が設けられた理由についてその趣旨を敷衍しておきたいと思います。

このような取扱いがされたのは，次のような理由に基づくものとされています。つまり，日本人と外国人が，日本国内で当該外国人の本国法の方式によって婚姻した場合，もしこれが成立したものとして取り扱うことにしますと，当該婚姻についても事後的に市区町村長に対して報告的届出をしなければならないことになります。しかし，そのことは，挙行地法である日本の方式である創設的婚姻届出を初めから要求することと実質上差異がなく，また，これを要求しても，当事者に格別に困難を強いることにはならないものと考えられたこと，また，逆に，日本人についても，当該外国人の本国法の方式により婚姻が成立し，報告的婚姻届出ができるものとしますと，日本人について既に国内において身分関係の登録を要する事象が発生しているにもかかわらず，これが戸籍に記載されないまま，婚姻の成立を認めざるを得ない結果となり問題であり，当該婚姻から出生した子の国籍や地位が事実上不安定になって望ましくないことが挙げられています（「民事月報44巻号外・法例改正特集」121頁)。

戸籍制度の信頼性を維持するという立法趣旨は妥当であり，日本法上の届出は簡易で当事者に格別の困難を強いるものではないと考えられますから相当な立法であったと解されます。

※方式違反の婚姻

T　準拠法に基づく方式を踏まない婚姻は，成立したとは認められません。したがって，例えば，日本で日本人と外国人とが婚姻するについて，その外国人の本国法の定める方式によった場合には，その外国人の本国法によれば婚姻は有効に成立するとしても，挙行地である日本法上は，戸籍法所定の届出がない限り婚姻が成立したとは認められません（民742条２号）。このように，ある国では有効とされ，他の国では無効とされるような婚姻を跛行婚と呼んでいます。

なお，この問題に関連して，日本人と外国人が当該外国人の属する国の大使館等において，婚姻を挙行した場合の取扱いが問題となる場合があります。

例えば，日本人と韓国人間の婚姻の届出が在日韓国領事館において受理され，これが本国の面長に郵送され，韓国の戸籍にその婚姻の旨が記載されている場合があると言われています。

韓国の国際私法である大韓民国国際私法によりますと，婚姻の方式は挙行地法又は当事者一方の本国法によることとされており，ただ，外国における韓国人同士の婚姻については，その国に駐在する韓国の大使等に届出をすることができることとされていますから（大韓民国国際私法36条２項本文，大韓民国民法814条１項），外国における韓国人と外国人との婚姻は，その外国の方式によらなければならないはずであり，前記の日本人と韓国人との間の婚姻は有効に成立しないと解さざるを得ないと思われます。しかし，韓国ではこれが有効に成立したものと解している実情があるとされています。しかし，我が国においては，日本で婚姻を挙行した場合，婚姻当事者の一方が日本人であるときは，婚姻挙行地の方式によることとされ（通則法24条３項ただし書），当事者双方が所在し，かつ，婚姻証書を発送した地である日本が，婚姻挙行地と解されますから，当該婚姻は，婚姻挙行地である日本の方式，すなわち市区町村長への届出がない限り，有効に成立し得ないことになります。したがって，当該婚姻について，韓国方式により婚姻が成立したものとして，その旨の報告的婚姻届出が我が国の市区町村長になされても，これを受理することはできないことになります。

なお，この婚姻について，韓国法上婚姻が成立した旨の証明書すなわち戸籍謄本等を添付して，我が国の方式により改めて婚姻の届出がされたときは，婚姻証明書（戸籍謄本等）を韓国人の婚姻要件具備証明書とみなして審査の上，当該届出を創設的届出として受理して差し支えないものとされています（昭和40・12・20民事甲3474号回答，昭和42・12・22民事甲3695号回答，昭和58・2・25民二1285号依命回答）。

また，日本に在る日本人と外国に在る外国人との婚姻届が市区町村長に受理された場合，日本法により有効に婚姻が成立することになります。

なお，ここで参考までに日本人と中国人を当事者とする婚姻について触れておきたいと思います。中華人民共和国民法通則第147条「中華人民共和国公民と外国人との婚姻には，婚姻締結地の法律を適用し，離婚には案件を受理した裁判所の所在地の法律を適用する。」との規定は，いわゆる反致の規定と解されており，婚姻締結地の法律が適用されるのは，婚姻の実質的成立要件のみならず形式的成立要件も含まれる旨が，平成元年の中華人民共和国外交部回答（戸籍誌582号83頁参照）によって明らかにされました。

従って，中国人が日本人と日本で婚姻する場合には，日本法で定める方式，すなわち，日本の市区町村長に適式な創設的婚姻届出をするという方式により婚姻する必要があり，また，中国人当事者が日本法上の実質的成立要件も充たしている場合，当該婚姻は日本法上はもちろん，中国法上も有効に成立していると解されていました。

その後，平成３年に，在東京中華人民共和国大使館が，婚姻の中国人当事者が中国に在る場合には，中華人民共和国民法通則第147条は適用されないとの見解を示しました。この見解によれば，日本に在る日本人と中国に在る中国人が日本の方式で婚姻した場合に，中国人当事者がその準拠法たる中国法上の実質的成立要件を充たしていれば，日本法上，当該婚姻は有効に成立していることになりますが，中国側では，中国法上の実質的成立要件について正確に審査されているのか不明であり，また，中国法上，婚姻登録機関に出頭することになっている形式的成立要件が充たされていないとして，その成立を認めないこととなるため，いわば跛行婚となっていました。

そこで平成３年８月８日付け民二第4392号民事局第二課長通知が発出され，前記のような日本人と中国人の創設的な婚姻届出が出された場合には，日本では有効に成立しているが中国では有効な婚姻とは認められない旨を当事者に説明した上で受理するように指示がなされていました。

ところが以上のような扱いが変更されました。つまり，中華人民共和国外交部からこの問題について新たな見解が示されました。それによりますと，前記の平成３年の在東京中華人民共和国大使館の回答とは逆に，日本に在る日本人と中国に在る中国人が日本で婚姻するについても，平成元年の中華人民共和国外交部の回答，すなわち，当該婚姻について中国人当事者の実質的及び形式的成立要件は日本法による旨の考え方が同国の正式見解であることが確認され，また，同見解では，日本で成立した婚姻は中国でも有効な婚姻と認められることから，日本で婚姻が成立していることを証明する書面（婚姻届書の記載事項証明又は婚姻届受理証明書が該当するものと思われます）は，日本の外務省及び在日本の中国大使館（領事館）の認証を得れば中国国内でも有効な証明書として利用でき，中国で改めて婚姻登録又は承認手続をする必要はない旨も明らかにされました。

そこで改めて平成14年８月８日付け法務省民一第1885号民事局民事第一課長通知が発せられました。その内容は，

「１　日本国に在る日本人と中華人民共和国に在る中国人が日本において婚姻した場合であっても，同国民法通則第147条が適用され，同国国内においても有効な婚姻と認められる。したがって，当事者は同国国内であらためて婚姻登記又は承認手続を行う必要はない。

２　日本国の方式で婚姻したという証明は，日本国外務省及び在日本国中華人民共和国大使館又は領事館において認証を得れば，同国国内でも有

効に使用できる。」

本件通知により，今後の日本人と中国人との創設的婚姻届に添付すべき書面としては従来から要するものとされていた書面（戸籍誌582号84頁下段①から③）のうち，③医学上婚姻すべきでないと認められる病気に罹っていないという医師の証明書の添付は不要となりますが，①独身証明書や②性別・出生年月日の証明書については従来どおり必要ですので，これらを添付させ，日本民法上の婚姻要件を充たしているか否かの審査を行うことになります（戸籍誌735号75頁以下参照）。

なお，この通知により，平成３年８月８日付け民二第4392号民事局第二課長通知は廃止されています。

■要件の審査

●創設的婚姻届

T　日本人と外国人との創設的な婚姻届出が市区町村長にされた場合，市区町村長はこれを受理するに当たり婚姻成立のための実質的成立要件及び形式的成立要件（方式）を具備しているか否かについて審査する必要があります（民740条）。

このうち，形式的成立要件については，婚姻届書に所定の事項が記載され，当事者及び証人の署名・押印などがされているかを確認することにより比較的容易に審査することが可能です。

他方，婚姻の実質的成立要件は，各当事者の本国法によることとされていることから，日本人と外国人が婚姻する場合，日本人については日本の民法の規定が，外国人についてはその者の本国法が適用されることになります。したがって，日本人については戸籍謄本等により，実質的要件を審査することになります。また，**外国人についての実質的成立要件に関しては，当該身分行為に対する本国法の規定内容とその身分事実を審査する必要があります。**

▲婚姻要件具備証明書

このような場合，渉外的戸籍事件においては，届出人は，原則として自己の本国法の定める身分行為の要件を具備していることを，市区町村長に対し，自ら立証するという取扱いがされています（大正８・６・26民甲841号回答，大正11・５・16民甲3471号回答）。その本国の権限を有する官憲が本国法上その婚姻の成立に必要な要件を具備している旨を証明した書面，いわゆる婚姻要件具備証明書を婚姻届書に添付させ（昭和22・６・25民甲595号回答，昭和24・５・30民甲1264号回答），これにより，要件審査をすることとされています。この婚姻要件具備証明書の記載については，現に成立させようとしている婚姻について本国法上何ら障害がないという包括的なもので差し支えなく，必ずしも個々の要件を掲げてそれを充足している旨の証明である必要はないものとされています。また，この証明を発給する「権限ある官憲」については，各国の身分関係の登録公証制度に対応し，例えば，警察署長（デンマーク昭和44・11・25民甲2606号回答），牧師（スウェーデン昭和43・８・15民甲2730号回答）等の例もあり，各国により様々であり一様ではないようです。しかし，出生登録証及び役場の担当官の署名のある父母の結婚同意書，あるいは，出生証明書及び父母の結婚証明書が添付されているだけでは，当該婚姻について本国法上何ら障害のない旨が証明されているわけではないため，婚姻要件具備証明書としては不十分であるとされています（昭和30・２・24民甲394号回答）。また，中国人の婚姻について，華僑総会の発行した結婚能力証明書は，本国の権限ある官憲の発行した婚姻要件具備証明書とは認められないとされています（昭和26・７・28民甲1568号回答）。

※婚姻要件具備証明書の添付を要しない場合

T　ところで，渉外戸籍事件において，要件具備証明書を必要とするのは，当該事件本人の身分関係事実と事件本人がその本国法上の要件を具備していることを証明するためのものです。したがって，その身分関係事実が外国官憲の発給する公文書で明らかにされ，かつ，その本国法の規定内容が明らかになっているような場合は，要件具備証明書の添付は要しないことになります。

S　例えばどのようなケースが考えられますか。

T　そうですね。例えば，韓国人同士又は台湾系中国人同士の婚姻のような場合は，双方の韓国又は台湾の戸籍の謄本を添付すれば足り，婚姻要件具備証明書の添付は不要と解されます。また，出典を明らかにした当該外国の法文の添付がある場合も，要件具備証明書の証明機能のうち，本国法の規定内容を明らかにするという点を代替するものとして取り扱って差し支えないものとされています。

S　それらの書類は実質的には要件具備証明書に求められる理由・趣旨を充たしていると解するわけですね。

T　そういうことですね。事柄を目的的に，実質的に考えているわけですね。

▲婚姻要件具備証明書に代わるもの

T　ところで，前記の婚姻要件具備証明書は，どこの国の国民でも必ず得られるわけではありません。それぞれの国によって，身分関係を登録・公証する制度が異なり，我が国で必要とするような証明書を発給するだけの包括的な資料を完備しているわけではないからです。したがって，このような証明書が添付されていないという理由だけで，婚姻届の受理を拒むことは相当ではありません。そこで，要件具備証明書が得られない場合にそれに代わるものとして認められているものがあります。

※宣誓書

例えば，アメリカ人がアメリカ合衆国領事の面前で，合衆国のその者の所属する州法により婚姻適齢に達していること及び日本人と婚姻するについて法律上の障害のないことを宣誓した旨の領事の署名のある宣誓書を，要件具備証明書とみて差し支えないものとした先例があります（昭和29・10・25民甲2226号回答)。なお，アメリカ人について，本国における所属州の公証人が要件具備証明書を発給したときは，それを我が国の求める要件具備証明書として取り扱って差し支えないものとした先例もあります（昭和29・9・25民甲1986号回答)。

もっとも，こうした扱いは，アメリカ大使館領事部との協議に基づくものであるとされていますから，事柄を一般化して，他の国の場合にも同様の結果を認めることについては慎重な審査が求められているものと言えましょう。

※結婚証明書

日本国内で外国人がその本国の方式によって日本人と婚姻した場合，日本法上婚姻は存在しないと言わなければなりませんが（通則法24条3項ただし書），その本国法上婚姻が成立した旨の証明書を添付して，我が国の方式により改めて婚姻の届出がされたときは，その婚姻証明書を婚姻要件具備証明書とみなして受理して差し支えないものとされています。例えば，ギリシャ人と日本人が日本の教会で結婚した旨をギリシャ総領事が証明した書面を添付して婚姻届が提出されたときは，それを我が国の求める婚姻要件具備証明書とみて，創設的届出として受理して差し支えないものとされています（昭和40・12・20民甲3474号回答）。この場合，当然のことながら，日本法上，婚姻は，市区町村長が届出を受理したときに成立することになります。

こうした宣誓書，結婚証明書については，本国官憲又はこれに準じる者によって発行されたものですから，婚姻要件具備証明書に代わるものといっても，これと同一レベルの信用性と証明力があると見られることからこのような扱いが是認されているのであろうと思われます。

▲婚姻要件具備証明書，婚姻証明書等が得られない場合の取扱い

T　当事者の本国が婚姻要件具備証明書を制度として発行しない国の場合や，本国官憲が当事者の身分関係を把握していないため，婚姻要件具備証明書を発行し得ない場合には，婚姻要件具備証明書を得ようとしても，法制度として得ることができません。当然のことながら，宣誓書及び結婚証明書等を得ることはできないことになります。

このような場合は，**要件審査の原則に戻り，当事者の本国法の内容**，すなわち，民法・親族法における婚姻の要件の内容を明らかにし，その上で，当事者が各要件を満たしているかどうかを判断するため，**その身分関係事実**（年齢，独身であること。意思能力・婚姻能力があること等。）**を証明する書証等が必要**となります。

前者については，当事者の本国法の婚姻の要件に関する証明書，すなわち，出典を明示した法文（の写し）等が該当します。後者については，本国官憲発行の身分証明書・出生証明書・身分登録簿の写し等が該当します。

婚姻要件具備証明書を発行する制度はあっても，当事者の身分関係事実について本国官憲が把握していない場合があります。例えば，在日朝鮮人及び在日中国人の中には，その歴史的経緯から本国官憲が其の身分関係事実を把握していない場合（特に，我が国で出生した子については，本国官憲が把握していないことが多い）があり，婚姻要件具備証明書を発行する制度があっても，当該当事者について同証明書を発行することができないことがあり得ます。このような場合は，当事者に不可能なことを求めるわけにはいきませんから，婚姻要件具備証明書が得られない旨を申述した書面の提出を求めた上で，当事者の身分関係事実を証明する書面，例えば，本国官憲の発行した両親の戸籍謄本等（間接的に身分関係が証明される場合），当事者の出生証明書等可能な限り客観的な資料の提出を求めた上で，事件本人の身分関係を認定することになります。

例えば，在日韓国人等でこれに該当する場合は，世帯主との続柄が証明される住民票の写し及びその他の資料（戸籍届書記載事項証明書，閉鎖外国人登録原票の写し，事件本人が要件を具備している旨の第三者の申述書等）を提出してもらい，それらに基づき審査することもやむを得ないものと考えられています（昭和30・2・9民甲245号通達，平成24・6・25民一1550号通達）。しかしながらこの措置は，本国において身分登録がされていないなど，本国官憲発給の要件具備証明書を提出することが困難な事情のある者について，例外的に認めているものであるため，中国，韓国等からの近時の渡来者については，本国官憲により身分関係事実が把握されていると考えられるため，以上の例外的な取扱いは認められず，本国官憲発行の証明書の提出を求めることになります（平成元・12・27民二5541号通達）。

なお，婚姻要件具備証明書を発行していない国のうち，イスラエルについては，要件具備証明書が得られない旨の申述書及び当事者の身分関係を証する書面の提出を求め，これにより審査して差し支えない旨の先例があります（昭和40・11・25民甲3313号回答）。また，ルーマニアについては，独身証明書のほか，本国法上の婚姻要件を具備している旨等の申述書を徴した上，受理して差し支えない旨の先例もあります（平成4・6・30民二3763号回答）。

●報告的婚姻届の審査

▲報告的婚姻届の意義

T　外国の方式によって成立した婚姻のうち，当事者の一方又は双方が日本人であるものについては，その者の戸籍に婚姻が成立した旨を記載しなければなりません。そのため，外国に在る日本人は，その国の方式に従って作成された婚姻証書の謄本（もし，婚姻証書を作成しない場合には，婚姻の成立を証する書面）を，婚姻成立の日から3箇月以内に，その国に駐在する日本の大使，公使又は領事に提出しなければなりません（戸41条）。大使等は，これを遅滞なく外務大臣を経由して本人の本籍地の市区町村長に送付しなければならないこととされています（戸42条）。

また，外国に在る日本人が外国人配偶者の本国法による方式により婚姻した場合，その本国が婚姻挙行地国以外の国であっても，当事者の一方の本国法による方式による有効な婚姻として扱うことができますから，この場合も日本人の戸籍に婚姻の事実を記載する必要があります。そこで，外国に在る日本人が，外国人配偶者の本国法上の方式（婚姻挙行地法による場合を除く）により婚姻し，外国人配偶者の本国官憲に婚姻に関する証書をつくらせたときは，戸籍法41条を類推適用することとし，3箇月以内にその所在する国に駐在する日本の大使等にその証書の謄本を提出しなければならないこととされています（平成元・10・2民二3900号通達第1の2(2)）。この場合，大使等がその国に駐在しないときは，これについても戸籍法41条2項の類推適用により3箇月以内に本籍地の市区町村長に証書の謄本を発送しなければならないことになります。

このような報告的婚姻届としての証書等の提出がされた場合において市区町村長が行うべき審査は以下のとおりとなります。

▲形式的成立要件の審査

T　報告的婚姻届として婚姻証書等が提出された場合，市区町村長は，それらが真正に作成されたものであるかについて審査する必要があります。真正に作成されたものであることが確認されれば，その国の方式によって婚姻が成立したことが確認されたことになります。

外国における婚姻の方式は，各国さまざまであり，宗教上の儀式によって婚姻の成立を認める国もありますが，外国に駐在する我が国の大使等がこの証書の提出を受けた場合であれば，比較的容易に真否の判断をすることができると思われます。しかし，その国に日本の大使等が駐在していない場合には，本籍地市区町村長あてに直接郵送するほかなく（戸41条２項），また，帰国後に直接提出することもできることから（大正３・12・28民803号回答12，昭和26・７・15民甲1542号回答），このようなときは，市区町村長が第一次的に審査する必要があります。

その場合，その国の婚姻の方式が先例等により広く知られており，証書の作成者，体裁，内容等から判断して，真正に成立したものと認められるものが提出されたときは，問題はありません。しかし，証書作成名義者の有する権限について疑問等があったり，内容に不明確な点がある場合には，管轄法務局へ照会し，管轄法務局でも明らかでないときは，法務省，更には外務省，在外公館へと照会を重ね，真否等を明確にした上で処理することになります。

例えば，その国の法律が明らかでないため，婚姻届の受否について照会があった事例として，日本人男とエル・サルバドル人女とのグァテマラ共和国における婚姻について，同国弁護士が発給した婚姻証明書を戸籍法41条に規定する婚姻証書として取り扱って差し支えないとされたもの（平成２・８・24民二3740号回答），イスラエル人男と日本人女の婚姻届に添付されたサイプラス共和国ラルナカ市発行の結婚証明書を戸籍法41条に規定する証書として取り扱って差し支えないとされたもの（平成７・12・11民二4369号回答）等があります。

なお，日本人同士について外国の方式により婚姻が成立し，婚姻証書等を提出する場合，夫婦で協議した上で，夫婦の称する氏（民750条），夫婦について新戸籍を編製すべきときにおける新本籍（戸16条，同30条１項）等を届け出なければなりません（昭和25・1・23民事甲145号回答）。そのため，通常は，婚姻証書等のほかに，我が国の婚姻届書用紙を添付し，これに夫婦の称する氏等必要な事項を記載します。戸籍法41条の規定による証書の謄本の提出は，関係当事者の一方からでもすることができるものとされています（昭和28・4・8民甲561号回答三）が，夫婦の称する氏等については夫婦の協議によって定めなければなりませんから，婚姻証書等により夫婦の称する氏が明らかでない限り，結局，夫婦共同で提出しなければならないことになります。もっとも，証書の謄本提出前に当事者が死亡したため，夫婦の称する氏を定めることができない場合，そのことを理由として外国の方式に従って成立した婚姻を戸籍に記載しないというわけにはいきません。したがって，この場合，先例は親族からの申出によって夫婦の氏を一方に定めて戸籍の処理をして差し支えない扱いが認められています（昭和42・3・2民甲354号回答）。

▲実質的成立要件の審査

T　外国の方式によって婚姻する場合においても，実質的成立要件については，各当事者の本国法が準拠法となりますから，この準拠法に基づく実質的要件を充たしている必要があります。

ところで，日本人が外国の方式によって婚姻をしようとする際に婚姻要件具備証明書の発給を求められたときは，どう対応することになりますか。

S　我が国では，市区町村長がこれを発給すべきものとされています。なお，婚姻当事者が戸籍謄本を提示してこの証明書の発給を求めてきたときは，法務局・地方法務局の長，大使，公使，領事等も発給することができることとされています。また，その様式も定められています（昭和31・11・20民甲2659号回答，昭和35・9・26民二392号回答二）。

T　そうですね。しかし，外国の方式によって婚姻しようとする日本人のすべてが常にこのような証明書の発給を得た上で婚姻するとは限りませんから，時として，我が国の民法の定める実質的成立要件を充たさないままの婚姻が行われる可能性もあり得ます。

しかし，その場合でも，外国の方式によって一応婚姻は成立しているので，その婚姻について取消事由があっても，そのことを理由に婚姻証書の謄本を受理しないことは許されない扱いです。このことは，日本人と外国人との婚姻の場合の外国人たる当事者の実質的成立要件の具備についても，同じことが言えるかと思います。

例えば，外国で，日本人と外国人がその国の方式に従って婚姻をし，その旨の婚姻証書等が提出された場合，その日本人の戸籍によれば既に配偶者があるときでも，重婚は取消しの事由でしかないため（民744条），その受理を拒むことはできない扱いです（大正15・11・26民8355号回答一，昭和26・7・28民甲1544号回答，昭和44・2・13民甲208号回答）。

他方，婚姻の当然無効をきたすような実質的成立要件の欠缺がある場合は，たとえ外国の方式に従って有効に成立したかに見えても，その婚姻は無効ですから，受理を拒む必要があります（昭和5・9・29民890号回答二，三）。もっとも，市区町村長が，婚姻証書等が提出された時点で当然無効の原因（婚姻意思の欠缺等）があると判断することができる事案は，現実的には，極めて稀にしか考えられませんから，実際にはそのまま受理されることになるものと思います。

S　そうしますと，結局は戸籍に記載され，その後，戸籍訂正の手続によって消除されるというのが通例ということになりましょうか。

T　そうですね。

■婚姻の身分的効力

T　婚姻が有効に成立したことにより発生する法律上の効果，例えば，夫婦の同居義務，婚姻による成年擬制，夫婦間の契約，夫婦の行為能力の制限，夫婦の貞操義務の法律関係等のいわゆる婚姻の身分的効力の準拠法の決定については，通則法はどのように規定していますか。

S　はい。通則法の25条が規定しています。

「婚姻の効力は，夫婦の本国法が同一であるときはその法により，その法

がない場合において夫婦の常居所地法が同一であるときはその法により，そのいずれの法もないときは夫婦に最も密接な関係がある地の法による。」とあります。

T　婚姻については一般に属人法主義が妥当すると考えられていますが，夫婦が異国籍である場合にはいずれの本国法によるべきかが問題となります。平成元年の法例改正前の旧14条は，夫の国籍を優先し，夫の本国法主義を採用していました。しかし，平成元年の法例改正で両性の平等の観点から夫婦に共通する連結点を媒介として準拠法を決定する**段階的連結**が採用され，今示していただいたように，通則法の25条がそれを継承しているわけですね。

まず，夫婦に同一の本国法がある場合にはこれにより，これがない場合には，夫婦が同じ国に居住していればその法律に依拠させるのが適当であることから，第2番目として夫婦の同一常居所地法により，これもない場合には第3段階として様々な要素を考慮して夫婦と最も密接な関係を有する地の法が準拠法とされることになっています。

ここで念のために**「常居所」**と**「密接関連法」**の内容について少し触れておきたいと思います。まず「常居所」の定義と認定についてです。「常居所」とは，人が常時居住する場所で，それは，単なる居所とは異なり，人が相当長期間にわたって居住する場所であるとされています。その認定は，居住年数，居住目的，居住状況等の諸要素を総合的に勘案してなされることになります。日本民法上の「住所」と国際私法における「常居所」とは，ほぼ同じものといって差し支えないものと解されています。この25条の規定が27条の離婚の準拠法に準用されていることから協議離婚の届出を受理するに当たっても戸籍の窓口において「常居所」の認定をしなければならない場合があり得ます。これについては，当然のことながら，全国一律の取扱いが必要となります。そのため，平成元年10月2日付け民二第3900号通達はその第八において，「常居所」の認定基準及び認定方法を定めています。通達は，我が国における「常居所」の存在と外国におけるそれとに場合分けした上，日本人と外国人についてそれぞれ居住年数の要否・期間（例えば，日本人については，住民登録がされていれば日本に「常居所」を有するものとし，通常の外国人が我が国において「常居所」を有するには，原則として５年以上の在留を要する等。）あるいは，居住目的（永住目的の場合は，１年以上の居住で足りるとし，観光目的の場合は，日本に「常居所」を有するものとしない等。）等としています。そして，戸籍の窓口は，形式的審査を行っていますから，認定資料も，旅券，在留カード，特別永住者証明書，住民票の写し，等の書面によることとされています。

次に「密接関連法」がどのようなものであるかについてです。この密接関連法を適用すべき場合とは，国際婚姻をした夫が外国に単身赴任したり，国際婚姻が事実上破綻して，国際的な別居が始まっている場合等，国籍を異にする夫婦が国を隔てて居住している場合が考えられます。

このような場合における夫婦にとって最も密接な関係がある地の法律とは，例えば，これまでの共通の本国法，これまでの共通の常居所地法などを考えることができます。また，夫婦の一方がその夫婦の子と居住している場合は，その居住している地の法律が密接関連法と認められる場合もあり得ます。いずれにしても具体的な事件に応じて判断することになるため，前記通達では，原則として，密接関連法を適用すべき場合は，管轄法務局長等に受理伺いをすることとしています（「民事月報44巻号外・法例改正特集」15頁）。

さて，そこで，婚姻の効力についての準拠法の適用については，通則法の26条が夫婦の財産関係について規定していますから，25条ではそれを除いた他の一般的効力が適用されることになると解されます。もっとも，25条が夫婦の同居協力義務や貞操義務について適用されることには異論はありません。また，夫婦間の扶養義務の問題は「扶養義務の準拠法に関する法律」によることになりましょう。このように本条の適用範囲はそれほど広くないと思われますが，25条での準拠法決定方法が婚姻の財産的効力（26条）や離婚（27条）の準拠法の決定においても採用されており，そういう意味で重要な規定であると言えます。

以下では，婚姻の効力の中でも戸籍事務に直接的関係のあるものについてのみ触れてみたいと思います。

●夫婦の称する氏について

氏名には，自他を識別するための呼称的機能があると言われています。また，公的な身分登録では，氏名は，同一性を確認するための一要素としての役割も有しています。加えて，人格権としての権利性をも有するものとしても捉えられています。一般的には，氏名については，以上のようなことが言われていますが，しかし，諸外国における氏名に関する法制は様々です。

今日においては，婚姻に際して夫婦が称し得る氏として各国が認めている選択肢には，同一氏や別氏のほか，夫婦双方の氏や名を併記した結合氏（複合姓）などがあります。このような氏の多面的な性質・役割や各国の実質法上の法制の違い等から，氏名の問題を国際私法上どのように扱うべきかに関しては見解が分かれています。そこで，これらの内容を素描しておきたいと思います。

▲学説

学説上，一般に人の氏の問題は個人の呼称に関わるものであり，基本的にはその者の人格権に関わるとして，属人法により決せられるべきであるとするのが通説的見解と言えましょう。つまり，本人の意思による氏の変更が許されるか，どのような変更が可能であるかというような問題について適用される準拠法は，我が国の通則法上明文の規定はありませんが，その本人の属人法であるという点では一致していると言ってよいと思われます。

しかし，国際的な親子関係や婚姻関係の成立・変動に伴って氏が問題となる場合には，見解が対立します。すなわち，その場合も，人格権の問題として属人法によらしめるべきであるとする見解（属人法説）と，特に親族関係の成立・変動に伴い氏の得喪変動が問題とされる限りはそれら親族関係の成立・変動の一つの効果として，その親族関係の成立・変動の効果に関する準拠法によるべきであるとする見解と二つに分かれています。

他方で，こうした考え方に対して，基本的に人の氏名の問題は私法上の問題ではなく，公法的な意味での氏名法上の問題であるとして，当事者の国籍所属国の氏名公法によらしめるべきとする見解（氏名公法説）があります。この立場からは，人の氏名が渉外的に問題となる場合にも，行政法的な性格を有する氏名公法がその国籍者に対し属人的に適用されると考えることになります。

▲戸籍実務の立場

こうした学説に対し，戸籍実務は，夫婦の一方が外国人である場合の夫婦の氏は，氏名権という夫婦それぞれに関する問題であるとして，当事者の属人法（本国法）によらしめており，少なくとも日本人については，日本法によるものとし（昭和55・８・27民二5218号通達），婚姻によっては当事者の氏に変動はないものとして処理しています。

そして，日本法の解釈として，夫婦の氏について定める民法750条は，日本人同士が婚姻する場合を前提としており，日本人と外国人が婚姻する場合には適用されないものと解している結果，外国人との婚姻によっては，日本人当事者の氏に変動はないものとして処理されています。ここで関連する二つの先例を紹介しておきます。

一つは，日本人男とドイツ人女が婚姻した場合の氏に関し，「日本民法第750条の規定は，日本人と外国人を当事者とする婚姻については適用されず，戸籍法においてもかかる夫婦の称すべき氏については規定されていない。したがって，所問のドイツ人女は日本人男と婚姻しても夫の氏を称することはない。」（昭和40・４・12民事甲838号回答）。

今一つは，日本人男と外国人女が妻の氏を称して外国に新本籍を定める旨の婚姻届がされた場合について，「日本人と外国人間の婚姻については，民法第750条の規定の適用がなく，また，右婚姻によっては日本人は当然には日本国籍を喪失せず，戸籍の変動を生じることもないから，日本人男が外国人女と妻の氏を称して婚姻し，外国において夫婦の新本籍を定める旨を記載した本件婚姻届は受理すべきでない。」（昭和26・４・30民事甲899号回答）。

こうした戸籍実務の扱いは現在においては確定された取り扱いと言ってよいと思われます。

具体的には，日本人と外国人との婚姻届出があったときは，その日本人配偶者について新戸籍が編製されますが（戸16条３項），当該戸籍の身分事項欄に外国人と婚姻した旨が記載されるだけで，日本人についての氏は婚姻の前後を通じて変更はないものとして取り扱われています。

S　そのような扱いで現場では処理していますが，その理論的根拠はどういうところにあると考えればいいのでしょうか。

T　そうですね。実質的な理由としては，①個人の呼称は各国まちまちで，その変動の事由が我が国とは同じではないこと，②戸籍法は，民法の規定する氏に従って取り扱われるため，外国法又は慣習・習俗によって定まる婚姻後の個人の呼称を戸籍に記載することは困難が多く取扱いが不可能な場合も少なくないこと，というところにある，と説かれています。要するに，現行の戸籍制度の運用の実態に即して見れば，国際的な家族関係の戸籍への反映には限界があるということでしょうか。

※外国人と婚姻した日本人配偶者の氏の変更について

T　前記のとおり，日本人は婚姻によって外国人配偶者の氏を称することはありませんから，その氏は婚姻の前後を通じて同一です。しかし，外国人と婚姻した日本人配偶者が，婚姻生活を継続する上で，夫と同一の氏を称することを希望した場合には，これを尊重する必要性は十分にあると言えます。

そこで，従来から，戸籍上も外国人配偶者の氏と同じ氏を称したいという場合には，氏の変更を認めている戸籍法107条１項により，家庭裁判所に氏変更の許可の申立てをし，裁判所が「やむを得ない事由あり」と判断して許可した場合は，審判の謄本及び確定証明書を添付の上，市区町村長に届け出ることにより，戸籍上も外国人配偶者の氏に変更する取扱いが認められていました。

それが昭和59年の戸籍法改正の際，より簡易な手続によって外国人配偶者の称している氏に変更することができるようになりました。

どんな規定になっていますか。

S　はい。**外国人と婚姻した日本人配偶者は，婚姻成立後６箇月以内に限り，**

家庭裁判所の許可を得ないで，その氏を外国人配偶者の称している氏に変更する旨の届出をすることができる（戸107条２項）とされました。これは，外国人と婚姻した者は，婚姻生活を維持継続していく上で，また，婚姻生活に伴う社会活動上で氏変更の必要性が一般的に高いと考えられることから，家庭裁判所の許可を得ないでも氏変更ができるとされたものと理解しています。

T　蛇足ながら，この規定は，日本人については外国人との婚姻により氏の変更がないことを前提として立法されたものであり，外国人と婚姻した日本人の称する氏に関する戸籍実務の解釈の立場を前提として立法されたものであることも確認しておきたいと思います。

それでは，関連して，戸籍法107条２項の氏変更の届出の要件についてその要点を整理しておくことにしましょう。

S　婚姻により氏変更の届出をすることができるのは，婚姻成立の日から６箇月以内に限られます。また，変更しようとする氏は，婚姻をした外国人の称している氏，つまり，日本人の戸籍の身分事項欄に記載されている氏名のうちの氏の部分に限られます。ただし，外国人配偶者の氏のうち，その本国法によって子に承継される可能性のない部分は，戸籍法107条２項に規定する外国人配偶者の称している氏には含まれず，その部分を除いたものが変更後の氏となります。もっとも，身分事項欄に記載された外国人配偶者の氏と同一のものを，届書の「変更後の氏」欄に記載した届出があったときは，その氏の記載中に子に承継されない部分が含まれていることを市区町村長が特に知っているような場合は別として，通常は届出をそのまま受理して差し支えないものとされています。

T　変更後の氏は片仮名で記載することになりますか。

S　それが原則ですが，配偶者が漢字使用国の国民である場合において，身分事項欄に記載された氏に用いられた漢字が正しい日本文字であるときは，それをそのまま日本人配偶者の変更後の氏とすることができる扱いとなっています（昭和59・11・１民二5500号第２－４(1)ウ)。

T　ここで，以上に触れてきました問題に関連した事案についての先例について紹介しておきたいと思います。先ほどもありましたように戸籍法107条２項の規定に基づき，外国人と婚姻した日本人が，変更後の氏として届出が可能なのは，「届出人の身分事項欄（婚姻事項）に外国人配偶者の氏として記載されたもの」と同一でなければならないのが原則でした。ところが，次のような事案が出てきたのです。外国人と婚姻した日本人から，外国人配偶者の本国法における婚姻の効果として，外国人配偶者の氏が日本人配偶者の氏との複合氏（例えば，「スミス村田」）となり，申出により，その複合氏が日本人配偶者の身分事項欄に，外国人配偶者の氏として記載されたのです。この場合，婚姻の日から６箇月以内であれば，戸籍法107条２項の届出により，日本人配偶者の氏を，当該複合氏に変更することは可能かどうかという問題です。積極・消極の意見があると思いますが，この件について発出された回答では「外国人と婚姻した日本人が，その氏を戸籍法第107条第２項の届出により，婚姻の効果として，外国人配偶者が称することとなった複合氏に変更することは認められない。」（平成27・６・１民一707号民事第一課長回答）としています。

S　それではその場合に複合氏を称する方法はないことになりますか。

T　いいえ。戸籍法107条１項により，家庭裁判所の許可を得れば可能ということは言えるでしょう（戸籍誌917号86頁参照）。

S　なるほど。そういう手段はあるわけですね。

T　それでは戸籍法107条２項の氏変更の届出のあった場合の戸籍の処理についても整理しておきましょう。

S　外国人と婚姻した日本人配偶者については，その者が従前戸籍において筆頭者でないときは，まず，その者について，従前の氏により婚姻に基づく新戸籍を編製します。そして，氏変更の届出がされますと，その者を筆頭者としている従前戸籍又は新戸籍に氏変更事由を記載し，筆頭者氏名欄の氏の記載を朱で消し，その右に変更後の氏を記載します。なお，氏変更の届出が婚姻届出と同時に提出された場合においても，取扱いは同様です。

ただし，注意すべき点があります。日本人配偶者を筆頭者とする戸籍に同籍者（その者の子）があるときは，氏変更の効果は同籍者には及ばないため，日本人配偶者につき変更後の氏で新戸籍を編製することになります。これは，氏変更の理由が，外国人と婚姻したことにより生じる社会生活上の必要性という極めて個人的事情に基づくものであること，加えて，この氏変更は，届出人の意思のみによってするものであるところ，同籍者は，外国人配偶者との間の子であることもありますが，外国人配偶者との婚姻前の子であることもあり，同籍者の意思を考慮せずにその効果を当然に及ぼすのは妥当ではないと考えられたことによるものと理解しています。

T　その場合，同籍者が氏変更をした日本人父又は母の戸籍に入籍する方法はないのですか。

S　その場合は，戸籍法98条に準じて，戸籍先例で認められています「同籍する旨の入籍届」により家庭裁判所の許可を得ることなく入籍できる取扱いが認められています（昭和59・11・１民二5500号通達第２の４(1)カ）。

T　それでは，戸籍法107条２項の所定の期間を経過した後に日本人配偶者が外国人配偶者の氏への変更を希望する場合はどうすればよいのでしょうか。

S　その場合は，他の氏の変更の場合と同様に「やむを得ない事由」がある場合に限り，家庭裁判所での許可審判により変更することが可能です（戸107条１項）。

●成年擬制

T　民法753条は，「未成年者が婚姻をしたときは，これによって成年に達したものとみなす。」と規定し，いわゆる成年擬制の制度を採用していますが，このような制度を採用している国は比較的多いとされています。ところで，日本人と外国人が婚姻した場合，その一方又は双方が未成年であったとき，これらの未成年者が成年に達したものとみなされるか否かについては二つの考え方があります。一つは，成年擬制は，婚姻生活の円滑な運営のために認められた制度として，婚姻の効力の準拠法によると解する立場です。つまり，この場合の準拠法は，通則法25条と解するわけです。今一つは，成年擬制の問題は，夫婦間の利害に関する問題ではなく，むしろ各当事者の行為能力に関する問題であり，婚姻の成立自体は通則法24条により，婚姻の成立により未成年者が成年と擬制されるのは同法４条の人の行為能力に関する規定によるとする立場です。つまり，各当事者の本国法によると解することになります。

戸籍実務は，この問題を，婚姻の身分的効力の中に含ましめています（昭和32・３・27民甲577号回答）。

●婚姻準正

T　民法789条１項は，「父が認知した子は，その父母の婚姻によって嫡出子の身分を取得する。」と規定しています。婚姻準正と言われているものです。

ところで，通則法30条１項は，「子は，準正の要件である事実が完成した当時における父若しくは母又は子の本国法により準正が成立するときは，嫡出子の身分を取得する。」と規定し，準正の原因となる事実の完成当時，すなわち，父母の婚姻成立時の父若しくは母のいずれか一方の本国法又は子の本国法によって準正が認められるときは，準正の成立が認められ，当該子は，嫡出子の身分を取得することになります。

なお，父の本国法上，事実主義が採用されており，婚姻準正が認められている場合は，父からの認知の有無にかかわらず，父母の婚姻によって婚姻準正となります。

この場合，次のとおり取り扱うことになります（平成元・10・２民二3900号通達第３の３）。

①　婚姻前に出生の届出がされ，それに基づき父の氏名が記載されている場合は，基本の届書，すなわち，婚姻の届書の「その他」欄に，準正嫡出子となる旨，その子の戸籍の表示及び準正の効果としての続柄の訂正事項を記載し，子の戸籍の続柄欄を訂正する（なお，外国人たる子の場合は，婚姻届書の「その他」欄に準正嫡出子となる旨を表示するにとどまる）。

②　婚姻の届出後，父の国籍証明書，父の本国法上事実主義が採用されている旨の証明書及びその者が事件本人の父であることを認めている証明

書を添付して，父の氏名を記載する旨の出生届の追完の届出及び嫡出子たる身分を取得する旨の婚姻届の追完の届出があった場合は，戸籍に，父の氏名を記載し，続柄欄を訂正する。

③　婚姻の届出後，婚姻前に出生した子について，母から，届書の「その他」欄に父母が婚姻した旨が記載され，かつ，②の証明書の添付された嫡出子出生の届出があった場合は，嫡出子として戸籍に記載する。なお，父もこれらの証明書及びその者が父である旨の母の申述書を添付して，当該出生の届出をすることができる。

■戸籍の処理について

T　それでは最後に戸籍の処理についての要点をまとめておきましょう。

S　二つに分けて説明したいと思います。

※日本の市区町村長が当事者の一方又は双方が外国人である創設的婚姻届を受理した場合

日本人と外国人が日本で婚姻する場合，戸籍法25条の規定により，日本人の本籍地又は当事者（届出人）の所在地のいずれかに婚姻届が提出されます。日本人の本籍地に提出された場合は，これを受理した市区町村長は，受附帳に記載した後，日本人について，その者が戸籍の筆頭者であるときはその戸籍に婚姻届があった旨の記載をし，戸籍の筆頭者でないときは新戸籍を編製した上（戸16条３項），婚姻届があった旨記載します（法定記載例73 ～ 76）。

当事者の所在地に提出され，その日本人が他の市区町村に本籍を有する場合は，婚姻届を受理した市区町村長は，受附帳に記載した後，その本籍地の市区町村長に届書を送付しなければなりません。送付を受けた市区町村長は，受附帳に記載した後，届書が日本人の本籍地に送付された場合と同様の処理をします。

外国人同士が日本で日本の方式によって婚姻する場合は，当事者（届出人）の所在地の市区町村長に婚姻の届出をしなければなりません（戸25条２項）。市区町村長は，婚姻届を受理した場合，受附帳に記載しますが，外国人同士ですからともに戸籍はなく，従って，戸籍に記載することもありません。

※外国の方式による婚姻が成立した旨の婚姻証書等の送付又提出があった場合

日本人同士又は日本人と外国人とが外国の方式によって婚姻した旨の婚姻証書等が，その国に駐在する日本の領事等から日本人の当事者の本籍地市区町村長へ送付された場合は，前記の創設的婚姻届が日本人の本籍地に提出された場合と同様の処理をし，戸籍に婚姻証書の提出があった旨を記載します。婚姻証書等は，日本人の当事者から本籍地の市区町村長へ直接に提出される場合もありますが，この場合も審査して外国の方式によって婚姻が成立していると認められるときは，受理し，同様の処理をし，戸籍に婚姻証書の提出があった旨記載することになります。

T　それでは渉外的婚姻についてはこれで終わることにします。

【参考文献】

法務省民事局「民事月報44巻号外・法例改正特集」(平成元年)

財団法人民事法務協会「新版　実務戸籍法」(平成13年)

最高裁判所事務総局家庭局監修「渉外家事事件執務提要（上)」法曹会（平成10年)

最高裁判所事務総局編「渉外家事事件執務提要（下)」法曹会（平成４年)

中西康ほか著「国際私法」有斐閣（平成10年)

鳥居淳子ほか著「国際結婚の法律のＱ＆Ａ」有斐閣（平成10年)

櫻田嘉章・道垣内正人編「国際私法判例百選［第２版]」有斐閣（平成24年)

住田裕子「渉外婚姻の方式・手続」判例タイムズ747号427頁（平成３年)

佐野寛「渉外婚姻の成立要件の準拠法」判例タイムズ747号429頁（平成３年)

第11講　渉外的離婚

■渉外的離婚をめぐって

T　本講は渉外的離婚の問題を取り上げます。離婚とは，適法に成立している婚姻関係を将来に向かって解消させる行為です。しかし，渉外的離婚の場合にはそこに至る過程に多くの問題があります。そこで最初にその問題の中身を素描しておきたいと思います。渉外的離婚と一口で言ってもその体様はさまざまですね。いくつかその体様を例示して下さいませんか。

S　そうですね。例えば，日本に住んでいる日本人と外国人夫婦が離婚するケース，日本に住んでいる外国人夫婦の離婚のケース，これには，国籍が同じ外国人夫婦もあれば，国籍の異なる夫婦間の離婚もあります。さらには，外国に住んでいる日本人夫婦の離婚もあります。これらの中には居住関係を別にしている夫婦もあり得ます。これらそれぞれの体様によって関係する法律問題や手続は必ずしも同じではありません。

T　それらの場合の離婚の可否，要件，方法なども諸国の法制上相違があるのが普通ですから問題は複雑さを加えます。

　離婚法は，その根底で宗教や習俗，道徳などの影響を受けています。この点は婚姻法と同様ではありますが，実態は婚姻法以上に諸国の法制の差異は大きいと言われています。

　例えば，離婚についてはこれを最近まで禁止していた国（チリやマルタ）もあり，また，フィリピンでは今なお禁止されています。また，イタリアでは，1970年（昭和45年）になって離婚が法的に可能にはなりましたが，しかし，その実態は，法定別居を裁判所に申し立て，その後一定年数の法定別居を経ない限り離婚できないということになっているようです。

　しかし，最近の法務省の調査によれば，イタリアにおいても協議離婚の制度が採用されているようです（戸籍誌970号93頁）。ただ，その協議離婚の手続は，日本民法における協議離婚の手続に比べますと厳格な要件が課されているように見えます。

また，国によっては，個別の離婚についてそれを認める旨の特別法の制定を必要とする法制もあるようです（カナダ・ケベック州）。

他方，イスラム教国では，夫から妻に対して一方的に離婚を宣言することで離婚を認めるいわゆる離婚宣言（タラーク talaq）という簡易な離婚方法が認められているようです。要するに，離婚の許容性，要件，方法などにも諸国の法制上相違がみられるところです（中西康ほか著「国際私法」304頁）。

また，裁判所の決定によって離婚をすることができるいわゆる裁判離婚制度を採用している国も多いことから，準拠法の問題だけでなく，国際裁判管轄や外国離婚裁判の承認の問題など手続法との関係でも重要な問題が生ずることになります。

S　国際裁判管轄とか外国判決の承認という概念を聞いてもなかなかそのイメージが湧きませんが簡単に説明してもらえませんか。

T　いずれ関係する部分で少し詳しく触れたいと思っていますがここでアウトライン的に素描しておきましょう。

まず**国際裁判管轄**ですが，国際裁判管轄とは，渉外事件に関連のある複数の法域（国）のうち，どの国の裁判所が当該事件を扱うことができるかという問題です。裁判権の行使はその国家主権の発動であり，どのような場合にその国が裁判権を行使するかという国際裁判管轄の有無は，その国自身の自主的な規律に委ねられています。しかし，国際裁判管轄の決定については，世界共通のルールは存在していません。

我が国では最高裁判所が昭和39年３月25日の大法廷判決（民集18巻３号486頁）でこの問題に対する判断を示しています。裁判実務はこの判決の趣旨に沿って国際裁判管轄の有無の認定を個別事件ごとにしているようです。

ところで，この国際裁判管轄については，平成30年４月に人事訴訟法等の一部を改正する法律が成立し，人事訴訟事件等についての国際裁判管轄法制に関する規定が新たに整備されました。この点については後で関係する部分で改正の要旨について触れたいと思っています。

次に**外国判決承認の問題**です。渉外的離婚事件ではこの外国判決の承認・執行が問題となる場面がいくつかあり得ますが，主たる論点としては，外国で既になされた外国判決に基づき，日本でのその承認・執行の可否の問題と言えましょう。特に外国離婚判決の承認をめぐって議論されてきました。

現在では，外国離婚判決の承認については民訴法118条を適用する立場が通説とされており，判例および戸籍実務（昭和51・1・14法務省民二280号通達）も同様とされています。関係箇所でもう少し詳しく触れることとします。

ここでは渉外的離婚事件をめぐってはそうした問題があるということを認識していただければ十分かと思います。

それでは本論に入りましょう。

■離婚準拠法の決定（実質的成立要件）

T　離婚準拠法の**原則は通則法27条本文にあります**。どんな規定になっていますか。

S　「第25条の規定は，離婚について準用する。ただし，夫婦の一方が日本に常居所を有する日本人であるときは，離婚は，日本法による。」とあります。

T　それでは念のために第25条の規定も挙げていただきましょう。

S　「婚姻の効力は，夫婦の本国法が同一であるときはその法により，その法がない場合において夫婦の常居所地法が同一であるときはその法により，そのいずれの法もないときは夫婦に最も密接な関係がある地の法による。」とあります。

T　この規定の仕方は，多くの大陸法諸国が離婚を夫婦たる身分関係に関わる問題としてとらえて属人法に依拠させる立場を採っているのと同様に我が国もこの立場に立ったものです。英米諸国のように，離婚を離婚地の公序に関わる問題として離婚地法を適用するのとは異なるものです。

S　現行通則法の規定は平成元年の法例改正の際に改められたものですね。

T　そうですね。平成元年改正前法例下では「離婚ハ其ノ原因タル事実ノ発生シタル時ニ於ケル夫ノ本国法ニ依ル」と規定されていました。しかし，既に何度も触れましたように，平成元年の法例改正の際の改正理念の一つである準拠法決定に関する両性平等を実現し，婚姻関係の準拠法をできる限り統一的に定めるために，婚姻の効力に関する準拠法の決定方法を離婚の場合にも準用する旨平成元年に改正されました。現行の通則法27条はこれを引き継いだものです。

つまり，**段階的連結**を採用し，**夫婦の同一本国法，夫婦の同一の常居所地法，夫婦に最も密接な関係を有する地の法**を順に離婚準拠法としたわけです。

ここで少し留意して欲しい点があります。理論的な問題ではありますが念のために触れておきたいと思います。

つまり通則法27条では婚姻の効力の準拠法を離婚準拠法とするのではなく，25条の規定を**準用**しており，婚姻の効力の準拠法と離婚準拠法は必ずしも一致しないということです。25条と27条の法文を注意深く読んでいただきますとその差は理解できますね。念のために「準用」の意味について触れておきます。「準用」とは，ある事柄を規律するために作られた法規を，それとは性質を異にする別の事柄に対して，必要な若干の修正を加えてあてはめること，と定義されています。「適用」と比較するとわかりやすいかも知れませんね。

S　なるほど。法律用語は難解なものが多いですね。でもこの場合，なぜ「婚姻の効力の準拠法による」としないで「準用する」としたのですか。

T　そうですね。これは婚姻と離婚のもつ特別な事情等が背景にあったようです。つまり，この場合「離婚は，婚姻の効力の準拠法による」と定めることも考えられなかったわけではないようですが，特に密接関連法の認定に当たり，婚姻の効力の場合，多くは夫婦が同居し，婚姻生活を営んでいることからその婚姻住所を基にその婚姻関係を規律する法律を求めればよいのに対し，離婚の場合は，夫婦の一方ないし双方が婚姻住所地国から他国へ移動する等により別居しているのが一般的であると考えられることから，婚姻の効力と離婚では重点の置くべき事情が異なり，その結果，準拠法が異なることがあり得るため，「準用」の形で書き「婚姻の効力の準拠法による」とは規定されなかったものと説かれています（「民事月報44巻号外・法例改正特集」126頁）。

つまり，密接関連法の確定においても，離婚においては過去の婚姻住所地など，婚姻の効力とは異なる要素が考慮されるということであろうと思います。

繰り返しになりますが，離婚の準拠法の指定方法として通則法は三段階連結によることとしています。すなわち，まず，夫婦の本国法が同一のときは，その法律によらしめること，次に，同一の本国法がないときは，夫婦が同じ国に常居所を有していれば，その法律によらしめるのが適当であるので，第二段目として，共通常居所地法によらしめること，更に，その法律もないときは，その夫婦にとって最も密接な関連がある地の法律によらしめるのが適当であることから第三段目として，密接関連法によらしめることとされたものです。

次に**27条のただし書**です。どういう内容ですか。

S　「ただし，**夫婦の一方が日本に常居所を有する日本人であるときは，離婚は，日本法による。**」となっています。

T　このただし書は「**日本人条項**」と呼ばれています。この規定が設けられた趣旨は，離婚の準拠法について，婚姻の効力の準拠法について定める25条の規定を準用するのみでは，我が国が協議離婚制度を有することから，一義的には形式的審査権を前提とする戸籍事務管掌者に密接関連法の認定という困難な判断を強いることになり，実務的には機能しがたいため，この点が考慮されたものとされています。つまり，当事者の一方が日本人である場合には日本法が最密接関係地法と実際に認定されることも多いことを理由に，最密接関係地法の有無を検討することなく日本法が準拠法とされていることになります。

なお，**このただし書**は，規定の体裁からは，27条本文に定める第一段階から第三段階の準拠法すべてに優先して日本法が適用されるかのようにも読めますが，実際には**第三段階である最密接関係地法にのみ優先**して日本法が適用されるに過ぎません。夫婦の一方が日本に常居所を有する日本人である場合に夫婦に同一本国法があるときは，それは当然に日本法となり，夫婦の一方が日本に常居所を有する日本人である場合に夫婦に同一常居所地法があるのであれば，やはりこの場合も日本法となり，いずれも，ただし書を適用するまでもないからです。

●通則法27条にいう「離婚」の中に含まれる法律問題

T　ところで，通則法27条にいう「離婚」には次のような法律関係が含まれると解されています。

① 離婚そのものが認められるか（離婚制度の存否自体）。

② 離婚の実質的成立要件。具体的には，次のようなものが含まれる。

ア　裁判離婚によるべきか，協議離婚が可能かどうか。

イ　離婚原因

③ 離婚の効力，具体的には，次のようなものが含まれる。

ア　有責配偶者の損害賠償

イ　財産分与のような夫婦の一方の潜在的持分の実質的清算

ウ　婚姻により成年擬制を受けた者が，離婚時に未だ未成年の場合，離婚により未成年者に復するかどうか。

エ　離婚後復氏するかどうか。

■離婚の形式的成立要件（方式）

T　法律行為の方式とは，法律行為において当事者がその意思を表現すべき方法ないしは法律行為の外部的形式とされています。

通則法34条は，「第25条から前条までに規定する親族関係についての法律行為の方式は，当該法律行為の成立について適用すべき法律による。②前項の規定にかかわらず，行為地法に適合する方式は，有効とする。」と規定しています。

つまり，親族関係の法律行為の方式については，婚姻を除いて，通則法34

条が適用されることから，離婚の方式についても同条によることになるということです。具体的にはどういうことを意味していますか。

S　離婚が，夫婦の同一本国法，共通常居所地法若しくは密接関連法が定める方式あるいは，行為地の方式に従ってなされたときに限り，有効に成立することになる，という意味だと理解しています。

T　そうですね。

▲外国からの郵送による協議離婚の届出

※配偶者の一方が日本人の場合

T　外国からの郵送による協議離婚の届出が認められるか否かは，通則法34条によると，郵送による届出が，①身分行為の成立の準拠法上の方式として有効な場合（同条１項），②行為地法上の方式として有効な場合（同条２項）が考えられるところです。

ところで，平成元年の法例改正前においては，外国に在る日本人と外国人との間の創設的な身分行為について，日本人がその本籍地市区町村長に直接届書を送付した場合については，その身分行為の行為地は届書が到着した届出のなされる地すなわち日本であると解され，これは，行為地法の方式による身分行為として有効に成立するという扱いがなされていました。

S　婚姻のところで学んだのを思い出しました。そのような扱いが，①当事者双方が不在である上，②異法地域者間の法律行為についての法例９条（通則法10条３項）の規定の趣旨から，届書の到達した地を行為地とみることには批判があったということでした。

T　よく記憶していましたね。そのような問題について，平成元年の法例改正により，婚姻の方式については「当事者の一方の本国法に適合する方式」が新たに認められ，郵送による婚姻の場合は，行為地が届書の到達した地であると見ることなく有効と解されることになりました。よって，郵便に付した地を行為地とみることが通則法10条３項との平仄上妥当ということになります。これらの点は婚姻のところで触れたとおりです。

問題は協議離婚についてもこの婚姻の場合の扱いと同じと解してよいかど

うかです。どうですか。

S　両者を別異に扱う理由はないと思います。同じく創設的な身分行為に関わる届出であり，むしろ婚姻と同様に取り扱うべきであると思います。

T　そうですね。郵送に付した地を協議離婚の行為地として取り扱うということですね。したがって，外国に在る日本人が協議離婚届をその本籍地市区町村長に直接郵送し，当該協議離婚が有効に成立する場合としては，郵送による届出を身分行為の方式として認める日本法が，離婚成立の準拠法として指定される場合，すなわち，日本人配偶者が日本に常居所を有するとき，日本人配偶者は日本に常居所を有しないが，夫婦の密接関連法として日本法が指定される場合に限り，外国からの郵送による協議離婚届が有効となることになります。では，夫婦の双方が日本人の場合はどう考えるのですか。

S　この場合は同一の本国法としての日本法が離婚の準拠法となりますから，常に郵送による届出ができることになると思います。

T　愚問でした。

※外国人夫婦同士の場合

T　外国からの郵送による協議離婚届については，国際私法上は当事者の一方が日本人でなくても考えられるところです。例えば，生来の在日韓国人・在日中国人夫婦が一時的滞在地であるアメリカから郵送するような場合がそれに当たります。前記のとおり郵送による届出の場合の身分行為の行為地は，当該届書を郵送に付した地とされたことから，協議離婚が行為地の方式として有効に成立することはありませんが，外国人夫婦の共通常居所地が日本である場合，その離婚の準拠法は，その夫婦に同一本国法がない場合は，夫婦の常居所地法たる日本法が指定されることになりますから，離婚の方式についても，成立の準拠法たる日本法によることになります。そして，日本法では，外国から日本の戸籍役場に郵便で届け出ることができることになりますから，外国からの郵送による届出により有効に協議離婚ができそうです。受理できますか。

S　理論的には可能のように思いますが何か問題がありますか。

T　戸籍法は，日本国の法律として日本国の領域内に施行され，しかも戸籍法は，人の身分関係の登録，公証を目的とする行政法規としての実質を持っているため，戸籍法の対象となる人の身分関係の変動が日本国内で発生した場合には，当然その事件について戸籍法の関係規定の適用があることになります。これは，その事件本人が日本国民であると外国人（外交官，軍人等日本国の管轄権に服さない者を除く）であるとを問いません。また，出生や死亡に限らず，外国人が日本国内において裁判上の認知や離婚をした場合等，戸籍法によっていわゆる報告的届出事項とされている事実が日本国内で発生した場合には，日本人と同様に届出義務が課せられることになります。さらに，通則法は，離婚等の創設的身分行為についても行為地法によることができることとしていますが，行為地法たる我が国の民法は，これらの身分行為については戸籍法の定める届出をもってその方式としていますから，外国人が我が国の領域内で行為地法たる民法の定める方式によってこれらの身分行為をする場合は，戸籍法によらざるを得ないことになります。このように，戸籍法は，これら日本国内に在る外国人についても適用されます。

しかしながら，我が国の行政法規たる戸籍法は，日本人が自己の志望によって外国の国籍を取得し，日本国籍を喪失したときにする国籍喪失届（戸103条）等，戸籍法が外国に在る外国人について特別の規定を設け届出義務を課しているような場合を除き，外国に在る外国人に属人的に直接適用されるようなことはありません。

また，外国人に関する届出は，届出人の所在地でこれをしなければならないと定められており（戸25条２項），届出人の所在地の市区町村長のみが届出の受理の権限を有していますから，外国に在る外国人は，自身の所在地が外国であることをもって，戸籍法による届出によって身分上の行為をすることはできないことになります。このことは，郵送によって我が国の市区町村長に届け出られた場合も同様の結論となります。したがって，外国に在る外国人からの郵送による届出は受理できないことになります。

なお，前記の不受理の処分をしたときは，その届書類を届出人等に返戻し，不受理処分整理簿に処分及び返戻の年月日，事件の内容並びに不受理の理由を記載しなければならない扱いとされています（標準準則31条）。

S　国際私法の理論と戸籍法の論理がからみあう難しい問題だということがよくわかりました。

■離婚届の要件審査

T　日本国内で日本人と外国人の夫婦又は外国人同士の夫婦が離婚する場合，実質的成立要件は，通則法の指定する準拠法に照らして審査されることになります。

渉外的離婚事件に関する市区町村の要件審査については，形式的成立要件に関するものと実質的成立要件に関するものに区分されます。形式的成立要件については，届書に所定の事項が記入されているか，当事者及び証人が署名押印しているか等を確認します。実質的成立要件に関する審査については，当該身分行為についての当事者の本国法の規定内容と当事者の身分関係事実を審査する必要があるということになります。

なお，当事者の本国法の決定については，通則法38条ないし41条に規定され，さらに，平成元年10月２日付け民二3900号通達第１の１(1)イの例によることが明らかにされています。

●創設的離婚届の審査

※夫婦の双方が日本人である場合の協議離婚の届出

T　日本人夫婦の離婚について，問題となるのは外国における協議離婚です。離婚当事者が日本人夫婦の場合，我が国の国際私法たる通則法の規定は一見して関係がないようにも考えられますが，必ずしもそうではありません。

そもそも国際私法は，渉外的法律関係における準拠法を規律するものです。その場合，渉外的要素とは，当事者の国籍，住所，居所，行為地などが異なった国に関連を有する場合を意味します。したがって，当事者が同国人同士であっても，住所・行為地等が本国以外の外国の場合にも国際私法である通則法の適用が考えられることになります。渉外的法律関係におけるいわゆる渉外的要素はそのような位置づけを必要とします。

ところで，準拠法が日本法と指定されれば，当然のことながら日本法によることになります。日本民法，戸籍法等は属人的効力から日本人が外国に在る場合にも適用があります。よって，日本人夫婦が外国で協議離婚する場合には，日本民法の実質的成立要件（離婚に関する夫婦の合意等）を満たした上，その国に駐在する日本の大使，公使又は領事に協議離婚の届出をし，これが受理されることによって離婚が成立するものと解されています（離婚の場合，婚姻の場合における民法741条のような直接的な規定はありませんが，民法764条，739条及び戸籍法40条，76条により，可能とされています（大正12・１・６民事4887号回答，昭和27・３・５民甲239号回答））。

※夫婦の一方が日本人である場合の協議離婚の届出

T　通則法は既にみてきましたように27条において，離婚の準拠法につき，婚姻の効力の準拠法を定めた25条の規定を準用して，同一本国法，共通常居所地法，密接関連法の三段階の連結によっています。また，同条ただし書において，日本人の常居所が我が国にある場合，配偶者の性別にかかわらず，常に協議離婚の届出ができることになりました。

★日本人配偶者が日本に常居所を有する場合

T　密接関連法の認定については，夫婦が別々の国に別居している国際別居の場合にはじめて問題となりますが，離婚の当事者の一方が日本人である場合は，通則法27条ただし書の規定により，日本に常居所があることが認定できれば，つまり，住民票の写しの添付があれば，我が国の民法が離婚の準拠法として指定されることになり，協議離婚の届出が受理できることになります。このただし書は，もっぱら協議離婚における戸籍窓口での審査の容易化を目指して設けられた規定であることは既に触れたとおりです。

★外国人配偶者が日本に常居所を有する場合

T　日本人配偶者が国外に転出し，我が国に常居所を有しない場合にあっても，外国人配偶者について，在留カード，特別永住者証明書又は住民票の写し及び旅券の写しの添付により，我が国に常居所を有しているものと認定することができれば，類型的に日本法が密接関連地法として認定することが可能ですから，協議離婚の届出を受理して差し支えないこととされています（平成元・10・２民二3900号通達第２の１(1)イ(ア)）。この場合には，密接関連地法と判断することについて，受理照会は要しない扱いです。

この場合は，①配偶者の一方が日本人であること，②外国人配偶者の常居所が日本に在ること，③当事者双方が日本法による協議離婚に合意しており，かつ，それが離婚当事者一方の本国法である日本法であること等により，当該夫婦に最も密接な地を日本と認め得ることから，当該夫婦の密接関連法は日本法となるからです。

★夫婦が共に外国に在り共通常居所がない場合

T　この事例は，夫婦が共に日本以外の別々の国に別居しているいわゆる国際別居の場合にはじめて問題となるケースですが，配偶者の一方が日本人の場合は，既に触れましたように日本人配偶者から住民票の写しを添付して届出があれば，通則法27条ただし書により，我が国の民法が離婚の準拠法として指定されます。また，夫婦の双方が我が国に常居所がないにもかかわらず，協議離婚の届出を我が国にすることは考えにくいので，夫婦に共通常居所がない場合において，その夫婦に最も密接な関係がある地が日本であると認定した上，密接関連法を適用する事例は，極めて稀なケースであると考えられます。

この点について平成元年10月２日付け民二3900号通達第２の１(1)イ(イ)は，日本人配偶者が日本に常居所を有するものと認められる場合又はこれには該当しないが外国人配偶者が日本に常居所を有するものと認められる場合のいずれにも該当しないが，当事者の提出した資料等から夫婦が外国に共通常居所を有しておらず，かつ，その夫婦に最も密接な関係がある地が日本であることが認められる場合は，管轄局の長の指示を求めた上で，協議離婚の届出を受理することができる，としています。

それでは具体的にどのような事情が認められる場合に前記通達が示す場合に当たるのかは，具体的な事件ごとに個々的に判断せざるを得ないものと思われます。

一般論としては次のような事情が挙げられています。

夫婦の婚姻中の生活の本拠地を基本として，別居期間が長くなれば，その後の夫婦及び子の居住状況をも入れて判断することになりますが，特に①婚姻中の常居所地（過去における一時あるいは最後の共通常居所地については，別居後の期間，以後届出時に至るまでの夫婦の居住状況も考慮する。），②夫婦間に未成年の子があり，夫婦の一方がその子と同居している場合の子の居住状況，③夫婦間で離婚訴訟が争われている場合の訴訟係属裁判所の所在地国すなわち法廷地，④夫婦の本国又は国籍国等の事情，その他の諸要素を併せ勘案しながら認定せざるを得ないものとされています（「民事月報44巻号外・法例改正特集」139頁）。

結局のところ，夫婦が共に外国に在り共通常居所がない場合の協議離婚届の受否については，すべて管轄法務局へ受理伺いを行い，その指示を得て受否を決することになります。

なお，この管轄法務局に対する受理照会の取扱いについては重要な通知がなされていますから留意が必要です。

どういう内容ですか。

S　はい，前記の管轄法務局に対する受理照会があったときは，法務省あてに照会する取扱いがなされていました（平成元・12・14民二5476号通知）が，平成５年４月５日付け民二2986号通知により，その際の留意事項が示され，疑義がある場合を除き，照会を要しないこととされました。

その通知で示された留意事項を念のために紹介しておきたいと思います。

以下のような内容です。

1　婚姻が日本での届出により成立し，夫婦が日本において同居し，婚姻の成立から協議離婚の届出に至るまでの間，夫婦の双方が日本に居住していた場合は，夫婦に最も密接な関係がある地は日本であると認めることができる。

2　婚姻が外国で成立した場合であっても，夫婦が日本において同居し，以後協議離婚の届出に至るまでの間，夫婦の双方が日本に居住して婚姻生活の大部分を日本で送ったと認められるときは，夫婦に最も密接な関係がある地は日本であると認めることができる。

3　夫婦の一方又は双方が，協議離婚の届出の際に日本に居住していない場合，又は協議離婚の届出のために日本に入国したにすぎない場合は，夫婦に密接な関係がある地を日本とは認めない。ただし，これらの場合であっても，婚姻が日本での届出により成立しており，夫婦に最も密接な関係がある地が外国であると認められる事情（夫婦が外国で同居していたこと等）が全くないときは，夫婦に最も密接な関係がある地は日本であると認めて差し支えない。

という内容です。

T　いずれも密接関係地が日本であると認定し得る場合を例示したもので，これらに該当すると判断されれば疑義がある場合を除き，照会は要しない扱いになるということですね。

※夫婦の双方が外国人である場合の協議離婚の届出

★夫婦の双方が外国人でその本国法が同一の場合

T　通則法27条は，離婚の実質的成立要件の準拠法について，夫婦の本国法が同一のときはその本国法によることとしています。したがって，当該外国人夫婦の本国法が協議離婚の制度を設けていることを証明書等によって確認します。

また，離婚の方式については，通則法34条２項は，「行為地に適合する方式は，有効とする。」として，行為地法を身分行為の補則としており，行為地法たる我が国の民法，戸籍法により市区町村長に協議離婚の届出をすることができることになります（通則法34条２項，民764条，戸25条２項）。

その夫婦の本国法が離婚について法院の許可等を要するとしている場合，これは方式の問題として，我が国の戸籍役場が代わって届出を受けることができる扱いです。

したがって，夫婦の本国法により協議離婚を日本の方式に従ってすることができる旨の証明書の提出がある場合は協議離婚の届出を受理することができる扱いです（昭和26・6・14民甲1230号通達）。

なお，関連してこの点に関する平成元年の法例改正前の扱いについて念のために敷衍しておきます。平成元年の改正前の法例によれば，離婚の準拠法について反致が認められていました（平成元年改正前法例29条）から，離婚の実質的成立要件の準拠法（改正前は夫の本国法）上，協議離婚の制度がない場合でも，当事者がその住所地又は行為地たる外国（すなわち日本）においてその外国法（すなわち日本法）によって行った協議離婚を夫の本国が認めるとき，つまり，反致が認められるときは，協議離婚届に，当該国の権限ある官憲の発行した「日本において協議離婚をすることができる」旨の証明書の添付を求めて処理する取扱いとなっていました（昭和41・6・3民甲1214号回答）が，平成元年の法例改正により，離婚の準拠法について反致が認められないこととなりました（現行通則法41条ただし書）。このため前記の取扱いは認められず，離婚の準拠法に協議離婚の制度がない場合は，協議離婚の実質的成立要件が整わないため，行為地法である日本法に従って協議離婚の届出がされてもこれは受理することができないこととなりました（平成6・2・25民二1289号回答）。

S　なるほどわかりました。ところで，先ほどの，夫婦の本国法が離婚について法院の許可等を要するとしている場合も，これを方式の問題として，戸籍実務は対応しているというお話しでしたが，法院の許可は方式ではなく実質的成立要件と解する立場もあると聞きました。その点をもう少し詳しく説明していただけませんか。

T　いい指摘をしていただきました。問題は主として在日韓国人同士の日本における協議離婚の届出の場面での問題となります。

韓国法では協議による離婚を認めています（大韓民国民法834条）が，それは家庭法院の確認を受けた後に届出をすることにより効力が生じるとされています（同836条）。さらにその離婚意思の確認は，家庭法院による離婚に関する案内を受けて一定期間の経過後でなければ受けられないとしています

（同836条の２）。また，管轄する家庭法院は登録基準地又は住所地であるが，韓国に居住しない場合はソウル家庭法院の管轄とされています（大韓民国家族関係の登録等に関する法律75条）。

このような韓国法の要件については，有力な学説は，離婚に先立つ裁判所の確認の要否は方式ではなく実質的成立要件の問題と解されるとしています（櫻田嘉章=道垣内正人編「注釈国際私法⑵」ほか）。しかし，戸籍実務は前記のとおりこれを協議離婚の方式に属するものと解しています。

1977年（昭和52年）の韓国民法改正で確認が必要となった際，夫が韓国人である夫婦について，家庭法院の確認を得ることなく協議離婚の届出がなされても従来どおり受理してよいとしたのです（昭和53・12・15民二6678号通知）。

しかし，韓国の実務ではその後，在日の韓国人夫婦が日本で協議離婚の届出をして受理された証明書による離婚の報告的申告を認める扱いを2004年（平成16年）９月19日で廃止しています。つまり，当事者双方が在日韓国大使館に協議離婚の申告をし，その後同国の家庭法院による離婚意思存否の確認を受けなければ，韓国当局は離婚の成立を認めないとする扱いになりました。

そこで，戸籍実務もこれを受けて，在日の韓国人夫婦から協議離婚の届出が市区町村に提出された場合は，行為地法（通則法34条）によるものとして受理せざるを得ませんが，相談等があったときは韓国での扱いの変更を説明し，その詳細については在日韓国大使館等に問い合わせるよう対応することにつき，通知が出されています（平成16・９・８民事局民事第一課補佐官事務連絡）から留意が必要です。

★夫婦の双方が外国人でその本国法が同一でない場合

▲共通常居所が日本にある場合

T　協議離婚する外国人夫婦について，当該外国人の常居所が日本にあると認められる場合は，当該外国人の本国法の規定内容にかかわらず，共通常居所地法としての日本法が準拠法となります。したがって，この場合外国人夫婦は，その所在地の市区町村長に協議離婚の届出をすることにより，日本法上有効に協議離婚をすることができることになります（通則法34条，民764条，戸25条２項）。

▲日本法が密接関連法として認定される場合

T　夫婦の双方が外国人でその本国法も常居所地法も同一でない場合に，我が国が密接関連国と認定されるには，夫婦の一方が我が国に常居所を有していることが必要であり，それに加えて他方配偶者に日本との往来が認められること等の夫婦に最も密接な関係のある地が日本であると認められる事情が必要です。夫婦の双方が日本に常居所を有しない場合あるいは夫婦双方が我が国を去ったような場合に，日本法が密接関連法として認定されることはほぼあり得ないことと思われますし，戸籍法の効力の及ぶ範囲の観点からも，我が国の市区町村に対して協議離婚の届出をすることはできないものと解されます。

なお，密接関連性の認定，例えば「日本との往来があるもの」については，旅券等によって認定せざるを得ないと思われますが，結局は，具体的事案ごとに様々な資料により個々的に認定することになると思われますので，市区町村長は，当該届出について受理伺いを行い，管轄法務局の長の回答を受けた上で受理することになると思われます。もっともここで触れた問題に関わる事案は実際問題としては極めて稀に属する場合かと思われます。

●報告的離婚届の審査

T　我が国で問題となる報告的離婚届の体様としてはどのような場合が考えられますか。

S　はい。①日本国内で行われる裁判離婚の届出，②外国で成立した協議離婚等の届出，③外国で成立した離婚裁判の届出があります。

T　そうですね。それではそれぞれの体様ごとに見ていくことにしましょう。

★日本国内で行われる裁判離婚

T　指定された準拠法に協議離婚の制度はあるが，夫婦間に離婚についての協議が整わないため協議離婚が成立しなかった場合，又は，指定された準拠法に協議離婚の制度がなく，かつ，離婚を認めている場合は，裁判上離婚を求めることができます。この場合，夫婦の住所が日本にあれば，我が国の裁判所に管轄権が認められます。

▲離婚の裁判の管轄権

T　この離婚の国際裁判管轄については明文の規定はありませんが，冒頭部分でも少し触れましたように，最高裁昭和39年3月25日大法廷判決（民集18巻3号486頁）があります。この事案は，もと日本国民であった朝鮮人妻が中国で朝鮮人夫と婚姻し，その後朝鮮で婚姻生活を送った後，夫から事実上離婚の承諾を得て日本に帰国し，1回の音信もなく所在不明となった夫に対し離婚請求訴訟を提起したというものでした。

最高裁は本件の日本の裁判所における国際裁判管轄を肯定して以下のように説いています。

「離婚の国際的裁判管轄の有無を決定するにあたっても，被告の住所が我が国にあることを原則とすべきことは，訴訟手続上の正義の要求にも合致し，又いわゆる跛行婚の発生を避けることにもなり，相当の理由のあることであるが，他面，原告が遺棄された場合，被告が行方不明である場合その他これに準ずる場合においても，いたずらにこの原則に膠着し，被告の住所が我が国になければ，原告の住所が我が国に存していても，なお，我が国の離婚の国際裁判管轄が認められないとすることは，我が国に住所を有する外国人で，我が国の法律によっても離婚の請求権を有すべき者の身分関係に十分な保護を与えないこととなり，国際私法生活に於ける正義公平の理念にもとる結果を招来することとなる。」と述べて，このような場合の日本の裁判所の国際裁判管轄を肯定しています。

この判決は，離婚の国際裁判管轄の問題に関してはじめて示された最高裁判決です。原則的には被告の住所地主義の立場をとりながら，例外的に原告の住所地にも管轄権を認めるというものです。この判決を機縁としてその後の判例においてもこの立場が踏襲されているものが多く見られます。なお，この判決のあと最高裁平成8年6月24日第二小法廷判決（民集50巻7号1451

頁）においても渉外的離婚訴訟に関する国際裁判管轄に関する注目すべき判断が示されています。いずれにしても条理に基づく判断かと思われます。

ところで，この離婚事件等に関する国際裁判管轄については前にも少し触れましたが，平成30年４月18日，人事訴訟法等の一部を改正する法律が成立し，平成31年４月１日から施行されています。これにより，人事訴訟事件等についての国際裁判管轄法制が整備され，新たに同法に我が国の裁判所の国際裁判管轄に関する規定が新設されました。ここで簡単に改正内容の一部について参考までに触れておきたいと思います。

S　今回の改正によれば，離婚の訴え（人事に関する訴え）については，どのような場合に我が国の裁判所の管轄権が認められることになりますか。

T　人事に関する訴えには，例えば，離婚の訴えのほか，夫婦や親子に関する様々な訴えが含まれています（人訴法２条)。これらの訴えは，いずれも原告と被告が対立し，その主張立証を行い，夫婦や親子といった身分関係の形成の可否等を争うものですから，人事訴訟法３条の２では「人事に関する訴え」として，まとめて管轄原因が規定されています。

例えば，夫婦の一方が他方に対し提起した離婚の訴えについて，次のような場合には，我が国の裁判所が管轄権を有するものとされています。

① 被告の住所（住所がない場合又は住所が知れない場合には，居所）が日本国内にあるとき（人訴法第３条の２第１号）

② その夫婦が共に日本の国籍を有する時（同条第５号）

③ その夫婦が最後に同居した地が日本国内にあり，かつ，原告の住所が日本国内にあるとき（同条第６号）

④ 原告の住所が日本国内にあり，かつ，日本の裁判所が審理及び裁判をすることが当事者間の衡平を図り，又は適正かつ迅速な審理の実現を確保することになる「特別の事情」があるとき（同条第７号）

S　今回の改正でこれまで我が国の裁判所の管轄権が認められてきた範囲が狭くなるという可能性はないのでしょうか。

T　その心配はなさそうですね。最高裁判所は，離婚の訴えの国際裁判管轄に関する規律について「当事者間の公平や裁判の適正・迅速の理念により条理に従って決定するのが相当である。」と判示し，身分関係の当事者である被告の住所が日本にある場合のほか，当該被告が行方不明である場合等に，我が国の裁判所に管轄権を認めていました。そして，裁判実務はこの最高裁判決に基づき運用されてきました。今回の人事訴訟法等の一部改正における離婚の訴えなどの人事に関する訴えについての国際裁判管轄の管轄原因を規定するに際してはこの最高裁判決の趣旨とこれに基づいて運用されていた裁判実務の内容に即した内容となっていますから，管轄権が認められる範囲が従前より狭められることはないとされています（内野宗揮編著「一問一答・平成30年人事訴訟法・家事事件手続法等改正」21頁・24頁）。

いずれにしても今回の改正は，どのような事情があれば，我が国の裁判所において審理・裁判をすることが適正かつ迅速な審理の実現を確保し，当事者間の衡平に適うということができるかという観点から，管轄原因を定めており，例えば，事件と日本との関連性（証拠や関係人の所在地）や，被告の応訴の負担（被告の住所地）等が考慮されています（内野宗揮「人事訴訟法等の一部を改正する法律の概要」戸籍誌971号３頁）。

今回の国際裁判管轄法制の整備が，国際裁判管轄の有無に関する当事者の予見可能性や法的安定性を確保することにつながることを期待したいと思います。

S　裁判管轄権の有無に関する問題ですから大きな意義があるようですね。関係する法文をよく見ておきたいと思います。

▲調停離婚・審判離婚

T　我が国で裁判上の離婚をするためには，まず家庭裁判所に調停の申立をしなければなりません（家事法257条）。また，調停が成立しない場合において家庭裁判所が相当と認めるときは，家庭裁判所は職権で離婚の審判をすることができることになっています（家事法284条）。

ところで，これらの調停による離婚及び審判による離婚は外国法による裁判上の離婚と同視してよいかどうかについては見解が分かれています。

この点については，調停離婚も審判離婚も，全く当事者の自由に放任されているのではなく，裁判所の判断が加わっているのであるから，裁判離婚の一種であるとして，指定された準拠法が裁判離婚を認めている以上，我が国で調停又は審判による離婚をすることができるという見解もあります。

しかし，我が国では，調停及び審判による離婚は当事者の意思によって成立ないし効力が左右されるものであるとの理由で，これを国家機関の関与による一種の合意離婚とみるのが多数説とされています。この考え方によりますと，外国人同士の夫婦の場合，調停の申立てをする必要はなく，直接，離婚の訴えを提起すべきことになります。

戸籍実務の先例もこの多数説の立場を採っています（昭和28・4・18民甲577号通達）。

もっとも，日本人と外国人の夫婦が調停離婚した場合は，通則法27条ただし書により準拠法が日本法となることが多く，たとえそうでなくても，密接関連法が日本法であることを前提に調停がされることもありますので，戸籍事務の取扱いとしては，そのまま受理して差し支えないものと解されます。

離婚の成立日は，調停の場合は，当事者間に合意が成立し，これが調書に記載されたとき（家事法268条）であり，審判の場合は，審判が確定した日となります（家事法74条）から，審査に当たってはこの成立日に留意する必要があります。

▲判決離婚

T　協議離婚，調停離婚及び審判離婚のいずれによっても離婚することができない場合に残された最後の方法は，判決による離婚ということになります。裁判離婚と呼ばれているものです。この判決による離婚には，一定の離婚原因がなければなりませんが，いかなる事実が離婚原因となるかは，離婚の準拠法によることになります。判決による離婚も審判による離婚と同様に裁判が確定した日が離婚成立の日となります。

★外国裁判所の判決による離婚

T　この問題は通常，外国離婚判決の承認の問題として論じられているものです。この問題については，通則法にもその他の法律にも，外国離婚判決の承認に関する規定はありません。そこで，外国の判決の日本における効力について定める民事訴訟法の一般的な定め（118条）が，この場合にも適用されるかどうかが問題となります。

この問題をめぐっては見解も多く分かれていますが，現在の裁判例や実務は，一般に外国離婚判決についても，民事訴訟法118条が全面的に適用されると解しています。つまり，我が国は民事訴訟法118条によって外国判決承認制度を設けていると解するわけです。

民事訴訟法118条は以下のような規定になっています。

「外国裁判所の確定判決は，次に掲げる要件のすべてを具備する場合に限り，その効力を有する。

1　法令又は条約により外国裁判所の裁判権が認められること。

2　敗訴の被告が訴訟の開始に必要な呼び出し若しくは命令の送達（公示送達を除く。）を受けたこと又はこれを受けなかったが応訴したこと。

3　判決の内容及び訴訟手続が日本における公の秩序又は善良の風俗に反しないこと。

4　相互の保証があること。」

ここで，**外国判決承認制度の根拠**について触れておきます。

「まず前提として，外国判決は外国の主権である司法権の作用の結果である。したがって，当然にはわが国では効力をもたない。

では，外国判決を承認しなければならないという，慣習国際法上の義務はあるだろうか。これについては，一般には存在しないと考えられている。ということは，わが国は国際法上，命じられているからではなく，自発的，主体的な判断として，外国判決の承認制度を設けていることになる。

関係する各当事者の立場を考えてみよう。

まず，外国訴訟で勝訴した当事者の立場を考えると，せっかく外国で裁判に勝ったのにもう一度わが国で裁判をやらないといけないのでは，外国での訴訟活動が無駄となり，時間と労力の点で酷であると思われる。

これに対して，外国訴訟で敗訴した当事者の立場はどうだろうか。たしかに訴訟当事者にとっては，もう一度，我が国で最初から同じことを争うことができれば都合がいいであろう。しかし，外国ですでに攻撃防御を尽くして敗訴したのであれば，にもかかわらずもう一度わが国ではじめからやり直しができるとするのは虫が良すぎるのではないだろうか。

さらに，社会ないし国家からすると，次のようにいえる。まず，ある国の判決が別の国でも効力を認められるとすると，国際的な法的交流が安心できて活発になるだろう。また，外国判決を承認するわが国の立場からすると，外国判決を承認することにより，自国で本案審理を再度行う必要がなくなり，わが国裁判所の人的・物的資源を節約できる。」(中西康ほか著「国際私法」176頁)。

しかし，無条件に外国判決を承認することはもとより論外でもあるため前記のとおり民事訴訟法118条で一定の要件を課しているわけです。

以下簡単に民訴法118条各号の要件を見ていきます。

まず１号要件です。これは判決をした外国裁判所が当該事件について国際裁判管轄を有していることを意味します。留意すべきは，当該外国裁判所は，当該外国法の下で当該事件について国際裁判管轄権を有しているからこそ判決をしたのであって，当該外国法の立場からすれば国際裁判管轄を有していることは当然と言えます。民訴法118条１号がいう「外国裁判所の裁判権が認められること」とは，日本法の立場から見て，当該外国裁判所が当該事件について国際裁判管轄権を有していることの意味と言えます。間接管轄と呼ばれています。つまりは，判決を下した裁判所が，当該事件における裁判機関として適格であったことを確保することが，外国判決を承認するための要件として必要であることから定められているのが１号ということになります。

次は２号要件です。

本号は，訴訟開始時における被告に対する手続保障のための規定です。自分の知らない間に訴えられて防御できずに敗訴した被告は保護しなければならないことから設けられた規定と言えます。この要件が満たされているかどうかの判断枠組みについて，最高裁平成10年４月28日第三小法廷判決（民集52巻３号853頁）は，①被告が現実に訴訟手続の開始を了知することができるものであること，②被告の防御権の行使に支障のないものであることを要件とした上で，さらに，③送達に関して判決国と我が国との間に司法共助に関する条約があれば，条約に定められた方法を遵守しない送達はそれだけで２号の要件を満たさない，とする枠組みを採用しています。

次は３号要件です。

これは外国裁判所の判決の内容及びその成立に至る手続が日本の公序に反しないことを意味します。判決の実体的な内容だけでなく，外国裁判所の手続が日本の手続的公序に反しないことも必要と解されています。

最後は４号要件です。

相互の保証があることです。相互の保証があると認められるためには，外国裁判所の国において，日本の裁判所がなした同種の判決が，日本における外国判決の承認の要件（民訴法118条各号）と重要な点で異ならない条件の下に効力を有するものとされていればよいと解されます（最高裁昭和58･6･7第三小法廷判決・民集37巻５号611頁）。判決国の承認要件が，我が国の要件と厳密に一致することや，明らかにより緩やかであることは必要ではないと解されています。外国判決を一切承認しない，あるいは，条約がなければ承認しない国との間には，相互の保証はないと言ってよいかと思われます。

以上，外国判決承認の問題について見てきましたが，外国離婚判決の承認についても民事訴訟法118条を適用する立場が通説判例及び戸籍実務の採るところとなっています。

繰り返しになりますが，外国裁判所の判決の承認に民訴法118条が全面的に適用される理由としては，訴訟，判決という法律上の判断形式に国際的な共通性があるほか，確定力及び固有の手続的保障もあることによるものです。そして，離婚訴訟等の形成訴訟にも，このような信頼に値する形式，効力，手続的保障，争訟性があり，この本質的部分に関しては，他の訴訟と異なるところはないと思われますので，形成訴訟における判決にも他の訴訟の場合と同様に同条の適用を認めることは，理論的にも大きな問題はなく，しかも，そうすることが国際的法判断の矛盾を回避すべきであるとの要請にも適合するためであるとされています。

したがって，外国裁判所の離婚判決に基づく離婚届の受理に当たっては，通則法27条に規定する準拠法上の要件を審査する必要はないこととされています。届出に際しては，原則として，判決の謄本，判決確定証明書及び日本人の被告が呼出を受け又は応訴したことを証する書面（判決の謄本によって明らかでない場合）並びにそれらの訳文の添付を求め，これらの書類によって審査し，当該判決が民事訴訟法118条に定める要件を欠いていると明らかに認められる場合を除き，届出を受理して差し支えない旨の通達が発せられています（昭和51・1・14民二280号通達）。

参考までに，前記昭和51・1・14民二280号通達の要旨を掲げておきます。

1　日本の裁判所でなく外国の裁判所の離婚判決によって日本人夫婦の離婚が日本法上有効に成立するという根拠は，民事訴訟法200条（現行118条）である。

2　外国裁判所の離婚判決に基づく離婚届の受理に関し法例16条（通則法27条）に規定する準拠法上の要件を審査する必要はない。

3　外国でなされた離婚判決は，民事訴訟法200条（現行118条）の条件を具備する場合に限り，我が国においてもその効力を有するものと解すべきであるから，外国判決に基づく離婚届の受理に際し，当該判決がそのための要件を具備しているか否かを審査する必要があるところ，実際の処理に当たっては，離婚届に添付された判決の謄本等によって審査し，当該判決が民事訴訟法200条（現行118条）に定める条件を欠いていると明らかに認められる場合を除き，届出を受理して差し支えない。

なお，参考までに次のような先例もありますから紹介しておきます。

日本人夫婦に係る米国グアム上級裁判所における離婚判決に基づく離婚届について，旧民事訴訟法200条２号（敗訴した被告の応訴に関する規定）の要件を明らかに欠くと認められる場合には該当しないとして受理して差し支えないとしたものです（平成５・１・５民二１号回答）。

なお，関連して，平成30年の家事事件手続法の一部改正において，外国裁判所の家事事件についての確定した裁判の効力について家事事件手続法第79条の２が設けられましたので，それについて簡単に説明しておきます。

外国裁判所の家事事件における確定した裁判の効力については，平成30年の改正法による改正前においては，明文の規定が設けられていませんでした。そのため，現在の実務では，一般的に，外国裁判所の承認制度の趣旨に照らし，外国裁判所の確定判決に関する民事訴訟法第118条の規律は，外国裁判所の家事事件における確定した裁判にも基本的に妥当するものとして，同条を準用ないし類推適用するものと解釈されていました。

改正家事事件手続法は，外国裁判所の家事事件における確定した裁判について，前記の解釈を明文化する趣旨で，第79条の２を設けたわけです。つまり，家事事件手続法第79条の２は「外国裁判所の家事事件についての確定した裁判（これに準ずる公的機関の判断を含む。）については，その性質に反しない限り，民事訴訟法第118条の規定を準用する。」と規定しています。外国裁判所の家事事件における確定した裁判が我が国において効力を有するための要件については，基本的には民事訴訟法第118条各号の外国裁判所の確定判決が我が国において効力を有するための要件と同じものが要件となるものと解されますが，ここで家事事件の特性のようなものを考慮する必要があります。

つまり，家事事件については，例えば子の監護に関する処分等の，対立当事者が存在し訴訟事件に類似した性質を有する事件もあれば，失踪の宣告等の，対立当事者の存在が前提とされておらず国が後見的に関与をする事件もあるなど，多様な事件の性質に応じた柔軟な承認要件の設定を許容する必要もあります。そこで，改正法は，前記のとおり，外国裁判所の家事事件における確定した裁判については，その性質に反しない限り民事訴訟法第118条の規定を準用するものとしたわけです（内野宗揮編著「一問一答・平成30年人事訴訟法・家事事件手続法等改正」158頁）。

★外国で成立した協議離婚

T　外国に在る日本人が協議離婚する場合，日本人同士の夫婦がその国に駐在する日本の大使・公使・領事等に届出をするときを除き，外国裁判所の判決による離婚と異なり，我が国の通則法が定める準拠法及び方式に従って協議離婚を行わない限り有効なものとはなりませんから，まず，その準拠法を決定する必要があります。

報告的離婚届は，既に成立した離婚についての届出であることから，当該協議離婚が準拠法によって有効なものであるか，また，適法な方式に基づくものであるかを確認した上で受理することになります。

したがって，外国において協議離婚した旨の証書の提出があった場合，離婚の準拠法上協議離婚をすることができる場合に限って，報告的協議離婚届として受理することができることになります。

◯離婚の準拠法の決定

通則法は，離婚の準拠法を，①夫婦の本国法が同一であるときはその法律，②その法律がない場合において夫婦の常居所地法が同一であるときはその法律，③そのいずれの法律もないときは夫婦に最も密接な関係がある地の法律，ただし，夫婦の一方が日本に常居所を有する日本人であるときは，離婚は，日本の法律による，と定めています（27条）。したがって，外国において協議離婚をすることができる場合は，以下のとおりとなります。

ア　夫婦が日本人同士の場合

イ　夫婦の一方が日本人である場合

①　日本人配偶者が日本に常居所を有する場合

②　夫婦の常居所地法が同一で，その地の法律が協議離婚制度を設けている場合

③　夫婦の共通常居所がない場合において，その夫婦に最も密接な関係がある地が日本であるか，あるいはその地の法律が協議離婚制度を設けているとき

なお，外国人同士の夫婦が外国で協議離婚をした旨の報告的届出については，戸籍法の適用がなく，受理することはできません。

◯協議離婚の方式

協議離婚は，「行為の成立について適用すべき法」又は「行為地法」に適合するいずれの方式によっても有効に成立させることができますから，報告的協議離婚届が届け出られたときは，届書の添付書類として添付されている離婚証書に基づいて，まず，前記のいずれかの方式に基づいて適式な方式でされているか否かを判断し，適法な方式であることが認められる場合は，受理することになります。

◯市区町村等の審査

外国における協議離婚の成立は，戸籍法41条に規定される証書の謄本の提出という形式で市区町村長に届け出られますが，日本人と外国人夫婦間の報告的協議離婚届については，外国裁判所の判決による離婚の場合とは異なり，届出を受けた市区町村長は，当該協議離婚が通則法の定める準拠法によって有効なものであるか，準拠法上無効事由がないか等を確認した上で，受理することになります。

届出の対象となっている協議離婚が有効に成立しているか否かの審査は，届書及びその添付書類に基づいて行いますが，届書中の「別居する前の住所欄」に協議離婚をすることができない地が記載されているときや，届書に添付されている離婚証書の夫婦の住所地が協議離婚することができない地である場合は，協議離婚の準拠法に疑義がある場合ですから，直ちに受理することなく，管轄法務局に受理照会した上，管轄法務局においてその事実を調査した上，前記離婚の準拠法の決定のところで挙げたイ②又は③の要件を満たすことが確認される場合に限り，受理することになります。

なお，夫婦が日本人同士の場合は，夫婦がその国に駐在する日本の大使・公使・領事等に届出をする方法が一般的かと思われますが，夫婦の同一本国法である日本民法は協議離婚を認めていますから，戸籍法41条の証書が市区町村長に提出された場合，当該証書が作成された地が協議離婚の制度を有する地であり，かつ，同地の方式によったものであることを確認した上で受理することになります。

★議会の特別立法による離婚，その他

T　国によっては，離婚に関して，裁判所が関与しないで，立法機関が権限を行使する場合があります。その場合，離婚の決定（立法措置）が夫婦の本国法が定める離婚原因に該当する事由に基づいてされたものであるときは，前記の外国離婚判決と同様に，外国の方式に従って離婚が成立したものとみることができるかは問題のあるところであろうと思われますが，関連した先例を紹介しておきます。

これは，外国の国会において，夫が同国に在住する日本人夫婦について離婚の法律を制定した場合の取扱いに関して発出された回答に係る事案です(昭和30・7・7民甲1349号回答)。

カナダ・ケベック州においては，当事者が離婚しようとするときは，カナダ国会に対して離婚の申請をしなければならない制度のようです。カナダ・ケベック州在住の日本人夫から日本人妻に対して妻の不貞行為を理由とする離婚の申請に基づき，カナダ国会の助言と同意によって制定された婚姻を解消する旨の法律によって成立（離婚が）しているが，本件カナダ国会の法律に基づきなされた離婚は，日本法上有効として承認され，戸籍の記載をなし得るものかどうか，が照会の趣旨です。

これに対する回答内容は以下のとおりです。

「照会のあった標記の離婚届出は，戸籍法第77条の規定による届出と解し，これに基づいて戸籍の記載をするのが相当である。けだし，外国に住所を有する日本人について住所地国の裁判所がなした離婚判決は，これが夫の本国法による離婚原因に該当する事由に基づいてなされたものであるときは，その効力は日本においても承認されるのであるが，当該外国の法制上，離婚に関する裁判管轄権が裁判所によって行使されず，これに代わるものとして立法機関が権限を行使する場合には，かかる機関が右の日本人夫婦についてなした離婚の決定（立法措置）もまた，前記の離婚原因に該当する事由に基づいてなされたものである限り，その効力は，前記の外国裁判所の判決と同様に解すべきものと考える。

従って，夫がカナダ国ケベック州に住所を有する日本人夫婦について，同国の法制により同国の国会が妻の姦通を理由として制定した本件離婚の法律は，夫の本国法（平成元年の改正前の法例による離婚の準拠法）である日本民法第770条第１項第１号に基づき外国裁判所が言渡した離婚の確定判決と同一の効力を有するものとして取り扱うべきである。」

また，国によっては，夫の一方的意思表示による離婚を認めるものがありますが（イスラム教国），そのような方法によって離婚がされたとき，具体的な事案の場面では，相手方が離婚を容認せず，かつ，そのことがもっともであって，このような離婚を認めることは我が国の公序に反することもあり得ます。もっとも日本人たる妻が外国人たる夫の本国法により離婚が成立したとして報告的届出をした場合は，そのようなおそれはないと考えられ，離婚が成立したものとして戸籍の処理を認めた事例もあります（昭和34・8・11民甲1755号回答）。いずれにしても個別の事案の性質により異なる判断がなされる可能性のあるものですから，これらの事案については，市区町村長は，当該届出について受理照会を行い，管轄法務局の回答を得た上で，受否を決することになるものと思われます。

■離婚の効力

T　離婚の成立及び効力の準拠法は，通則法27条によることは既にみてきたとおりですが，離婚によって夫婦関係が法律上解消することは，どの国の法律によっても特に異なることはありません。それが離婚の直接的効力と言われているものです。

ところで，離婚に関する事項のうち，成年擬制，氏，子の親権・監護権等の離婚の効力とみられるものについては，やはり，通則法27条により指定される準拠法によるべきことになります。以下これらについて説明します。

1　成年擬制

婚姻によって成年に達したものと擬制された未成年者が離婚によって未成年者の地位に復することになるかどうかについては，二つの考え方があります。一つは，これを離婚の効力として通則法27条の規定によると解すべきとする説，今一つは，行為能力に関する通則法４条の規定によると解すべきとする説です。この点については，行為能力に関する通則法４条の規定によるとするのが通説とされています。しかし，成年擬制の問題も婚姻の効力と解する立場を採れば，離婚により成年擬制の効力が消滅するか否かについても，離婚の効力に関する準拠法によるべきと解するのが相当と考えられます。

2　氏

離婚による氏の変更については，離婚の効力の問題として通則法27条の規定を適用すべきとする通説の立場と，氏の問題は一種の人格権として夫婦の各本国法によるべきとする立場があります。

戸籍実務の扱いでは，氏名権という夫婦それぞれの人格権に関する問題であるとして，当事者の属人法（本国法）によらしめています（昭和55・８・27民二5218号通達）。つまり，日本人と外国人が婚姻した場合，日本人の氏は婚姻によって変更しない，という立場を採っています（戸16条３項，昭和40・４・12民甲838号回答）から，離婚した場合も氏に変動はないものとして処理することになります。なお，この問題については離婚の届出による戸籍の処理に関連する事柄に関連しますからそこでも触れることにしています。

3　子の親権・監護権

渉外的離婚の際の子どもの親権・監護権の準拠法に関しては，通則法27条の「離婚」に関する問題として処理すべきであるとする説と，通則法32条の「親子間の法律問題」に関する問題として処理すべきであるとする説が対立しています。平成元年の法例改正前であればいずれの説をとっても「父（夫）の本国法」が原則として適用されるので，多くの場合は相違を見ませんでした。しかし，平成元年の法例改正後は，通則法

27条説によれば「夫婦の同一の本国法・同一の常居所地法・密接関連法」がとられているのに対し，通則法32条説によれば，「子の本国法」とされ，いずれを適用するかによって結論を異にする可能性が増大しました。

この点に関して平成元年10月２日付け民二第3900号通達は，「離婚の際の子の親権者の指定については，改正法例第21条（通則法32条）による」としています（同通達第２の１(2)及び第７）。

親権者の指定の準拠法をこのように明示した根拠は，離婚の準拠法は夫婦の利害の観点から指定されているが，親権については子の利益保護の観点から子の属人法によるのが相当であるという考えに基づいているものと言えます。その場合，さらに子の本国法によるべきか，常居所地法によるべきか，という相違がありますが，戸籍実務の要求する確実性，後見についての被後見者の本国法主義が参考とされ，「子の本国法」を準拠法とするという前記通達の結論となったものです。

この通達に従い通則法32条によれば，子の親権は原則として子の本国法によることになります。例外として，子の本国法が父の本国法又は母の本国法のいずれとも異なる場合，又は父母の一方が死亡し，もしくは父母の一方が知れない場合において，他方の親の本国法と子の本国法が異なるときは，子の常居所地法によることになります（通則法32条）。したがって日本人である子の親権については，前記の例外を除き，日本法が適用されることになります。

このように離婚後における子の親権・監護権の帰属・分配については，親子間の法律関係の準拠法を定める通則法32条により，原則として，子の本国法によることになります。

離婚する夫婦に未成年の子がある場合について，民法819条１項は，「父母が協議上の離婚をするときは，その協議で，その一方を親権者と定めなければならない」としていますが，親子間の法律関係の準拠法が日本法となる場合など親権者を指定すべきときは，この指定がされない限り，協議離婚届は受理できないことになります。したがって，日本法が離婚の準拠法として指定され，かつ，離婚する夫婦に子がある場合，まず，子の親権の指定に関する準拠法すなわち子の本国法等を特定した上，それが日本法であるときは，離婚届書の「未成年の子の氏名」欄に夫婦それぞれの親権に服する子の氏名を記載させるほか，子が外国籍者であるときは，届書の「その他」欄にその国籍，生年月日を記載させた上で受理することになります。

他方，子の親権の指定に関する準拠法が外国法である場合に，当該外国法が離婚の際に父母の協議により親権を定める法制を採っていない（裁判所等が定める法制を採っている）ときは，父母の協議により子の親権者を定めた協議離婚届は受理できないことになります（平成10・11・25民二2244号回答）が，外国判決により子につき父母の共同親権と定められたときは，それが格別公序良俗に反するものとは認められず，したがって，民訴法118条第３号に反するものではないので，当該判決を添付してされた報告的離婚届は受理する扱いが示されています（平成11・４・23民二872号回答）。

■戸籍の処理

T　それでは，終わりに渉外的離婚に関する戸籍の処理について要点を整理しておくことにしましょう。渉外的離婚に関する戸籍の届出が我が国の市区町村長に対してなされる場合とはどのようなケースでしょうか。

S　次の二つに大別できるかと思います。

1　創設的届出　　協議離婚の届出（戸76条）

2　報告的届出　　日本若しくは外国の裁判所において裁判上の離婚が成立した場合の届出（戸77条・63条）又は外国において裁判外の手続によって離婚が成立した場合の離婚証書の謄本の提出（戸41条）（いずれも，当事者の一方又は双方が日本人である場合に限られる。）

T　それでは，当事者の類型別に見ていきましょう。

1　当事者の一方又は双方が日本人の場合

★当事者双方が日本人の場合

日本人夫婦間の報告的離婚届が受理されますと，婚姻によって氏を改めた者は，離婚によって婚姻前の氏に復し（民771条・767条），婚姻前の戸籍に入りますが（戸19条１項本文），その戸籍が既に除かれているとき，又はその者が新戸籍編製の申出をしたときは，新戸籍を編製します（戸19条１項ただし書）。婚姻によって氏を改めた者が，配偶者とともに養子となり，その後離婚する場合であっても，離婚の届出に際し，復籍することも，新戸籍編製の申出をすることもできる扱いです（平成６・４・４民二2437号回答）。

蛇足ですがこの先例について若干敷衍しておきます。このようなケースについて，婚姻によって氏を改めた者の離婚後入籍する戸籍については二つの考え方があり得ます。一つは，養子縁組によりこの者は本来養親の戸籍に入籍すべきである（戸18条３項）が，婚氏優先の原則からして，夫婦の戸籍が編製されており，離婚によって当然に養親の戸籍に復籍することとなるので，新戸籍編製の申出はできないとする説，今一つは，養子縁組はあったものの，今回の届出は離婚の届出であり，離婚届出に際し，婚姻により氏を改めた者は，復籍することも，新戸籍の編製を申し出ることもできる（戸19条）旨の規定があることから，本人が希望すれば新戸籍編製の申出ができるとする説です。

本件先例は後者の見解に拠ったものです。理論的にはいずれも可能かと思われますが戸籍法19条の規定を優先させたものと解されます。

ところで，裁判離婚の場合や外国の方式による協議離婚の証書の謄本を提出する場合には，日本人当事者双方が届出人とならないときもあり得ます（戸44条・77条・63条）。この場合，婚姻によって氏を改めた者が届出人でなかったときは，戸籍法19条１項ただし書の申出をすることができないため，その者は自動的に婚姻前の戸籍に復籍する扱いとなります。もし，婚姻前の戸籍が除かれているときは，その戸籍の本籍と同一の場所を新本籍と定めたものとみなされます（戸30条３項）。もっとも，裁判等による離婚届の届出人でない者が復籍する場合に，届書の「その他」欄にその者が新戸籍を編製する旨記載し，署名押印したときや，新戸籍を編製する旨の申出書を添付して報告的離婚届出があったときは，これに基づいて新戸籍を編製して差し支えないこととされています（昭和51・７・22民二4184号通達）。この通達（先例変更）は，従前，届出人でない者は，新戸籍編製の申出をすることができないものとして取り扱われてきたところ，戸籍法19条及び同30条の規定からは必ずしも上記の申出が否定されるものと解する必要はないと考えられることのほか，昭和51年の民法等の一部改正により，訴えの相手方についても，限定的にではあるにしても，届出人となり得る道が開かれたこと等の趣旨に鑑み，前記のような先例変更の通達が発せられたものです。

また，離婚の調停調書の条項中に，復氏者たる相手方は離婚により新戸籍を編製する旨及び新本籍の場所が記載されている場合は，調停の申出人から離婚届をする際，相手方（復氏者）の特段の申出がなくても，復氏者について新戸籍を編製する取扱いをして差し支えないことともされています（昭和55・１・18民二680号通達）。

外国人妻が帰化により日本人夫の戸籍に入籍した後，夫の申立てにより裁判離婚が成立した場合において，妻が離婚後の氏の申出をしないときは，届書に妻が申出をする意思がない旨を付記し，離婚の際に称していた氏と同一呼称の氏により新戸籍を編製する扱いも認められています（平成元・３・10民二662号回答）。

★当事者の一方が日本人の場合

この場合，日本人については，外国人との婚姻により新戸籍が編製されていますが（戸16条３項），日本人当事者には婚姻による氏の変更はなく（昭和26・4・30民甲899号回答，昭和26・12・28民甲2424号回答），したがって，離婚による氏の変更もないので，離婚届によって日本人当事者の戸籍の身分事項欄に離婚が成立した旨を記載するだけで足り，戸籍の変動は生じません。

なお，戸籍法107条2項の届出により外国人配偶者の氏を称している者は，その外国人配偶者との離婚の日から3か月以内に限り，家庭裁判所の許可を得ることなく，届出のみによって変更前の氏を称することができます（戸107条3項）。もっとも，この氏の再変更の効果は同籍者には及ばないため，届出人の戸籍に同籍者があるときは，届出人について新戸籍を編製します（戸20条の2第1項）。この氏の再変更前の戸籍（外国人との婚姻によって届出人について当初編製された戸籍や，戸籍法107条2項の届出後の戸籍）に在籍している子は，同籍する旨の入籍届により，氏を再変更した父又は母の新戸籍に入籍することができる扱いです（昭和59・11・1民二5500号通達第2の4(2)イ）。

2　当事者の双方が外国人の場合

外国人当事者間の創設的離婚届書が提出された場合は，当該届書は戸籍の記載を要しない届書類ですから，市区町村長は，届書を受理した旨を受附帳に記載した上で（戸規21条1項），公証の資料として届出年度の翌年から50年間保存することになります（戸規50条）。

T　それでは渉外的離婚についてはこれで終わることにします。

【参考文献】

法務省民事局「民事月報44巻号外・法例改正特集」（平成元年）
財団法人民事法務協会「新版　実務戸籍法」（平成13年）
最高裁判所事務総局編「渉外家事事件執務提要（下）」法曹会（平成4年）
鳥居淳子ほか著「国際結婚の法律のQ＆A」有斐閣（平成10年）

渡辺惺之監修「渉外離婚の実務」日本加除出版（平成24年）
櫻田嘉章・道垣内正人編「国際私法判例百選［第２版］」有斐閣（平成24年）
林陽子「渉外離婚に伴う財産分与・慰謝料・子の親権などの準拠法」判例タイムズ747号445頁（平成３年）
中西康ほか著「国際私法」有斐閣（平成27年）
内野宗揮編著「一問一答・平成30年人事訴訟法・家事事件手続法等改正—国際裁判管轄法制の整備」㈱商事法務（平成31年）

第12講　親　権

■親権に関する準拠法

T　親権とは，親が未成年の子を監護・養育するために認められた権利及び義務を指し，その内容は，子の身分上の監護教育権に関するものと財産上の管理処分権に関するものに大別されます。

ところで，一般に，親権の帰属，その内容，親権者の変更などの問題が，国際私法上，「親子間の法律関係」と性質決定され，通則法32条によって準拠法が決められるという点については今日ではほぼ異論のないところと言ってよいかと思われます。

ただ，従前は，学説・裁判例ともに，離婚の際の親権者の指定については，離婚の効果であると解して「離婚」と性質決定する立場と，夫婦間の利害関係調整の問題である離婚とは異なるとして，一般的な親権の問題と同じく「親子間の法律関係」と性質決定する立場がありました。この点については，通則法32条によるのが妥当であり，最高裁昭和52年３月31日第一小法廷判決（民集31巻２号365頁）もそのように解しています。

平成元年の法例改正の際に発せられた法務省民事局長通達（平成元・10・２民二3900号）においてもその第２の１(2)に「離婚の際の子の親権者の指定については，改正法例第21条（通則法32条）による。」と指示されています。

したがって，嫡出親子関係，非嫡出親子関係，養親子関係を問わず，すべての親子間の権利義務関係について通則法32条が適用されることになります。

ところで，親子の法律関係の規定により規律される事項で主要なものは，親権，監護権等の帰属等と言えます。いずれも，子のための制度であって，子が最も主要な当事者であるということができます。また，親子間という複数当事者間の法律関係であることから婚姻の効力の準拠法と同じく段階的連結の考え方によるのが適当であること等が考慮されて準拠法が定められています。その内容を見ていきたいと思いますが，その前にこれから学修する問題のうちの極めて基本的な問題の事例を一つ挙げてもらいましょうか。

S　そうですね。例えば，日本人と外国人の夫婦の離婚に伴う親権者・監護権者の指定の問題などがあります。日本人女性と外国人男性の夫婦が日本で離婚することになった場合，その際，両者間に未成年の子がいる場合，その子の親権者，監護権者に誰がなるのかは，どこの国の法律に拠ることになるのだろうか，といったような問題が考えられます。

●準拠法

T　繰り返しになりますが，渉外親子関係（通則法28条～31条）に基づき，その間に発生する権利義務関係は，いずれの国の法律によるべきかについて，通則法32条は，これを包括的に親子間の法律関係としてその準拠法を定めています。従来，親子間の法律関係については，父が生存している限り，父の本国法によるものとされていましたが（平成元年改正前法例20条）両性平等の見地から見て好ましくないことから，平成元年の法例改正の際これが改められ，その際の条文が平成18年の再度の改正の際に現代語化されて現行通則法32条に引き継がれたわけです。そして，婚姻の効力等と同様に，いわゆる段階的連結を採用するとともに，子の保護の観点から，主として子を基準として準拠法を定めています。

通則法32条の規定はどのような内容になっていますか。

S　はい。以下のように規定されています。

「親子間の法律関係は，子の本国法が父又は母の本国法（父母の一方が死亡し，又は知れない場合にあっては，他の一方の本国法）と同一である場合には子の本国法により，その他の場合には子の常居所地法による。」

T　もう少し分解して説明しますと，以下のようになります。

まず，**第一段階**として，子の本国法が父又は母の本国法と同一であるときは，**子の本国法**によることとしています。

次に**第二段階**として，そうでない場合，つまり，①父母及び子のいずれも本国法が異なる場合，②父母の本国法が同一であるが，子の本国法が異なる場合，③父母の一方が死亡し又は知れない場合において，その他方の本国法と子の本国法が異なる場合は，いずれも**子の常居所地法による**こととしているわけです。

つまり，**親権の準拠法については，原則的には子の本国法が準拠法となり，例外的に子の常居所地法が適用される**ということになります。

なお，通則法32条の規定中のかっこ書の「父母の一方が死亡し，又は知れない場合にあっては，他の一方の本国法」との注記は，そのような場合には，死亡し，又は知れない父母の一方の本国法はないものと扱うべきことを意味し，また，父母の一方が「知れない場合」とは，父母の所在が知れない場合を指すのではなく，父母が法律上誰か分からない場合をいう，と解されています（中西康ほか著「国際私法」344頁）。

S　通則法32条は第二段階として最密接関係地を子の常居所地と法定していますが，これには何か格別の意味があるのでしょうか。

T　第二段階として最密接関係地を子の常居所地と法定している点で婚姻の効力等に関する準拠法の決定方法とは異なるものです。これは，両親が離婚した場合に日本国籍の子の親権者をその戸籍に記載する必要が生じますが，その際最密接関係地法を定めていないとその認定を戸籍窓口でしなければならず，そのような困難を回避するためであると説明されています。親子間に共通常居所地法がない場合は密接関連法によるべきことになりますが，子の福祉等の観点から，親子間の法律関係についての密接関連法を子の常居所地法に法定しているわけです。

ただ，実際問題としてはこの規定が適用されるのは極めて限定的であろうと説かれています。例えば，日本人子については，父母両系血統主義により，通常，父母のいずれかが日本人ですから，日本人親が死亡等していない限り，共通本国法が存在することになります。つまり，多くの場合は，子の本国法である日本法が適用され，子の常居所地法が適用されるのは，日本人親が死亡等した場合や帰化等をした場合に限られるとされています。

なお，通則法32条については反致は問題になりません（通則法41条ただし書)。その立法趣旨は，通則法32条が段階的連結を採用しており，関係当事者に共通する準拠法を厳選したことから，その法律によることが適当と考えられることなどによるものと説かれています。

※親権についての本国法の決定について

T　親権に関し，子の本国法によるべきか，又は子の常居所地法によるべきかを決定する場合や準拠法として子の本国法を適用すべき場合には当然のことながら関係者の「本国法」の決定が重要な前提となりますが，この点については第４講（「渉外戸籍事件の届出をめぐって」本書25頁以下）においてやや詳しく触れていますのでそちらを参照していただきたいと思います。

▲準拠法を決定する時期（本国法を適用する時期）

T　親権は，継続する法律関係であることから，婚姻とか養子縁組とは異なり，具体的な親権行使当時の関係者の本国法により準拠法を決定することになります。それゆえ，子の出生後父又は母が外国への帰化又は日本国籍の離脱等により従前の国籍を変更している場合は，変更後の国籍により父又は母の本国法を決定し，子の親権の準拠法を決定することになります。

▲準拠法を決定する際の基準となる父又は母の意味

T　通則法で規定している父又は母は，法律上の父（父の本国法が事実主義を採用している場合及び認知者も含む。）又は母となります。これらの父又は母には，当然養父母も含まれます。それゆえ，父又は母が生存する限り，父又は母が婚姻したり，離婚したり，再婚したり，行方不明になったりした場合等であっても，そのことにより，準拠法が変わるものではありません。

▲離婚の際の子の親権者・監護者の決定について

T　父母の離婚の際の子に対する親権の帰属に関しては冒頭でも少し触れましたが，「離婚」に関する問題として処理すべきであるとする考え方と，「親子間の法律関係」に関する問題として処理すべきであるとする考え方とがあります。

前者は，子の親権の問題は現代離婚法の中心的課題の一つであって，その問題を抜きにして，離婚の効力の問題を考えることができないことを理由とします。しかし，今日では後者の考え方が有力となっています。その理由とするところは，子に対する親権の帰属は，親権等の内容や行使方法と密接不可分であって，両者を別個の準拠法に拠らしめるのは適当でないこと，離婚の準拠法は，夫婦間の利害の観点から指定されており，それと異なる親子間の問題には適しないこと等が挙げられています。

ところで，通則法は，離婚については，夫婦に着目して準拠法を定めており，親子間の法律関係については，子の福祉の観点から子を中心に準拠法を定めていること等を考えますと後者の見解に立つのが妥当と考えられます。このような考え方を基に平成元年10月２日付け民二第3900号通達第２の１(2)において「離婚の際の子の親権者の指定については，改正法例第21条（通則法32条）による。」と明らかにされています。

したがって，例えば，韓国に共通常居所がある韓国人と日本人が離婚する場合，離婚の準拠法は，共通常居所地法である韓国法であり，子の親権についての準拠法は，子の本国法である日本法となり，それぞれの準拠法が異なる結果になる場合があり得ることになります。

■親権者

●子の親権について子の本国法による場合

T　親権の準拠法は，既に見てきましたように，原則は子の本国法であり，例外的に子の常居所地法によることになります（通則法32条）。原則的な本国法により準拠法が決定される場合は，子の常居所がどこにあっても，準拠法が変わることはありません。子の親権について本国法が適用される場合は以下のような場合です。

▲子が日本人である場合

※子の本国法が父母双方の本国法と同一の場合（三者が同一の場合）

T　子の本国法が日本法で，父母の本国法が日本法の場合は，親権の準拠法は子の本国法と父母の本国法が同一ですから日本法に拠ることになります。つまり，親権者は日本民法により，父母婚姻中は，父母の共同親権（民818条

３項）となり，父母が協議上の離婚をするときは，その協議で，その一方を親権者と定めることになります（民819条１項）。また，父母が婚姻していない場合は，父母の協議で父を親権者と定めたときに限り父が親権者（民819条４項）となります。

※子の本国法が父又は母の本国法と同一の場合（二者が同一の場合）

T　子の本国法が日本法で，父又は母の一方の本国法が日本法の場合は，親権の準拠法は子の本国法と父又は母の本国法が同一であることから日本法となりますから，子の親権者については，日本民法により決定することになります。例えば，日本人父（母）と外国人母（父）から生まれた日本人子の親権者は日本民法によることになります。また，父母の一方の本国法が日本である限り，他方が無国籍者である場合も同様の取扱いとなります。

※父又は母の一方が死亡し，又は知れない場合においてその他方の本国法と子の本国法が同一の場合（二者の本国法が同一の場合）

T　子の本国法が日本法で，父又は母の一方が死亡した場合において，その他方の母又は父の本国法が日本法である場合は，子の本国法と母又は父の本国法が同一の日本法ですから，準拠法は日本法となります。例えば，日本人父と外国人母から生まれた日本人子について，外国人母が死亡した場合は，残された父の本国法が子の本国法と同一であることから，日本人子の親権者は日本民法により，日本人父が親権者となります。また，子の本国法が日本法で，子が認知されていないため法律上の父がなく，母の本国法が日本法である場合は，子の本国法と母の本国法が同一の日本法であり，準拠法は，日本法となります。例えば，日本人母から生まれた嫡出でない子で認知されていない日本人子の親権者は日本民法により，日本人母が親権者（民819条４項）となります。

▲子が外国人である場合

T　子が外国人である場合においても，前記子が日本人である場合の三類型の場合と同様に，父又は母の本国法と子の本国法が同一の場合は親権の準拠法は子の本国法となりますから，子の本国法の法律により親権者を決定することになります。

●子の親権について子の常居所地法による場合

▲子が日本人の場合

※子の本国法が父又は母の本国法のいずれとも異なる場合（三者いずれも異なる場合）

T　子，父及び母の本国法がそれぞれ異なる場合は，子がどこの国に常居所を有しているかによって準拠法が決定されることになります。例えば，日本人父と外国人母から生まれた日本人子について，その後，日本人父が母と違う外国に帰化した場合，又は父が日本と外国との重国籍者である場合において，日本国籍を離脱したときは，父の本国法も母の本国法も子の本国法と異なることになり，日本人子の親権者は子の常居所地法である日本民法により，外国人父母が親権者となります。子が日本に常居所を有していない場合は，常居所を有している国の法律により親権者を決定することになります。

※父母の一方が死亡し，又は知れない場合において，他方の親の本国法と子の本国法が異なる場合

★日本人と外国人が婚姻し，その間に子が出生した後，その婚姻中に日本人である親が死亡した場合

T　日本人親が死亡するまでは，子の親権は，前記の子が日本人である場合で，子の本国法が父又は母の本国法と同一の場合，と全く同様であり，子の本国法である日本民法によることになりますが，日本人親が死亡した場合は，通則法32条において規定する「父母の一方が死亡し」に該当することになり，外国人親の本国法と子の本国法が同一でないことから，準拠法は，子の常居所地法によることになります。この場合，子が日本に常居所を有していれば，日本民法が適用され，結果として，日本人親死亡前と同様，日本民法が準拠法として適用されることになります。もし，子が外国に常居所を有していれば，準拠法は，子の常居所地である外国法が適用されることになります。

★外国人父と日本人母との間に生まれた嫡出子について，離婚の際に外国人父を親権者と定めた後，日本人母が死亡した場合

T　これが前例と違うのは，日本人親が婚姻中に死亡したか離婚後に死亡したかの点ですが，準拠法を決定する上では婚姻したか，離婚したかは関係がなく，法律上の父又は母が生存しているかどうかにより決定されるものであり，準拠法の決定は前例の場合と全く同一となります。すなわち，日本人母が死亡した時点で通則法32条の「父母の一方が死亡し」に該当することになり結局は，子の本国法と父の本国法が同一でないことから準拠法は，子の常居所地がある国の法律により決定されることになります。したがって，子が日本に常居所を有している場合の日本人子の親権者は子の常居所地法である日本の民法により，外国人父が親権者となります。この事案において，離婚後の親権者を日本人母と定めていたときは，未成年者の後見が開始し，親権の問題ではなくなることになります。また，未成年者の後見開始後，子が外国に常居所を移したことにより準拠法が変更され外国人親の親権が回復したときは，未成年者の後見は当然終了し，未成年後見人は，未成年者の後見終了届をすべきことになります。

★日本人女の嫡出でない子を，外国人男が認知し，協議によって外国人男が親権者となった後，日本人女が死亡した場合

T　この例が前例と違うのは，父母が婚姻していたか，そうでないかの点ですが，準拠法を決定する上では婚姻しているかどうかは関係なく，法律上の父母が生存しているかどうかにより判断することになります。すなわち，この場合，子の本国法が生存している父の本国法と異なることから準拠法は，子の常居所地がある国の法律により決定されることになります。したがって，子が日本に常居所を有している場合は，日本人子の親権者は子の常居所地法である日本民法により，外国人父が親権者となります。また，子が外国に常居所を有している場合は，日本人子の親権者は子の常居所地法である外国の法律により判断することになります。

▲子が外国人の場合

T　子が外国人である場合においても，父又は母の本国法と子の本国法が同一でないときは，子の常居所がどこにあるかによって準拠法が決定されることになります。それゆえ，子が日本に常居所を有しているときは，日本民法により親権者を決定することになります。

■戸籍の処理

T　それでは最後に戸籍の処理について要点をまとめて終わることにしましょう。

●離婚の際における親権者の指定

T　まず，離婚の際に子の本国法又は子の常居所地法に基づき一定の身分関係にある者が当然に親権者となる場合を除き，離婚届書の「未成年の子の氏名」欄にその氏名を記載してもらうほか，届書の「その他」欄にその子の国籍，生年月日を記載してもらい，その上で受理しなければならない扱いです。

次に，外国においてその国の方式に従い離婚し又は外国の離婚判決等で既に離婚が成立している場合で，未成年者について親権者の定めをしなければならない場合において，その定めがないときは，親権に関する事項を届出することができないので，これらの報告的離婚届は，同事項の記載のないまま受理せざるを得ないことになります。この場合，夫婦が協議で親権者を定めるまでは，共同親権のままとなります。なお，外国離婚判決において親権者の定めはないが監護者の定めがある場合において，日本における親権者の定めと同様の趣旨である場合（一方の親のみが法定代理人となったり代諾者となるような場合）は，親権者の定めとして処理して差し支えないものとされています。

●親権者の指定

T　親権の準拠法が日本の法律である場合に，民法819条３項・４項の親権者指定届が父母双方からされたときは，これを受理し，事件本人が日本人の場合は，同人の戸籍の身分事項欄に親権者事項を記載します。

●親権者の変更

T　親権の準拠法が日本の法律である場合に，民法819条６項により家庭裁判所の許可を得て親権者変更の届出があったときは，これを受理し，事件本人が日本人の場合は，同人の戸籍の身分事項欄に親権者変更事項を記載します。

【参考文献】

法務省民事局「民事月報44巻号外・法例改正特集」(平成元年)

財団法人民事法務協会「新版　実務戸籍法」(平成13年)

最高裁判所事務総局家庭局編「渉外家事事件執務提要(上)」法曹会(平成４年)

櫻田嘉章・道垣内正人編「国際私法判例百選［第２版］」有斐閣（平成24年)

参考資料

資料１　法の適用に関する通則法

資料２　法例（平成元年改正後のもの）

資料３　法例（平成元年改正前のもの）

資料４　法例の一部を改正する法律の施行に伴う戸籍事務の取扱いについて
（平成元年 10 月 2 日付け法務省民二第 3900 号民事局長通達）

資料１　法の適用に関する通則法

（平成18年６月21日
法　律　第 78 号）

施行　平成19年１月１日（平成18年政令第289号による）

第１章　総　則

（趣旨）

第１条　この法律は，法の適用に関する通則について定めるものとする。

第２章　法律に関する通則

（法律の施行期日）

第２条　法律は，公布の日から起算して20日を経過した日から施行する。ただし，法律でこれと異なる施行期日を定めたときは，その定めによる。

（法律と同一の効力を有する慣習）

第３条　公の秩序又は善良の風俗に反しない慣習は，法令の規定により認められたもの又は法令に規定されていない事項に関するものに限り，法律と同一の効力を有する。

第３章　準拠法に関する通則

第１節　人

（人の行為能力）

第４条　人の行為能力は，その本国法によって定める。

２　法律行為をした者がその本国法によれば行為能力の制限を受けた者となるときであっても行為地法によれば行為能力者となるべきときは，当該法律行為の当時そのすべての当事者が法を同じくする地に在った場合に限り，当該法律行為をした者は，前項の規定にかかわらず，行為能力者とみなす。

３　前項の規定は，親族法又は相続法の規定によるべき法律行為及び行為地と法を異にする地に在る不動産に関する法律行為については，適用しない。

（後見開始の審判等）

第５条　裁判所は，成年被後見人，被保佐人又は被補助人となるべき者が日本に住所若しくは居所を有するとき又は日本の国籍を有するときは，日本法により，後見開始，保佐開始又は補助開始の審判（以下「後見開始の審判等」と総称する。）をすることができる。

（失踪(そう)の宣告）

第６条　裁判所は，不在者が生存していたと認められる最後の時点において，不在者が日本に住所を有していたとき又は日本の国籍を有していたときは，日本法により，失踪(そう)の宣告をすることができる。

２　前項に規定する場合に該当しないときであっても，裁判所は，不在者の財産が日本に在るときはその財産についてのみ，不在者に関する法律関係が日本法によるべきときその他法律関係の性質，当事者の住所又は国籍その他の事情に照らして日本に関係があるときはその法律関係についてのみ，日本法により，失踪の宣告をすることができる。

第２節　法律行為

（当事者による準拠法の選択）

第７条　法律行為の成立及び効力は，当事者が当該法律行為の当時に選択した地の法による。

（当事者による準拠法の選択がない場合）

第８条　前条の規定による選択がないときは，法律行為の成立及び効力は，当該法律行為の当時において当該法律行為に最も密接な関係がある地の法による。

２　前項の場合において，法律行為において特徴的な給付を当事者の一方のみが行うものであるときは，その給付を行う当事者の常居所地法（その当事者が当該法律行為に関係する事業所を有する場合にあっては当該事業所の所在地の法，その当事者が当該法律行為に関係する２以上の事業所で法を異にする地に所在するものを有する場合にあってはその主たる事業所の所在地の法）を当該法律行為に最も密接な関係がある地の法と推定する。

3　第１項の場合において，不動産を目的物とする法律行為については，前項の規定にかかわらず，その不動産の所在地法を当該法律行為に最も密接な関係がある地の法と推定する。

（当事者による準拠法の変更）

第9条　当事者は，法律行為の成立及び効力について適用すべき法を変更することができる。ただし，第三者の権利を害することとなるときは，その変更をその第三者に対抗することができない。

（法律行為の方式）

第10条　法律行為の方式は，当該法律行為の成立について適用すべき法（当該法律行為の後に前条の規定による変更がされた場合にあっては，その変更前の法）による。

2　前項の規定にかかわらず，行為地法に適合する方式は，有効とする。

3　法を異にする地に在る者に対してされた意思表示については，前項の規定の適用に当たっては，その通知を発した地を行為地とみなす。

4　法を異にする地に在る者の間で締結された契約の方式については，前２項の規定は，適用しない。この場合においては，第１項の規定にかかわらず，申込みの通知を発した地の法又は承諾の通知を発した地の法のいずれかに適合する契約の方式は，有効とする。

5　前３項の規定は，動産又は不動産に関する物権及びその他の登記をすべき権利を設定し又は処分する法律行為の方式については，適用しない。

（消費者契約の特例）

第11条　消費者（個人（事業として又は事業のために契約の当事者となる場合におけるものを除く。）をいう。以下この条において同じ。）と事業者（法人その他の社団又は財団及び事業として又は事業のために契約の当事者となる場合における個人をいう。以下この条において同じ。）との間で締結される契約（労働契約を除く。以下この条において「消費者契約」という。）の成立及び効力について第７条又は第９条の規定による選択又は変更により適用すべき法が消費者の常居所地法以外の法である場合であっても，消費者がその常居所地法中の特定の強行規定を適用すべき旨の意思を事業者に対し表示したときは，当該消費者契約の成立及び効力に関しその強行規定の定める事項については，その強行規定をも適用する。

2　消費者契約の成立及び効力について第7条の規定による選択がないときは，第8条の規定にかかわらず，当該消費者契約の成立及び効力は，消費者の常居所地法による。

3　消費者契約の成立について第7条の規定により消費者の常居所地法以外の法が選択された場合であっても，当該消費者契約の方式について消費者がその常居所地法中の特定の強行規定を適用すべき旨の意思を事業者に対し表示したときは，前条第1項，第2項及び第4項の規定にかかわらず，当該消費者契約の方式に関しその強行規定の定める事項については，専らその強行規定を適用する。

4　消費者契約の成立について第7条の規定により消費者の常居所地法が選択された場合において，当該消費者契約の方式について消費者が専らその常居所地法によるべき旨の意思を事業者に対し表示したときは，前条第2項及び第4項の規定にかかわらず，当該消費者契約の方式は，専ら消費者の常居所地法による。

5　消費者契約の成立について第7条の規定による選択がないときは，前条第1項，第2項及び第4項の規定にかかわらず，当該消費者契約の方式は，消費者の常居所地法による。

6　前各項の規定は，次のいずれかに該当する場合には，適用しない。

一　事業者の事業所で消費者契約に関係するものが消費者の常居所地と法を異にする地に所在した場合であって，消費者が当該事業所の所在地と法を同じくする地に赴いて当該消費者契約を締結したとき。ただし，消費者が，当該事業者から，当該事業所の所在地と法を同じくする地において消費者契約を締結することについての勧誘をその常居所地において受けていたときを除く。

二　事業者の事業所で消費者契約に関係するものが消費者の常居所地と法を異にする地に所在した場合であって，消費者が当該事業所の所在地と法を同じくする地において当該消費者契約に基づく債務の全部の履行を受けたとき，又は受けることとされていたとき。ただし，消費者が，当該事業者から，当該事業所の所在地と法を同じくする地において債務の全部の履行を受けることについての勧誘をその常居所地において受けていたときを除く。

三　消費者契約の締結の当時，事業者が，消費者の常居所を知らず，かつ，知らなかったことについて相当の理由があるとき。

四　消費者契約の締結の当時，事業者が，その相手方が消費者でないと誤認し，かつ，誤認したことについて相当の理由があるとき。

（労働契約の特例）

第12条　労働契約の成立及び効力について第7条又は第9条の規定による選択又は変更により適用すべき法が当該労働契約に最も密接な関係がある地の法以外の法である場合であっても，労働者が当該労働契約に最も密接な関係がある地の法中の特定の強行規定を適用すべき旨の意思を使用者に対し表示したときは，当該労働契約の成立及び効力に関しその強行規定の定める事項については，その強行規定をも適用する。

2　前項の規定の適用に当たっては，当該労働契約において労務を提供すべき地の法（その労務を提供すべき地を特定することができない場合にあっては，当該労働者を雇い入れた事業所の所在地の法。次項において同じ。）を当該労働契約に最も密接な関係がある地の法と推定する。

3　労働契約の成立及び効力について第7条の規定による選択がないときは，当該労働契約の成立及び効力については，第8条第2項の規定にかかわらず，当該労働契約において労務を提供すべき地の法を当該労働契約に最も密接な関係がある地の法と推定する。

第3節　物権等

（物権及びその他の登記をすべき権利）

第13条　動産又は不動産に関する物権及びその他の登記をすべき権利は，その目的物の所在地法による。

２　前項の規定にかかわらず，同項に規定する権利の得喪は，その原因となる事実が完成した当時におけるその目的物の所在地法による。

第４節　債権

（事務管理及び不当利得）

第14条　事務管理又は不当利得によって生ずる債権の成立及び効力は，その原因となる事実が発生した地の法による。

（明らかにより密接な関係がある地がある場合の例外）

第15条　前条の規定にかかわらず，事務管理又は不当利得によって生ずる債権の成立及び効力は，その原因となる事実が発生した当時において当事者が法を同じくする地に常居所を有していたこと，当事者間の契約に関連して事務管理が行われ又は不当利得が生じたことその他の事情に照らして，明らかに同条の規定により適用すべき法の属する地よりも密接な関係がある他の地があるときは，当該他の地の法による。

（当事者による準拠法の変更）

第16条　事務管理又は不当利得の当事者は，その原因となる事実が発生した後において，事務管理又は不当利得によって生ずる債権の成立及び効力について適用すべき法を変更することができる。ただし，第三者の権利を害することとなるときは，その変更をその第三者に対抗することができない。

（不法行為）

第17条　不法行為によって生ずる債権の成立及び効力は，加害行為の結果が発生した地の法による。ただし，その地における結果の発生が通常予見することのできないものであったときは，加害行為が行われた地の法による。

（生産物責任の特例）

第18条　前条の規定にかかわらず，生産物（生産され又は加工された物をいう。以下この条において同じ。）で引渡しがされたものの瑕疵（かし）により他人の生命，身体又は財産を侵害する不法行為によって生ずる生産業者（生産物を業として生産し，加工し，輸入し，輸出し，流通させ，又は販売した者をいう。以下この条において同じ。）又は生産物にその生産業者と認めることができる表示をした者（以下この条において「生産業者等」と総称する。）に対する債権の成立及び効力は，被害者が生産物の引渡しを受けた地の法による。ただし，その地における生産物の引渡しが通常予見することのできないものであったときは，生産業者等の主たる事業所の所在地の法（生産業者等が事業所を有しない場合にあっては，その常居所地法）による。

（名誉又は信用の毀（き）損の特例）

第19条　第17条の規定にかかわらず，他人の名誉又は信用を毀（き）損する不法行為によって生ずる債権の成立及び効力は，被害者の常居所地法（被害者が法人その他の社団又は財団である場合にあっては，その主たる事業所の所在地の法）による。

（明らかにより密接な関係がある地がある場合の例外）

第20条　前３条の規定にかかわらず，不法行為によって生ずる債権の成立及び効力は，不法行為の当時において当事者が法を同じくする地に常居所を有していたこと，当事者間の契約に基づく義務に違反して不法行為が行われたことその他の事情に照らして，明らかに前３条の規定により適用すべき法の属する地よりも密接な関係がある他の地があるときは，当該他の地の法による。

（当事者による準拠法の変更）

第21条　不法行為の当事者は，不法行為の後において，不法行為によって生ずる債権の成立及び効力について適用すべき法を変更することができる。ただし，第三者の権利を害することとなるときは，その変更をその第三者に対抗することができない。

（不法行為についての公序による制限）

第22条　不法行為について外国法によるべき場合において，当該外国法を適用すべき事実が日本法によれば不法とならないときは，当該外国法に基づく損害賠償その他の処分の請求は，することができない。

2　不法行為について外国法によるべき場合において，当該外国法を適用すべき事実が当該外国法及び日本法により不法となるときであっても，被害者は，日本法により認められる損害賠償その他の処分でなければ請求することができない。

（債権の譲渡）

第23条　債権の譲渡の債務者その他の第三者に対する効力は，譲渡に係る債権について適用すべき法による。

第５節　親族

（婚姻の成立及び方式）

第24条　婚姻の成立は，各当事者につき，その本国法による。

2　婚姻の方式は，婚姻挙行地の法による。

3　前項の規定にかかわらず，当事者の一方の本国法に適合する方式は，有効とする。ただし，日本において婚姻が挙行された場合において，当事者の一方が日本人であるときは，この限りでない。

（婚姻の効力）

第25条　婚姻の効力は，夫婦の本国法が同一であるときはその法により，その法がない場合において夫婦の常居所地法が同一であるときはその法により，そのいずれの法もないときは夫婦に最も密接な関係がある地の法による。

（夫婦財産制）

第26条　前条の規定は，夫婦財産制について準用する。

2　前項の規定にかかわらず，夫婦が，その署名した書面で日付を記載したものにより，次に掲げる法のうちいずれの法によるべきかを定めたときは，夫婦財産制は，その法による。この場合において，その定めは，将来に向かってのみその効力を生ずる。

一　夫婦の一方が国籍を有する国の法

二　夫婦の一方の常居所地法

三　不動産に関する夫婦財産制については，その不動産の所在地法

3　前２項の規定により外国法を適用すべき夫婦財産制は，日本においてされ

た法律行為及び日本に在る財産については，善意の第三者に対抗することができない。この場合において，その第三者との間の関係については，夫婦財産制は，日本法による。

4　前項の規定にかかわらず，第１項又は第２項の規定により適用すべき外国法に基づいてされた夫婦財産契約は，日本においてこれを登記したときは，第三者に対抗することができる。

（離婚）

第27条　第25条の規定は，離婚について準用する。ただし，夫婦の一方が日本に常居所を有する日本人であるときは，離婚は，日本法による。

（嫡出である子の親子関係の成立）

第28条　夫婦の一方の本国法で子の出生の当時におけるものにより子が嫡出となるべきときは，その子は，嫡出である子とする。

2　夫が子の出生前に死亡したときは，その死亡の当時における夫の本国法を前項の夫の本国法とみなす。

（嫡出でない子の親子関係の成立）

第29条　嫡出でない子の親子関係の成立は，父との間の親子関係については子の出生の当時における父の本国法により，母との間の親子関係についてはその当時における母の本国法による。この場合において，子の認知による親子関係の成立については，認知の当時における子の本国法によればその子又は第三者の承諾又は同意があることが認知の要件であるときは，その要件をも備えなければならない。

2　子の認知は，前項前段の規定により適用すべき法によるほか，認知の当時における認知する者又は子の本国法による。この場合において，認知する者の本国法によるときは，同項後段の規定を準用する。

3　父が子の出生前に死亡したときは，その死亡の当時における父の本国法を第１項の父の本国法とみなす。前項に規定する者が認知前に死亡したときは，その死亡の当時におけるその者の本国法を同項のその者の本国法とみなす。

（準正）

第30条　子は，準正の要件である事実が完成した当時における父若しくは母又は子の本国法により準正が成立するときは，嫡出子の身分を取得する。

２　前項に規定する者が準正の要件である事実の完成前に死亡したときは，その死亡の当時におけるその者の本国法を同項のその者の本国法とみなす。

（養子縁組）

第31条　養子縁組は，縁組の当時における養親となるべき者の本国法による。この場合において，養子となるべき者の本国法によればその者若しくは第三者の承諾若しくは同意又は公的機関の許可その他の処分があることが養子縁組の成立の要件であるときは，その要件をも備えなければならない。

２　養子とその実方の血族との親族関係の終了及び離縁は，前項前段の規定により適用すべき法による。

（親子間の法律関係）

第32条　親子間の法律関係は，子の本国法が父又は母の本国法（父母の一方が死亡し，又は知れない場合にあっては，他の一方の本国法）と同一である場合には子の本国法により，その他の場合には子の常居所地法による。

（その他の親族関係等）

第33条　第24条から前条までに規定するもののほか，親族関係及びこれによって生ずる権利義務は，当事者の本国法によって定める。

（親族関係についての法律行為の方式）

第34条　第25条から前条までに規定する親族関係についての法律行為の方式は，当該法律行為の成立について適用すべき法による。

２　前項の規定にかかわらず，行為地法に適合する方式は，有効とする。

（後見等）

第35条　後見，保佐又は補助（以下「後見等」と総称する。）は，被後見人，被保佐人又は被補助人（次項において「被後見人等」と総称する。）の本国法による。

２　前項の規定にかかわらず，外国人が被後見人等である場合であって，次に掲げるときは，後見人，保佐人又は補助人の選任の審判その他の後見等に関する審判については，日本法による。

一　当該外国人の本国法によればその者について後見等が開始する原因がある場合であって，日本における後見等の事務を行う者がないとき。

二　日本において当該外国人について後見開始の審判等があったとき。

第６節　相続

（相続）

第36条　相続は，被相続人の本国法による。

（遺言）

第37条　遺言の成立及び効力は，その成立の当時における遺言者の本国法による。

２　遺言の取消しは，その当時における遺言者の本国法による。

第７節　補則

（本国法）

第38条　当事者が２以上の国籍を有する場合には，その国籍を有する国のうちに当事者が常居所を有する国があるときはその国の法を，その国籍を有する国のうちに当事者が常居所を有する国がないときは当事者に最も密接な関係がある国の法を当事者の本国法とする。ただし，その国籍のうちのいずれかが日本の国籍であるときは，日本法を当事者の本国法とする。

２　当事者の本国法によるべき場合において，当事者が国籍を有しないときは，その常居所地法による。ただし，第25条（第26条第１項及び第27条において準用する場合を含む。）及び第32条の規定の適用については，この限りでない。

３　当事者が地域により法を異にする国の国籍を有する場合には，その国の規則に従い指定される法（そのような規則がない場合にあっては，当事者に最も密接な関係がある地域の法）を当事者の本国法とする。

（常居所地法）

第39条　当事者の常居所地法によるべき場合において，その常居所が知れないときは，その居所地法による。ただし，第25条（第26条第１項及び第27条において準用する場合を含む。）の規定の適用については，この限りでない。

（人的に法を異にする国又は地の法）

第40条　当事者が人的に法を異にする国の国籍を有する場合には，その国の規則に従い指定される法（そのような規則がない場合にあっては，当事者に最も密接な関係がある法）を当事者の本国法とする。

2　前項の規定は，当事者の常居所地が人的に法を異にする場合における当事者の常居所地法で第25条（第26条第１項及び第27条において準用する場合を含む。），第26条第２項第２号，第32条又は第38条第２項の規定により適用されるもの及び夫婦に最も密接な関係がある地が人的に法を異にする場合における夫婦に最も密接な関係がある地の法について準用する。

（反致）

第41条　当事者の本国法によるべき場合において，その国の法に従えば日本法によるべきときは，日本法による。ただし，第25条（第26条第１項及び第27条において準用する場合を含む。）又は第32条の規定により当事者の本国法によるべき場合は，この限りでない。

（公序）

第42条　外国法によるべき場合において，その規定の適用が公の秩序又は善良の風俗に反するときは，これを適用しない。

（適用除外）

第43条　この章の規定は，夫婦，親子その他の親族関係から生ずる扶養の義務については，適用しない。ただし，第39条本文の規定の適用については，この限りでない。

2　この章の規定は，遺言の方式については，適用しない。ただし，第38条第２項本文，第39条本文及び第40条の規定の適用については，この限りでない。

**附　則　**抄

（施行期日）

第１条　この法律は，公布の日から起算して１年を超えない範囲内において政令で定める日から施行する。

（経過措置）

第2条　改正後の法の適用に関する通則法（以下「新法」という。）の規定は，次条の規定による場合を除き，この法律の施行の日（以下「施行日」という。）前に生じた事項にも適用する。

第3条　施行日前にされた法律行為の当事者の能力については，新法第4条の規定にかかわらず，なお従前の例による。

2　施行日前にされた申立てに係る後見開始の審判等及び失踪の宣告については，新法第5条及び第6条の規定にかかわらず，なお従前の例による。

3　施行日前にされた法律行為の成立及び効力並びに方式については，新法第8条から第12条までの規定にかかわらず，なお従前の例による。

4　施行日前にその原因となる事実が発生した事務管理及び不当利得並びに施行日前に加害行為の結果が発生した不法行為によって生ずる債権の成立及び効力については，新法第15条から第21条までの規定にかかわらず，なお従前の例による。

5　施行日前にされた債権の譲渡の債務者その他の第三者に対する効力については，新法第23条の規定にかかわらず，なお従前の例による。

6　施行日前にされた親族関係（改正前の法例第14条から第21条までに規定する親族関係を除く。）についての法律行為の方式については，新法第34条の規定にかかわらず，なお従前の例による。

7　施行日前にされた申立てに係る後見人，保佐人又は補助人の選任の審判その他の後見等に関する審判については，新法第35条第2項の規定にかかわらず，なお従前の例による。

資料2 法例（平成元年改正後のもの）

（明治31年6月21日
法　律　第 10 号）

施行　明治31年7月16日（明治31年勅令第123号）

改正―昭和17年2月12日法律第　7号
昭和22年12月22日法律第223号
昭和39年6月10日法律第100号
昭和61年6月12日法律第 84号
平成元年6月28日法律第 27号
平成11年12月8日法律第151号
全部改正―平成19年1月1日（平成18年法律第78号）

（法律の施行時期）

第1条　法律ハ公布ノ日ヨリ起算シ満20日ヲ経テ之ヲ施行ス但法律ヲ以テ之ニ異ナリタル施行時期ヲ定メタルトキハ此限ニ在ラス（平成元法27本条改正）

（慣習法）

第2条　公ノ秩序又ハ善良ノ風俗ニ反セサル慣習ハ法令ノ規定ニ依リテ認メタルモノ及ヒ法令ニ規定ナキ事項ニ関スルモノニ限リ法律ト同一ノ効力ヲ有ス

（行為能力）

第3条　人ノ能力ハ其本国法ニ依リテ之ヲ定ム

2　外国人カ日本ニ於テ法律行為ヲ為シタル場合ニ於テ其外国人カ本国法ニ依レハ能力ノ制限ヲ受ケタル者タルヘキトキト雖モ日本ノ法律ニ依レハ能力者タルヘキトキハ前項ノ規定ニ拘ハラス之ヲ能力者ト看做ス（平成11法151本項改正）

3　前項ノ規定ハ親族法又ハ相続法ノ規定ニ依ルヘキ法律行為及ヒ外国ニ在ル不動産ニ関スル法律行為ニ付テハ之ヲ適用セス

（成年後見）

第4条　後見開始ノ審判ノ原因ハ成年被後見人ノ本国法ニ依リ其審判ノ効力ハ

審判ヲ為シタル国ノ法律ニ依ル

２　日本ニ住所又ハ居所ヲ有スル外国人ニ付キ其本国法ニ依リ後見開始ノ審判ノ原因アルトキハ裁判所ハ其者ニ対シテ後見開始ノ審判ヲ為スコトヲ得但日本ノ法律カ其原因ヲ認メサルトキハ此限ニ在ラス

（平成11法151本条改正）

（保佐及び補助）

第５条　前条ノ規定ハ保佐開始ノ審判及ビ補助開始ノ審判ニ之ヲ準用ス（平成11法151本条改正）

（失踪宣告）

第６条　外国人ノ生死カ分明ナラサル場合ニ於テハ裁判所ハ日本ニ在ル財産及ヒ日本ノ法律ニ依ルヘキ法律関係ニ付テノミ日本ノ法律ニ依リテ失踪ノ宣告ヲ為スコトヲ得

（法律行為の成立及び効力）

第７条　法律行為ノ成立及ヒ効力ニ付テハ当事者ノ意思ニ従ヒ其何レノ国ノ法律ニ依ルヘキカヲ定ム

２　当事者ノ意思カ分明ナラサルトキハ行為地法ニ依ル

（法律行為の方式）

第８条　法律行為ノ方式ハ其行為ノ効力ヲ定ムル法律ニ依ル

２　行為地法ニ依リタル方式ハ前項ノ規定ニ拘ハラス之ヲ有効トス但物権其他登記スヘキ権利ヲ設定シ又ハ処分スル法律行為ニ付テハ此限ニ在ラス

（異法地域者間の法律行為）

第９条　法律ヲ異ニスル地ニ在ル者ニ対シテ為シタル意思表示ニ付テハ其通知ヲ発シタル地ヲ行為地ト看做ス

２　契約ノ成立及ヒ効力ニ付テハ申込ノ通知ヲ発シタル地ヲ行為地ト看做ス若シ其申込ヲ受ケタル者カ承諾ヲ為シタル当時申込ノ発信地ヲ知ラサリシトキハ申込者ノ住所地ヲ行為地ト看做ス

（物権その他登記すべき権利）

第10条　動産及ヒ不動産ニ関スル物権其他登記スヘキ権利ハ其目的物ノ所在

地法ニ依ル

2　前項ニ掲ケタル権利ノ得喪ハ其原因タル事実ノ完成シタル当時ニ於ケル目的物ノ所在地法ニ依ル

（法定債権の成立及び効力）

第11条　事務管理，不当利得又ハ不法行為ニ因リテ生スル債権ノ成立及ヒ効力ハ其原因タル事実ノ発生シタル地ノ法律ニ依ル

2　前項ノ規定ハ不法行為ニ付テハ外国ニ於テ発生シタル事実カ日本ノ法律ニ依レハ不法ナラサルトキハ之ヲ適用セス

3　外国ニ於テ発生シタル事実カ日本ノ法律ニ依リテ不法ナルトキト雖モ被害者ハ日本ノ法律カ認メタル損害賠償其他ノ処分ニ非サレハ之ヲ請求スルコトヲ得ス

（債権譲渡）

第12条　債権譲渡ノ第三者ニ対スル効力ハ債務者ノ住所地法ニ依ル

（婚姻の成立要件）

第13条　婚姻成立ノ要件ハ各当事者ニ付キ其本国法ニ依リテ之ヲ定ム

2　婚姻ノ方式ハ婚姻挙行地ノ法律ニ依ル

3　当事者ノ一方ノ本国法ニ依リタル方式ハ前項ノ規定ニ拘ハラズ之ヲ有効トス但日本ニ於テ婚姻ヲ挙行シタル場合ニ於テ当事者ノ一方ガ日本人ナルトキハ此限ニ在ラズ（平成元法27本項追加）

（平成元法27本条改正）

（婚姻の効力）

第14条　婚姻ノ効力ハ夫婦ノ本国法ガ同一ナルトキハ其法律ニ依リ其法律ナキ場合ニ於テ夫婦ノ常居所地法ガ同一ナルトキハ其法律ニ依ル其何レノ法律モナキトキハ夫婦ニ最モ密接ナル関係アル地ノ法律ニ依ル（平成元法27本条全部改正）

（夫婦財産制，内国取引の保護）

第15条　前条ノ規定ハ夫婦財産制ニ之ヲ準用ス但夫婦ガ其署名シタル書面ニシテ日附アルモノニ依リ左ニ掲ゲタル法律中其何レニ依ルベキカヲ定メタル

トキハ夫婦財産制ハ其定メタル法律ニ依ル

一　夫婦ノ一方ガ国籍ヲ有スル国ノ法律

二　夫婦ノ一方ノ常居所地法

三　不動産ニ関スル夫婦財産制ニ付テハ其不動産ノ所在地法

2　外国法ニ依ル夫婦財産制ハ日本ニ於テ為シタル法律行為及ビ日本ニ在ル財産ニ付テハ之ヲ善意ノ第三者ニ対抗スルコトヲ得ズ此場合ニ於テ其夫婦財産制ニ依ルコトヲ得ザルトキハ其第三者トノ間ノ関係ニ付テハ夫婦財産制ハ日本ノ法律ニ依ル

3　外国法ニ依リテ為シタル夫婦財産契約ハ日本ニ於テ之ヲ登記シタルトキハ前項ノ規定ニ拘ハラズ之ヲ第三者ニ対抗スルコトヲ得

（平成元法27本条全部改正）

（離婚）

第16条　第14条ノ規定ハ離婚ニ之ヲ準用ス但夫婦ノ一方ガ日本ニ常居所ヲ有スル日本人ナルトキハ離婚ハ日本ノ法律ニ依ル（平成元法27本条全部改正）

（嫡出親子関係の成立）

第17条　夫婦ノ一方ノ本国法ニシテ子ノ出生ノ当時ニ於ケルモノニ依リ子ガ嫡出ナルトキハ其子ハ嫡出子トス

2　夫ガ子ノ出生前ニ死亡シタルトキハ其死亡ノ当時ノ夫ノ本国法ヲ前項ノ夫ノ本国法ト看做ス

（平成元法27本条全部改正）

（非嫡出親子関係の成立，認知）

第18条　嫡出ニ非ザル子ノ親子関係ノ成立ハ父トノ間ハ親子関係ニ付テハ子ノ出生ノ当時ノ父ノ本国法ニ依リ母トノ間ノ親子関係ニ付テハ其当時ノ母ノ本国法ニ依ル子ノ認知ニ因ル親子関係ノ成立ニ付テハ認知ノ当時ノ子ノ本国法ガ其子又ハ第三者ノ承諾又ハ同意アルコトヲ認知ノ要件トスルトキハ其要件ヲモ備フルコトヲ要ス

2　子ノ認知ハ前項前段ニ定ムル法律ノ外認知ノ当時ノ認知スル者又ハ子ノ本国法ニ依ル此場合ニ於テ認知スル者ノ本国法ニ依ルトキハ同項後段ノ規定ヲ

準用ス

3　父ガ子ノ出生前ニ死亡シタルトキハ其死亡ノ当時ノ父ノ本国法ヲ第１項ノ父ノ本国法ト看做シ前項ニ掲ゲタル者ガ認知前ニ死亡シタルトキハ其死亡ノ当時ノ其者ノ本国法ヲ同項ノ其者ノ本国法ト看做ス

（平成元法27本条全部改正）

（準正）

第19条　子ハ準正ノ要件タル事実ノ完成ノ当時ノ父若クハ母又ハ子ノ本国法ニ依リ準正ガ成立スルトキハ嫡出子タル身分ヲ取得ス

2　前項ニ掲ゲタル者ガ準正ノ要件タル事実ノ完成前ニ死亡シタルトキハ其死亡ノ当時ノ其者ノ本国法ヲ同項ノ其者ノ本国法ト看做ス

（平成元法27本条全部改正）

（養子縁組）

第20条　養子縁組ハ縁組ノ当時ノ養親ノ本国法ニ依ル若シ養子ノ本国法ガ養子縁組ノ成立ニ付キ養子若クハ第三者ノ承諾若クハ同意又ハ公ノ機関ノ許可其他ノ処分アルコトヲ要件トスルトキハ其要件ヲモ備フルコトヲ要ス

2　養子ト其実方ノ血族トノ親族関係ノ終了及ビ離縁ハ前項前段ニ定ムル法律ニ依ル

（平成元法27本条全部改正）

（親子間の法律関係）

第21条　親子間ノ法律関係ハ子ノ本国法ガ父又ハ母ノ本国法若シ父母ノ一方アラザルトキハ他ノ一方ノ本国法ト同一ナル場合ニ於テハ子ノ本国法ニ依リ其他ノ場合ニ於テハ子ノ常居所地法ニ依ル（平成元法27本条全部改正）

（身分的法律行為の方式）

第22条　第14条乃至前条ニ掲ゲタル親族関係ニ付テノ法律行為ノ方式ハ其行為ノ成立ヲ定ムル法律ニ依ル但行為地法ニ依ルコトヲ妨ゲズ

（平成元法27本条追加）

（親族関係）

第23条　第13条乃至第21条ニ掲ケタルモノノ外親族関係及ヒ之ニ因リテ生ス

ル権利義務ハ当事者ノ本国法ニ依リテ之ヲ定ム（平成元法27本条改正）

（後見）

第24条　後見ハ被後見人ノ本国法ニ依ル

２　日本ニ住所又ハ居所ヲ有スル外国人ノ後見ハ其本国法ニ依レハ後見開始ノ原因アルモ後見ノ事務ヲ行フ者ナキトキ及ヒ日本ニ於テ後見開始ノ審判アリタルトキニ限リ日本ノ法律ニ依ル（平成11法151本項改正）

（保佐及び補助）

第25条　前条ノ規定ハ保佐及ビ補助ニ之ヲ準用ス（平成11法151本条改正）

（相続）

第26条　相続ハ被相続人ノ本国法ニ依ル

（遺言）

第27条　遺言ノ成立及ヒ効力ハ其成立ノ当時ニ於ケル遺言者ノ本国法ニ依ル

２　遺言ノ取消ハ其当時ニ於ケル遺言者ノ本国法ニ依ル

（昭和39法100本条改正）

（本国法）

第28条　当事者ガ２箇以上ノ国籍ヲ有スル場合ニ於テハ其国籍ヲ有スル国中当事者ガ常居所ヲ有スル国若シ其国ナキトキハ当事者ニ最モ密接ナル関係アル国ノ法律ヲ当事者ノ本国法トス但其一ガ日本ノ国籍ナルトキハ日本ノ法律ヲ其本国法トス

２　当事者ノ本国法ニ依ルベキ場合ニ於テ当事者ガ国籍ヲ有セザルトキハ其常居所地法ニ依ル但第14条（第15条第１項及ビ第16条ニ於テ準用スル場合ヲ含ム）又ハ第21条ノ規定ヲ適用スル場合ハ此限ニ在ラズ

３　当事者ガ地方ニ依リ法律ヲ異ニスル国ノ国籍ヲ有スルトキハ其国ノ規則ニ従ヒ指定セラルル法律若シ其規則ナキトキハ当事者ニ最モ密接ナル関係アル地方ノ法律ヲ当事者ノ本国法トス

（平成元法27本条追加）

（住所地法）

第29条　当事者ノ住所地法ニ依ルヘキ場合ニ於テ其住所カ知レサルトキハ其

居所地法ニ依ル

２　当事者ガ２箇以上ノ住所ヲ有スルトキハ其住所地中当事者ニ最モ密接ナル関係アル地ノ法律ヲ其住所地法トス（平成元法27本項全部改正）

（常居所地法）

第30条　当事者ノ常居所地法ニ依ルベキ場合ニ於テ其常居所ガ知レザルトキハ其居所地法ニ依ル但第14条（第15条第１項及ビ第16条ニ於テ準用スル場合ヲ含ム）ノ規定ヲ適用スル場合ハ此限ニ在ラズ（平成元法27本条追加）

（人際法）

第31条　当事者ガ人的ニ法律ヲ異ニスル国ノ国籍ヲ有スル場合ニ於テハ其国ノ規則ニ従ヒ指定セラルル法律若シ其規則ナキトキハ当事者ニ最モ密接ナル関係アル法律ヲ当事者ノ本国法トス

２　前項ノ規定ハ当事者ガ常居所ヲ有スル地ガ人的ニ法律ヲ異ニスル場合ニ於ケル当事者ノ常居所地法及ビ夫婦ニ最モ密接ナル関係アル地ガ人的ニ法律ヲ異ニスル場合ニ於ケル夫婦ニ最モ密接ナル関係アル地ノ法律ニ之ヲ準用ス

（平成元法27本条追加）

（反致）

第32条　当事者ノ本国法ニ依ルヘキ場合ニ於テ其国ノ法律ニ従ヒ日本ノ法律ニ依ルヘキトキハ日本ノ法律ニ依ル但第14条（第15条第１項及ビ第16条ニ於テ準用スル場合ヲ含ム）又ハ第21条ノ規定ニ依リ当事者ノ本国法ニ依ルベキ場合ハ此限ニ在ラズ（平成元法27本条改正）

（公序）

第33条　外国法ニ依ルヘキ場合ニ於テ其規定ノ適用カ公ノ秩序又ハ善良ノ風俗ニ反スルトキハ之ヲ適用セス（平成元法27本条改正）

（扶養，遺言の方式）

第34条　本法ハ夫婦，親子其他ノ親族関係ニ因リテ生ズル扶養ノ義務ニ付テハ之ヲ適用セズ但第30条本文ノ規定ハ此限ニ在ラズ（昭和61法84本項追加）

２　本法ハ遺言ノ方式ニ付テハ之ヲ適用セズ但第28条第２項本文，第29条第１項，第30条本文及ビ第31条ノ規定ハ此限ニ在ラズ

（昭和39法100本条追加，平成元法27本条改正）

附　則　（平成元・６・28法27）（抄）

（施行期日）

1　この法律は，公布の日から起算して１年を超えない範囲内において政令で定める日（平成２・１・１―平成元政292）から施行する。

（経過措置）

2　この法律の施行前に生じた事項については，なお従前の例による。ただし，この法律の施行の際現に継続する法律関係については，この法律の施行後の法律関係に限り，改正後の法例の規定を適用する。

資料３　法例（平成元年改正前のもの）

（明治31年６月21日　法律第10号）

施行　明治31年７月16日（明治31年勅令第123号）

改正—昭和17年２月12日法律第　7号
昭和22年12月22日法律第223号
昭和39年６月10日法律第100号
昭和61年６月12日法律第 84号

（法律の施行時期）

第１条　法律ハ公布ノ日ヨリ起算シ満20日ヲ経テ之ヲ施行ス但法律ヲ以テ之ニ異ナリタル施行時期ヲ定メタルトキハ此限ニ在ラス

２　台湾，北海道，沖縄県其他島地ニ付テハ勅令ヲ以テ特別ノ施行時期ヲ定ムルコトヲ得

（慣習法）

第２条　公ノ秩序又ハ善良ノ風俗ニ反セサル慣習ハ法令ノ規定ニ依リテ認メタルモノ及ヒ法令ニ規定ナキ事項ニ関スルモノニ限リ法律ト同一ノ効力ヲ有ス

（行為能力）

第３条　人ノ能力ハ其本国法ニ依リテ之ヲ定ム

２　外国人カ日本ニ於テ法律行為ヲ為シタル場合ニ於テ其外国人カ本国法ニ依レハ無能力者タルヘキトキト雖モ日本ノ法律ニ依レハ能力者タルヘキトキハ前項ノ規定ニ拘ハラス之ヲ能力者ト看做ス

３　前項ノ規定ハ親族法又ハ相続法ノ規定ニ依ルヘキ法律行為及ヒ外国ニ在ル不動産ニ関スル法律行為ニ付テハ之ヲ適用セス

（禁治産）

第４条　禁治産ノ原因ハ禁治産者ノ本国法ニ依リ其宣告ノ効力ハ宣告ヲ為シタル国ノ法律ニ依ル

２　日本ニ住所又ハ居所ヲ有スル外国人ニ付キ其本国法ニ依リ禁治産ノ原因ア

ルトキハ裁判所ハ其者ニ対シテ禁治産ノ宣告ヲ為スコトヲ得但日本ノ法律カ其原因ヲ認メサルトキハ此限ニ在ラス

（準禁治産）

第5条　前条ノ規定ハ準禁治産ニ之ヲ準用ス

（失踪宣告）

第6条　外国人ノ生死カ分明ナラサル場合ニ於テハ裁判所ハ日本ニ在ル財産及ヒ日本ノ法律ニ依ルヘキ法律関係ニ付テノミ日本ノ法律ニ依リテ失踪ノ宣告ヲ為スコトヲ得

（法律行為の成立及び効力）

第7条　法律行為ノ成立及ヒ効力ニ付テハ当事者ノ意思ニ従ヒ其何レノ国ノ法律ニ依ルヘキカヲ定ム

2　当事者ノ意思カ分明ナラサルトキハ行為地法ニ依ル

（法律行為の方式）

第8条　法律行為ノ方式ハ其行為ノ効力ヲ定ムル法律ニ依ル

2　行為地法ニ依リタル方式ハ前項ノ規定ニ拘ハラス之ヲ有効トス但物権其他登記スヘキ権利ヲ設定シ又ハ処分スル法律行為ニ付テハ此限ニ在ラス

（異法地域者間の法律行為）

第9条　法律ヲ異ニスル地ニ在ル者ニ対シテ為シタル意思表示ニ付テハ其通知ヲ発シタル地ヲ行為地ト看做ス

2　契約ノ成立及ヒ効力ニ付テハ申込ノ通知ヲ発シタル地ヲ行為地ト看做ス若シ其申込ヲ受ケタル者カ承諾ヲ為シタル当時申込ノ発信地ヲ知ラサリシトキハ申込者ノ住所地ヲ行為地ト看做ス

（物権その他登記すべき権利）

第10条　動産及ヒ不動産ニ関スル物権其他登記スヘキ権利ハ其目的物ノ所在地法ニ依ル

2　前項ニ掲ケタル権利ノ得喪ハ其原因タル事実ノ完成シタル当時ニ於ケル目的物ノ所在地法ニ依ル

（法定債権の成立及び効力）

第11条　事務管理，不当利得又ハ不法行為ニ因リテ生スル債権ノ成立及ヒ効力ハ其原因タル事実ノ発生シタル地ノ法律ニ依ル

２　前項ノ規定ハ不法行為ニ付テハ外国ニ於テ発生シタル事実カ日本ノ法律ニ依レハ不法ナラサルトキハ之ヲ適用セス

３　外国ニ於テ発生シタル事実カ日本ノ法律ニ依リテ不法ナルトキト雖モ被害者ハ日本ノ法律カ認メタル損害賠償其他ノ処分ニ非サレハ之ヲ請求スルコトヲ得ス

（債権譲渡）

第12条　債権譲渡ノ第三者ニ対スル効力ハ債務者ノ住所地法ニ依ル

（婚姻の成立要件）

第13条　婚姻成立ノ要件ハ各当事者ニ付キ其本国法ニ依リテ之ヲ定ム但其方式ハ婚姻挙行地ノ法律ニ依ル

２　前項ノ規定ハ民法第741条ノ適用ヲ妨ケス（昭和22法223本項追加）

（婚姻の効力）

第14条　婚姻ノ効力ハ夫ノ本国法ニ依ル（昭和22法223本条改正）

（夫婦財産制）

第15条　夫婦財産制ハ婚姻ノ当時ニ於ケル夫ノ本国法ニ依ル

（昭和22法223本条改正）

（離婚）

第16条　離婚ハ其原因タル事実ノ発生シタル時ニ於ケル夫ノ本国法ニ依ル但裁判所ハ其原因タル事実カ日本ノ法律ニ依ルモ離婚ノ原因タルトキニ非サレハ離婚ノ宣告ヲ為スコトヲ得ス

（嫡出子）

第17条　子ノ嫡出ナルヤ否ヤハ其出生ノ当時母ノ夫ノ属シタル国ノ法律ニ依リテ之ヲ定ム若シ其夫カ子ノ出生前ニ死亡シタルトキハ其最後ニ属シタル国ノ法律ニ依リテ之ヲ定ム

（認知）

第18条　子ノ認知ノ要件ハ其父又ハ母ニ関シテハ認知ノ当時父又ハ母ノ属ス

ル国ノ法律ニ依リテ之ヲ定メ其子ニ関シテハ認知ノ当時子ノ属スル国ノ法律ニ依リテ之ヲ定ム（昭和17法7本項改正）

2　認知ノ効力ハ父又ハ母ノ本国法ニ依ル

（養子縁組及び離縁）

第19条　養子縁組ノ要件ハ各当事者ニ付キ其本国法ニ依リテ之ヲ定ム

2　養子縁組ノ効力及ヒ離縁ハ養親ノ本国法ニ依ル

（親子間の法律関係）

第20条　親子間ノ法律関係ハ父ノ本国法ニ依ル若シ父アラサルトキハ母ノ本国法ニ依ル

（扶養の義務）

第21条　削除（昭和61法84）

（親族関係）

第22条　前9条ニ掲ケタルモノノ外親族関係及ヒ之ニ因リテ生スル権利義務ハ当事者ノ本国法ニ依リテ之ヲ定ム

（後見）

第23条　後見ハ被後見人ノ本国法ニ依ル

2　日本ニ住所又ハ居所ヲ有スル外国人ノ後見ハ其本国法ニ依レハ後見開始ノ原因アルモ後見ノ事務ヲ行フ者ナキトキ及ヒ日本ニ於テ禁治産ノ宣告アリタルトキニ限リ日本ノ法律ニ依ル

（保佐）

第24条　前条ノ規定ハ保佐ニ之ヲ準用ス

（相続）

第25条　相続ハ被相続人ノ本国法ニ依ル

（遺言）

第26条　遺言ノ成立及ヒ効力ハ其成立ノ当時ニ於ケル遺言者ノ本国法ニ依ル

2　遺言ノ取消ハ其当時ニ於ケル遺言者ノ本国法ニ依ル

（昭和39法100本条改正）

（本国法）

第27条　当事者ノ本国法ニ依ルヘキ場合ニ於テ其当事者カ２箇以上ノ国籍ヲ有スルトキハ最後ニ取得シタル国籍ニ依リテ其本国法ヲ定ム但其一カ日本ノ国籍ナルトキハ日本ノ法律ニ依ル

２　国籍ヲ有セサル者ニ付テハ其住所地法ヲ以テ本国法ト看做ス其住所カ知レサルトキハ其居所地法ニ依ル

３　地方ニ依リ法律ヲ異ニスル国ノ人民ニ付テハ其者ノ属スル地方ノ法律ニ依ル

（住所地法）

第28条　当事者ノ住所地法ニ依ルヘキ場合ニ於テ其住所カ知レサルトキハ其居所地法ニ依ル

２　前条第１項及ヒ第３項ノ規定ハ当事者ノ住所地法ニ依ルヘキ場合ニ之ヲ準用ス

（反致）

第29条　当事者ノ本国法ニ依ルヘキ場合ニ於テ其国ノ法律ニ従ヒ日本ノ法律ニ依ルヘキトキハ日本ノ法律ニ依ル

（公序）

第30条　外国法ニ依ルヘキ場合ニ於テ其規定カ公ノ秩序又ハ善良ノ風俗ニ反スルトキハ之ヲ適用セス

（扶養，遺言の方式）

第31条　本法ハ夫婦，親子其他ノ親族関係ニ因リテ生ズル扶養ノ義務ニ付テハ之ヲ適用セズ（昭和61法84本項追加）

２　本法ハ遺言ノ方式ニ付テハ之ヲ適用セズ但第27条第２項及ビ第28条第１項ノ規定ハ此限ニ在ラズ

（昭和39法100本条追加）

資料4　法例の一部を改正する法律の施行に伴う戸籍事務の取扱いについて

（平成元年10月２日付け法務省民二第3900号民事局長通達）

〈注：通達が引用している法例の条文の後ろに，それに対応する通則法の条文を付記した。〉

改正―平成２年５月１日民二第1835号通達
平成４年１月６日民二第 155号通達
平成13年６月15日民一第1544号通達
平成24年６月25日民一第1550号通達

このたび法例の一部を改正する法律（平成元年法律第27号）が公布された。同法は，本日公布された法例の一部を改正する法律の施行期日を定める政令（平成元年政令第292号）に基づき平成２年１月１日から施行されるが，この改正に伴う戸籍事務については，次のとおり取り扱うこととするから，これを了知の上，貴管下支局長及び管内市区町村長に周知方取り計らわれたい。本文中「改正法例」とは，上記改正法による改正後の法例をいうものとする。

なお，これに反する当職通達又は回答は，本通達によって変更し，又は廃止するので，念のために申し添える。

第１　**婚姻**

１　創設的届出

⑴　実質的成立要件

ア　婚姻の実質的成立要件は，従前のとおりであり，各当事者の本国法による。

イ　当事者の本国法の決定は，次のとおり行うものとする。

㈠　日本人の場合

重国籍である日本人の本国法が日本の法律であることは，従前のとおりである（改正法例第28条**【通則法第38条】**第１項ただし書）。

㈡　外国人の場合

① 外国人である婚姻当事者が届書の本籍欄に1個国の国籍のみを記載した場合は，当該記載された国の官憲が発行した国籍を証する書面（旅券等を含む。以下「国籍証明書」という。）等の添付書面から単一国籍であることについて疑義が生じない限り，その国の法律を当該外国人の本国法として取り扱う。

② 重国籍である外国人については，その国籍を有する国のうち当事者が常居所を有する国の法律を，その国がないときは当事者に最も密接な関係がある国の法律を当事者の本国法とすることとされた（改正法例第28条第1項本文**【通則法第38条】**第1項本文）。

この改正に伴い，2以上の異なる国の国籍証明書が提出された場合又は届書その他の書類等から重国籍であることが明らかな場合は，次のとおり取り扱う。

ⅰ 国籍国のうち居住している国の居住証明書の提出を求めた上で，当該証明書を発行した国に常居所があるものと認定し（後記第8の2⑵参照），当該外国人の本国法を決定する。

ⅱ いずれの国籍国からも居住証明書の発行が得られない場合は，その旨の申述書の提出を求めた上で，婚姻要件具備証明書を発行した国を当該外国人に最も密接な関係がある国と認定し，その本国法を決定する。

ⅲ ⅰ及びⅱにより当該外国人の本国法を決定することができない場合は，婚姻届の処理につき管轄法務局若しくは地方法務局又はその支局（以下「管轄局」という。）の長の指示を求めるものとする。

⑵ 形式的成立要件（方式）

婚姻の方式は，これまでの婚姻挙行地法によるほか，当事者の一方の本国法によることができることとされた（改正法例第13条**【通則法第24条】**第3項本文）。したがって，外国にある日本人が民法第741条の規定に基づき日本の大使等にする婚姻の届出及び当事者の双方又は一方が日本人である場合における外国から郵送によりする創設的な婚姻の届出は，当事者の一方の本国法による方式によるものとして受理することができる。

２　報告的届出

(1)　日本人同士が外国においてした婚姻の報告的届出については従前のとおりである。

(2)　日本人と外国人が外国においてする婚姻は，婚姻挙行地法による方式によるほか，当該外国人の本国法による方式によることができることとされたことに伴い，外国に在る日本人は，外国人配偶者の本国法による方式により婚姻し，婚姻に関する証書を作らせたときは，その本国が婚姻挙行地国以外の国であっても，３箇月以内にその所在する国に駐在する日本の大使等にその証書の謄本を提出しなければならないこととなる(戸籍法第41条の類推適用)。

(3)　日本において婚姻を挙行した場合において，当事者の一方が日本人であるときは，他の一方の当事者の本国法による方式によることはできないこととされた（改正法例第13条**【通則法第24条】**第３項ただし書）ので，日本人と外国人が日本において婚姻した（日本人と外国人が当該外国人の本国の大使館等において婚姻した場合を含む。）旨の報告的届出は，受理することができない。

第２　**離婚**

１　創設的届出

(1)　離婚については，第一に，夫婦の本国法が同一であるときはその法律により，第二に，その法律がない場合において夫婦の常居所地法が同一であるときはその法律により，第三に，そのいずれの法律もないときは夫婦に最も密接な関係がある地の法律によることとされた（改正法例第16条**【通則法第27条】**本文）が，夫婦の一方が日本に常居所を有する日本人であるときは，日本の法律によることとされた（同条**【通則法第27条】**ただし書）。

この改正に伴い，協議離婚の届出については，次の取扱いとする。なお，当事者の本国法の決定は，第１の１⑴イの例による。

ア　夫婦の双方が日本人である場合

従前のとおり，協議離婚の届出を受理することができる。

イ　夫婦の一方が日本人である場合

㈠　日本人配偶者が日本に常居所を有するものと認められる場合（後記第８の１⑴参照）又はこれには該当しないが外国人配偶者が日本に常居所を有すると認められる場合（後記第８の１⑵参照）は，協議離婚の届出を受理することができる。

㈡　㈠のいずれの場合にも該当しないが，当事者の提出した資料等から夫婦が外国に共通常居所を有しておらず，かつ，その夫婦に最も密接な関係がある地が日本であることが認められる場合は，管轄局の長の指示を求めた上で，協議離婚の届出を受理することができる。

ウ　夫婦の双方が外国人でその本国法が同一である場合

夫婦の本国法により協議離婚を日本の方式に従ってすることができる旨の証明書の提出がある場合（昭和26年６月14日付け民事甲第1230号当職通達参照）は，協議離婚の届出を受理することができる。

エ　夫婦の双方が外国人でその本国法が同一でない場合

㈠　夫婦の双方が日本に常居所を有するものと認められる場合（後記第８の１⑵参照）は，協議離婚の届出を受理することができる。

㈡　夫婦の一方が日本に常居所を有し，かつ，他方が日本との往来があるものと認められる場合その他当事者の提出した資料等から夫婦が外国に共通常居所を有しておらず，かつ，その夫婦に最も密接な関係がある地が日本であることが認められる場合は，イ㈡の例による。

⑵　離婚の際の子の親権者の指定については，改正法例第21条**【通則法第32条】**による（後記第７参照）。

２　報告的届出

離婚の裁判（外国における裁判を含む。）が確定した場合における報告的届出の取扱いは，従前のとおりであり，外国において協議離婚をした旨の証書の提出があった場合の取扱いは，離婚の準拠法が改正された点を除き，従前のとおりである。

第3　**出生等**

夫婦の一方の本国法であって子の出生の当時におけるものにより子が嫡出であるときは，その子は嫡出子とすることとされた（改正法例第17条**【通則法第28条】**）。また，嫡出でない子の父子関係の成立につき認知主義及び事実主義（生理上の父子関係がある場合には，認知を要件とすることなく，法律上の父子関係を認める法制のことをいう。以下同じ。）の双方に適用する規定が設けられ，その結果，父との間の親子関係については，子の出生の当時の父の本国法によることとされた（改正法例第18条**【通則法第29条】**第1項）。この改正に伴い，出生等の届出については，次の取扱いとする。なお，関係者の本国法の決定は，第1の1(1)イの例による。

1　嫡出子

(1)　父母の双方が日本人である場合

従前のとおりである。

(2)　父母の一方が日本人である場合

ア　日本民法により事件本人が嫡出であるときは，事件本人を嫡出子とする。

イ　日本民法によれば事件本人が嫡出でない場合において事件本人を嫡出子とする出生の届出があったときは，子の出生当時の当時における外国人親の国籍証明書及び外国人親の本国法上の嫡出子の要件に関する証明書の提出を求め，その結果，外国人親の本国法によって事件本人が嫡出子となるときは，届出を受理する。

ウ　添付書類等から事件本人が母の再婚後に出生した子であることが判明したときは，次のとおりとする。

(ア)　母又は前夫のいずれかの本国法により前夫の子と推定され，かつ，母又は後夫のいずれかの本国法により後夫の子と推定されるときは，父未定の子として取り扱う。

(イ) (ア)の法律による前夫又は後夫のいずれか一方のみの子としての推定があるときは，推定される方の夫の子として取り扱う。

エ　戸籍法第62条による嫡出子の出生の届出の取扱いは，従前のとおりである。

なお，外国人母から生まれた子について，日本人父から戸籍法第62条による嫡出子出生の届出があった場合の戸籍の記載は，参考記載例19の例による。

(3) 父母の双方が外国人である場合

子の出生の当時における父又は母の本国法のいずれかにより事件本人が嫡出であるときは，事件本人を嫡出子とする。

2　嫡出でない子

(1) 父母の一方が日本人である場合において，母の婚姻成立の日から200日以内に出生した子を嫡出でない子とする出生の届出があったときは，外国人親の本国法上夫の子と推定されていない場合に限り，届出を受理する。婚姻の解消又は取消しの日から301日以後に出生した子を嫡出でない子とする出生の届出があったときは，特段の疑義が生じない限り，届出を受理して差し支えない。

(2) 外国人父の本国法が事実主義を採用している場合における日本人母からの嫡出でない子の出生の届出については，次のとおり取り扱う。

ア　届書の父欄に氏名の記載があり，「その他」欄に父の本国法が事実主義を採用している旨の記載があり，かつ，父の国籍証明書，父の本国法上事実主義が採用されている旨の証明書及びその者が事件本人の父であることを認めていることの証明書（父の申述書，父の署名ある出生証明書等）の提出があるときは，事件本人の戸籍に父の氏名を記載する。

この場合の戸籍の記載は，参考記載例13の例による。

イ　母からの出生の届出に基づき子が入籍している場合において，母からアに掲げる証明書を添付して父の氏名を記載する旨の出生届の追完の届出があるときは，これを受理し，事件本人の戸籍に父の氏名を記載する。

この場合の戸籍の記載は，参考記載例14の例による。

３　嫡出となる子

子は，準正の要件たる事実の完成の当時の父若しくは母又は子の本国法により準正が成立するときは，嫡出子たる身分を取得することとされた（改正法例第19条**【通則法第30条】**第１項）が，婚姻準正又は認知準正があった場合における続柄欄の訂正手続等は，従前のとおりである。なお，外国人父の本国法が事実主義を採用している場合において，子が父母の婚姻により嫡出子たる身分を取得するときは，次のとおり取り扱う。

⑴　婚姻前に出生の届出がされ，それに基づき父の氏名が記載されている場合は，婚姻の届書の「その他」欄の記載により続柄欄を訂正する。

⑵　婚姻の届出後，２⑵アに掲げる証明書を添付して父の氏名を記載する旨の出生届の追完の届出及び嫡出子たる身分を取得する旨の婚姻届の追完の届出があった場合は，父の氏名を記載し，続柄欄を訂正する。

⑶　婚姻の届出後，婚姻前に出生した子について，母から届書の「その他」欄に父母が婚姻した旨が記載され，かつ，２⑵アに掲げる証明書の添付された嫡出子出生の届出があった場合は，嫡出子として戸籍に記載する。なお，父も，これらの証明書及びその者が父である旨の母の申述書を添付して，当該出生の届出をすることができる。

第４　**認知**

認知は，子の出生の当時若しくは認知の当時の認知する者の本国法又は認知の当時の子の本国法のいずれの法律によってもすることができ，認知する者の本国法による場合において，認知の当時の子の本国法がその子又は第三者の承諾又は同意のあることを認知の要件とするときは，その要件をも備えなければならないこととされた（改正法例第18条**【通則法第29条】**第１項，第２項)。

この改正に伴い，認知の届出については，次の取扱いとする。なお，関係者の本国法の決定は，第１の(1)イの例による。

１　創設的届出

(1)　子が日本人である場合

日本民法上の認知の要件が当事者双方に備わっている場合は，認知の届出を受理する。認知する者の本国法が事実主義を採用している場合であっても，認知の届出を受理する。第３の２(2)により父の氏名が戸籍に記載されている場合も，同様とする。ただし，後記２(2)により戸籍法第63条の類推適用による届出があり，かつ，父の氏名が戸籍に記載されている場合は，認知の届出を受理することができない。

日本民法上の認知の要件が当事者双方に備わっていない場合において，認知する者の本国法により認知することができる旨の証明書を添付した認知の届出があったときは，改正法例第33条**【通則法第42条】**（公序）の規定の適用が問題となるので，管轄局の長の指示を求めるものとする。

(2)　子が外国人である場合

子の本国法により認知することができる旨の証明書の提出があった場合は，認知の届出を受理することができる。認知する者の本国法により認知することができる旨の証明書及び子の本国法上の保護要件を満たしている旨の証明書の提出があった場合も，同様とする。

(3)　胎児認知の場合

胎児認知の届出があったときは，改正法例第18条**【通則法第29条】**第１項後段及び第２項の適用上，「子の本国法」を「母の本国法」と読み替えて受否を決するものとする。

２　報告的届出

(1)　認知の裁判（外国における裁判を含む。）が確定した場合における報告的届出の取扱いは，従前のとおりであり，外国において任意認知をした旨の証書の提出があった場合の取扱いは，認知の準拠法が改正された点を除き，従前のとおりである。

⑵　子の出生の当時における父の本国法が事実主義を採用している場合において，父子関係存在確認の裁判が確定したときの報告的届出は，子又は父からの戸籍法63条の類推適用による届出として受理する。

第５　**養子縁組**

１　創設的届出

養子縁組については，縁組の当時の養親の本国法によることとされ，養子の本国法が養子縁組の成立につき養子若しくは第三者の承諾若しくは同意又は公の機関の許可その他の処分のあることを要件とするときは，その要件をも備えなければならないこととされた（改正法例第20条**【通則法第31条】**）。

この改正に伴い，養子縁組の届出については，次の取扱いとする。なお，当事者の本国法の決定は，第１の１⑴イの例による。

⑴　養親が日本人である場合

日本民法上の養子縁組の要件が当事者双方に備わっているかどうかを審査し，これが備わっている場合は，養子の本国法上の保護要件を審査する。この場合において，養子の本国の官憲の発行した要件具備証明書の提出があるときは，養子の本国法上の保護要件が備わっているものとして取り扱って差し支えない。

⑵　養親が外国人である場合

養親の本国法上の養子縁組の要件が当事者双方に備わっているかどうかを審査し，これが備わっている場合は，養子の本国法上の保護要件を審査する。この場合において，養子の本国の官憲の発行した要件具備証明書の提出があるときは，⑴後段と同様である。

⑶　養親に配偶者がある場合

夫婦共同縁組をする場合における養親の本国法は，それぞれの養親についてそれぞれの本国法であり，一方の本国法を適用するに当たり，他方の本国法を考慮する必要はない。

配偶者のある者が単独縁組をすることができるかどうかは，当該者の本国法による。配偶者又は養子の本国法が夫婦共同縁組を強制していても，これを考慮する必要はない。

2　報告的届出

(1)　我が国における養子縁組の成立

ア　養親の本国法が普通養子縁組について裁判所の決定等により縁組を成立させる法制を採用している場合において，家庭裁判所の養子縁組を成立させる旨の審判書謄本を添付して養子縁組の届出があったときは，その届出は，戸籍法第63条の２により受理する。ただし，この場合においては，同法第20条の３の規定を適用しない。

この場合の戸籍の記載は，参考記載例61の例による。

イ　家庭裁判所が渉外的な特別養子縁組を成立させる審判を行った場合において，戸籍法第68条の２による届出があったときは，同法第20条の３の規定を適用する。

(2)　外国における養子縁組の成立

外国において養子縁組をした旨の報告的届出があった場合は，養子縁組の準拠法上その養子縁組が無効でない限り，これを受理する。外国において日本人を特別養子とする縁組が成立した旨の報告的届出があったときは，その養子について新戸籍を編製する。

第６　**離縁**

1　創設的届出

離縁については，養子縁組の当時の養親の本国法によることとされた（改正法例第20条**【通則法第31条】**第２項）ので，渉外的な協議離縁の届出についての取扱いは，養親の本国法が縁組時と離縁時とで異なる場合を除き，従前のとおりである。

なお，縁組事項を記載した戸籍に養親の国籍として単一の国が記載されているときは，その国の法律を養親の縁組当時の本国法として取り扱って差し支えない。

2　報告的届出

離縁の裁判（外国における裁判を含む。）が確定した場合における報告的届出の取扱いは，従前のとおりであり，外国において協議離縁をした旨の証書の提出があった場合の取扱いは，離縁の準拠法が改正された点を除き，従前のとおりである。

第７　**親権**

親権については，原則として，子の本国法によることとされ，例外として，子の本国法が父の本国法及び母の本国法のいずれとも異なる場合又は父母の一方が死亡し，若しくは知れない場合において他方の親の本国法と子の本国法とが異なるときは，子の常居所地法によることとされた（改正法例第21条**【通則法第32条】**）。したがって，日本人である子の親権については，上記例外の場合を除き，子の本国法としての日本の法律を適用することとなる。上記例外の場合については，後記第８の１⑴により，子の常居所が日本にあるものと認定することができるときは，子の常居所地法としての日本の法律を適用することとなる。

なお，関係者の本国法の決定については，第１の１⑴イの例による。

第８　**常居所の認定**

事件本人の常居所の認定については，次のとおり取り扱って差し支えない。次の基準によっていずれの国にも常居所があるものと認定することができない場合は，原則として居所地法による（改正法例第30条**【通則法第39条】**が，疑義がある場合は，管轄局の指示を求めるものとする。

1　我が国における常居所の認定

⑴　事件本人が日本人である場合

事件本人の住民票の写し（発行後１年内のものに限る。）の提出があれば，我が国に常居所があるものとして取り扱う。ただし，後記２⑴の事情が判明した場合を除く。

事件本人が国外に転出し，住民票が消除された場合でも，出国後１年内であれば，我が国に常居所があるものとして取り扱う。出国後１年以上５年内であれば，事件本人が後記２⑴ただし書に記載した国に滞在する場合を除き，同様とする。

⑵　事件本人が外国人である場合

出入国管理及び難民認定法による在留資格（同法第２条の２並びに別表第１及び別表第２）等及び在留期間により，次のとおり取り扱う。在留資格及び在留期間の認定は，これらを記載した在留カード，特別永住者証明書又は住民票の写し及び旅券（日本で出生した者等で本国から旅券の発行を受けていないものについては，その旨の申述書）による。

ア　引き続き５年以上在留している場合に，我が国に常居所があるものとして取り扱う者

別表第１の各表の在留資格をもって在留する者（別表第１の１の表中「外交」及び「公用」の在留資格をもって在留する者並びに別表第１の３の表中の「短期滞在」の在留資格をもって在留する者を除く。）

イ　引き続き１年以上在留している場合に，我が国に常居所があるものとして取り扱う者

別表第２の「永住者」，「日本人の配偶者等」（日本人の配偶者に限る。），「永住者の配偶者等」（永住者等の子として本邦で出生しその後引き続き本邦に在留している者を除く。）又は「定住者」の在留資格をもって在留する者

ウ　我が国に常居所があるものとして取り扱う者

㋐　我が国で出生した外国人で出国していないもの（ア又はイに該当する者を含む。）

㋑　別表第二の「日本人の配偶者等」（日本人の配偶者を除く。）又は「永住者の配偶者等」（永住者等の子として本邦で出生しその後引き続き本邦で在留している者に限る。）の在留資格をもって在留する者

㋒　日本国との平和条約に基づき日本の国籍を離脱した者等の出入国

管理に関する特例法（平成３年法律第71号）に定める「特別永住者」の在留資格をもって在留する者

エ　我が国に常居所がないものとして取り扱う者

(ア)　別表第１の１の表中「外交」若しくは「公用」の在留資格をもって在留する者又は別表第１の３の表中の「短期滞在」の在留資格をもって在留する者

(イ)　日本国とアメリカ合衆国との間の相互協力及び安全保障条約第６条に基づく施設及び区域並びに日本国における合衆国軍隊の地位に関する協定第９条第１項に該当する者

(ウ)　不法入国者及び不法残留者

2　外国における常居所の認定

(1)　事件本人が日本人である場合

旅券その他の資料で当該国に引き続き５年以上滞在していることが判明した場合は，当該国に常居所があるものとして取り扱う。ただし，重国籍の場合の日本以外の国籍国，永住資格を有する国又は配偶者若しくは未成年養子としての資格で滞在する場合における外国人配偶者若しくは養親の国籍国においては，１年以上の滞在で足りる。

(2)　事件本人が外国人である場合

外国人の国籍国における常居所の認定については，1(1)に準じて取り扱い，国籍国以外の国における常居所の認定については，1(2)に準じて取り扱う。

第9　経過規定

改正法の施行前に生じた事項については，なお従前の例によるが，改正法の施行の際現に継続する法律関係については，改正法の施行後の法律関係に限り，改正法例の規定を適用することとされた（改正法例附則第２項）。したがって，婚姻，離婚，嫡出親子関係，非嫡出親子関係，養子縁組又は離縁の成立については，それぞれの成立の時における法例の規定による準拠法を適用するが，親権については，継続的関係であるので，改正法の施行とともに準拠法が変更することとなる。

その結果，創設的届出の場合は，届出の時における法例の規定により，報告的届出の場合は，成立の時における法例の規定によることとなる。

［筆者紹介］

澤田　省三

略　歴

1936年生。兵庫県豊岡市出身

法務省勤務を経て，宮崎産業経営大学法学部教授，同法律学科長，鹿児島女子大学教授，志學館大学法学部教授，同図書館長，中京大学法科大学院教授，全国市町村職員中央研修所講師，全国市町村国際文化研修所講師等歴任

著　書（主なもの）

「夫婦別氏論と戸籍問題」（ぎょうせい）

「家族法と戸籍をめぐる若干の問題」（テイハン）

「新家族法実務大系２」共著（新日本法規）

「ガイダンス戸籍法」（テイハン）

「私の漱石ノート」（花伝社）

「渉外戸籍実務基本先例百選」（テイハン）

「戸籍実務研修講義（増補・改訂版）」（テイハン）

「法の適用に関する通則法と渉外的戸籍事件―基礎理論と実務への誘い―」（テイハン）

その他多数

戸籍実務研修講義―渉外戸籍編―

2021年９月５日　初版第１刷印刷　定価：3,410円（本体価：3,100円）

2021年９月16日　初版第１刷発行

不複許製

著　者　澤　田　省　三

発行者　坂　巻　　徹

発行所　東京都文京区本郷５丁目11-3　株式会社テイハン

電話 03(3811)5312　FAX 03(3811)5545／〒113-0033

ホームページアドレス　http://www.teihan.co.jp

〈検印省略〉　印刷／株式会社平河工業社

ISBN978-4-86096-137-4